経営の未来

［マネジメントをイノベーションせよ］

THE
FUTURE
OF MANAGEMENT

GARY HAMEL
WITH BILL BREEN

ゲイリー・ハメル
ビル・ブリーン
藤井清美［訳］

日本経済新聞出版社

THE FUTURE OF MANAGEMENT
by GARY HAMEL with BILL BREEN

Published by arrangement with Harvard Business School Press, Boston
Through Tuttle-Mori Agency, Inc.,Tokyo

エルドナ・ハメル、
バーン・テルプストラ、
ジョン・ストップフォードに、
彼らがよく承知している理由により
感謝を込めて本書を捧げる。

謝辞

本書には多くの方々のアイデアと貢献が詰め込まれている。とりわけ私の執筆パートナーであるビル・ブリーンは、本書全体に散りばめられている経営管理イノベーションの物語に生命を吹き込む力になってくれた。ビルがこの仕事に全力で取り組めたのは、彼が長期にわたって職場を離れていた間、喜んでその穴を埋めてくれたファーストカンパニーの彼の同僚たちと、彼の妻、リサの揺るぎないサポートのおかげだった。

リーサ・バリカンガスにも深く感謝しなければならない。本書に記した経営管理イノベーションの方法論をベータテストするうえで、彼女は大きな力になってくれた。また、経営管理イノベーションの歴史に関するジュリアン・バーキンショーとマイケル・モルの草分け的な研究は、さまざまな点で私の思考を豊かにしてくれた。

ロイ・ジャック教授にも心から謝意を表したい。彼の著書『従業員の誕生』(Manufacturing the Employee) は、近代経営管理の正統理論がどのようにして生まれ、どのようにすればそれを覆せるかを、より深く理解する助けになった。スチュアート・カウフマン、フランシス・フクヤマ、リチャード・フロリダ、ハストン・スミスの諸氏の理論にも大いに助けられた。私が彼らの理論の一部を経営管理の世界に移し替えるのを、彼らが喜んで手助けしてくれたことに感謝する。

本書で述べられているアイデアは世界各地の多くの組織で実地テストされてきたが、ベストバイのブラッド・アンダーソン、シャーリ・バラード、デニス・ラ・メール、カル・パテルの諸氏にはとくに感謝しなければならない。彼らが私や私の同僚に我々のアイデアの中でもとくに大胆なものをテストする実世界の実験室を提供してくれたおかげで、我々は経営管理イノベーションの力と限界をより深く理解することができた。

本書の多くの個所が、自社の斬新な経営管理慣行についてビルと私に喜んで語ってくれた企業幹部の好意に支えられている。この点に関し、次の企業および個人の協力に謝意を表したい。

グーグル――ショナ・ブラウン、マリッサ・メイヤー、エリック・シュミット、エリオット・シュラージ。W・L・ゴア――リッチ・バッキンガム、ハイディ・コフラン、ソニア・ダンバー、ドナ・フレイ、ブラッド・ジョーンズ、テリー・ケリー、ジャック・クレイマー、トム・ムーア、ジョセフ・ローワン、エド・シュナイダー、マシュー・シュレイナー、ベティ・スナイダー、スティーヴ・ヤング。IBM――ロッド・アドキンス、ジェフ・ベンク、レティーナ・コネリー、マイク・ギエルシュ、ジャン・ジャックマン、ダン・マックグレイス、ジェリー・ムーニー。ベストバイ――ジェフ・セバーツ。ライトソリューションズ――ジム・ラボア。

私の長年の同僚であるグレース・ライムは、私が本書の調査と執筆にかかっている間、半年以上にわたり私に代わって他の仕事を取り仕切ってくれた。さらに、本書のプロジェクト全体を管理し、あらゆる重大な局面で、賢明かつ効率的に、しかも冷静に対処してくれた。

最後に、ハーバード・ビジネス・スクール出版局のデイビッド・ゴーリングとホリス・ハイムブーヒに、彼らのすばらしいスタッフと仕事をするチャンスを与えてくれたことを感謝したい。新しいビジネスのアイデアを世に送り出す仕事をこれほど献身的に、これほど見事にやり遂げるチームは、他のどこを探しても見つからないだろう。担当編集者のジェフ・キーホーは、読者が今手にしておられるこの本の質を高めるのに大いに貢献してくれた。彼の情熱と厳しい批判、そして数え切れないほどの提案は、私の作業にとってあらゆる点で大きな恵みとなった。そのほかに、ステファニー・フィンクス、マーシー・バーンズ＝ヘンリー、ディノ・マルボーンの諸氏にも、また出版局の宣伝チームの皆さんにもお礼を申し上げたい。

本書に賞賛すべき点があるとすれば、それは右に挙げた人びとのおかげである。不十分な点があるとしたら、それはもちろん私の責任ということになる。

ゲイリー・ハメル

二〇〇七年九月

はじめに

一九六八年のクリスマス・イブ、アポロ八号の司令船が人工物としては初めて月の軌道を周回した。地球に向けての帰還飛行中に、地上管制官の幼い息子が父親に尋ねた。「誰があの宇宙船を動かしているの」と。この質問が帰還中のクルーに中継で伝えられると、ビル・アンダース飛行士はこう答えた。「今はアイザック・ニュートン卿がほとんど動かしていると思うよ」

好奇心旺盛なこの坊やのように、私も質問したい。「誰があなたの会社を動かしているのですか」と。あなたの頭には「CEOだ」とか、「幹部チームだ」とか、「中間管理層の我々全員だ」といった答えが思い浮かぶかもしれない。それらの答えは正しいのではあるが、真実のすべてではない。あなたの会社は、二〇世紀初頭に「近代」経営管理のルールや慣行を生み出した人びと、とうの昔に亡くなった少数の思想家や実務家によって、今現在もほとんど動かされているのである。彼らは、今ではかび臭くなった経営管理の仕組みに宿っている霊なのだ。あなたの会社がどのように資源を配分し、予算を作成し、権力を振り分け、報酬を与え、決定を下すかを陰で形づくっているのは、何十年にもわたって反響している彼らの教えなのだ。

これらの開祖たちの影響はきわめて広く行き渡っているので、経営管理の技術は会社が違ってもごくわずかしか違わない。ほとんどの企業が、ほぼ同じような経営管理の階層（執行副社長、上級副社長、副社長というような序列）を築いているし、似通った管理システムや人事慣行、計画策定手順を持ち、似通った報告体系や評価制度に支えられている。CEOが別の会社に移るのがきわめて簡単なのはそのためだ。経営管理のレバーやダイヤルは、どの会社のコックピットでもほとんど同じなのだ。

だが、物理学の法則とは違って、経営管理の法則は既定のものでも永遠のものでもない。そして、それは悪いことでもない。なぜなら、経営管理の仕組みは今、背負うことを意図されていなかった重荷を背負わされて苦痛にあえいでいるからだ。変化のペースの速さ、つかの間で消える優位、既存の技術を駆逐する画期的技術、従来の秩序を破壊する競争相手、細分化された市場、絶大な力を持つ顧客、反逆する株主——これら二一世紀の挑戦が、世界中の組織の構造上の限界を揺さぶっており、時代についていけないでいる経営管理モデルの限界をあらわにしているのである。

我々の暮らし方を変えた過去一〇年ないし二〇年の製品面の大きなブレークスルーを考えてみていただきたい。パーソナル・コンピューター、携帯電話、デジタル音楽、電子メール、オンライン・コミュニティなどが浮かんでくるはずだ。次にビジネスの分野で同様の影響を及ぼした——つまり、大企業の経営の仕方を劇的に変えた——経営管理のブレークスルーを考えていただきたい。それは簡単には浮かんでこないはずだ。問題はまさにそこにある。

経営管理は時代遅れになっているのである。それは燃焼式エンジンのように、ほとんど進化が止まった技術であり、これは好ましくないことだ。なぜなら、経営管理——資源を配分し、計画を立て、作業を割り振り、活動を鼓舞する機能——は、人間の目的を達成するために欠かせないものだからだ。経営管理が、発揮しうる力もしくは発揮する必要がある力より低い力しか発揮しない場合には、我々全員がその代償を払うことになる。

企業の業績を究極のところで制約するものは、その企業の業務モデルでもビジネス・モデルでもなく、その企業の経営管理モデルである。だから、本書を書くことにしたわけだ。私の目的は、読者が二一世紀の経営管理のパイオニアになる手助けをすることにある。このポストモダンの時代に合わせて経営管理の原理やプロセスや慣行をつくり変える力を、読者に身につけていただくことにある。

私はまず、経営管理のイノベーションには企業の長期的な優位を築く力があると論じ、それから経営管理の未来をまず思い描き、次に生み出すために取るべき道筋を説明する。

本書が何を論じたものかを簡単に述べたところで、何を論じたものではないかを手短かに説明させていただきたい。多くの実例や逸話が出てくるとはいえ、本書はベストプラクティス（最適解）を紹介するものではない。「同じように行え」という模範を詰め込んだものではないのである。率直に言って、今日のベストプラクティスはまだ十分ではない。世界の「最も賞賛されている企業」でさえ、必要なだけの適応力はなく、内部の創造力をフルに活かしてはおらず、期待されるほど楽しい職場でもない。

私は、経営管理の未来に関しては後追いするより先頭を行ったほうがよいと思っている。だから、本書は明日のベストプラクティスを今日生み出すための手引きである。

本書は経営管理の未来に関する一人の人間のビジョンを記したものでもない。私は経営管理をつくり直す最も有望なチャンスと確信しているものを読者に示しはするが、一人の人間の想像力や先見の明は大勢のそれにはとうていかなわないことを理解する程度の謙虚さは持っている。だから、未来についての自分の見方を売り込むのではなく、読者が自分自身の見方を築く手助けをしたいと思っている。

類比をお望みなら、起業の仕方を教える講座を想像していただきたい。講師が目指すのは、受講者に魅力的なビジネスプランのつくり方を伝授することだ。それと同じように、私が目指すのは、読者が自分自身の経営管理イノベーションの挑戦課題を突き止めて、それを達成できるよう、そのための思考ツールを提供することだ。私はコーチやメンター（助言者）にはなれるが、最終的には、ビジョンは読者自身のものでなければならない。

それでも、私自身に夢があるのは確かである。私は自発的に自らをつくり変えられる組織、変革のドラマに痛々しいリストラの衝撃が伴わない組織を夢見ている。イノベーションの電流があらゆる活動に流れ、反逆者が常に保守主義者に勝利する企業を夢見ている。社員の情熱と創造力に本当に値し、社員からそれぞれの最高の力を自然に引き出せる企業を夢見ている。もちろん、これは夢以上のものであり、必須の課題である。この先の動乱の時代に繁栄したいと願うあらゆる企業にとって、生死を分かつ挑戦である。そしてこの挑戦は、豊かな発想の経営管理イノベーションによってしか、乗り越えられないのである。

だから、本書は夢を持ち、なおかつ行動する人のための本である。官僚主義が行動の妨げになっていると感じている人、「システム」がイノベーションを抑え込んでいるのを憂慮している人、ボトルネック（障害）はボトルの一番上にあると密かに確信している人、企業の世界はなぜこれほど意欲を萎えさせるものでなくてはいけないのかと疑問に思っている人、社員は本当は賢くてきちんと自己管理できると思っている人、現行の「経営管理」が成功の足かせになっていることを理解している人——そして同時に、それをどうにかしたいと思っている人。本書は、このような人たちのためのの本である。それがあなたであるなら、心から歓迎したい。

ゲイリー・ハメル

経営の未来　目次

第Ⅰ部　なぜ経営管理イノベーションが重要なのか

第1章　経営管理は終わったのか

経営の未来はどのようなものになるとお思いだろうか。今から一〇年先、二〇年先に思いを馳せて、想像してみていただきたい。明日の最も成功している企業は、どのように組織され、どのように運営管理されているだろうか。前衛的企業と保守的な企業を分けるのは、どのような新しい風変わりな経営慣行だろうか。先頭を行く企業の管理職は、今日のビジネスリーダーが仰天するようなどんなことをしていて、どんなことをしていないだろうか。企業の人材管理や資源配分、戦略開発や業績測定のやり方は、現在のやり方とどのように違っているだろうか。

言い方を変えてみよう。人間の努力が結集され、組織化される手法の劇的な変化を、あなたは想像できるだろうか。管理職が運営管理を行う手法の根本的で広範囲にわたる変化をイメージできるだろうか。答えが「できない」であっても、気を落とさないでいただきたい。経営管理の手法が過去数十年にわたってどれほど変化していないかを考えると、経営管理がこの先どのように変化するかをほとんどの人がイメージできないのは無理もないからだ。

経営管理――成熟期を迎えている技術

我々が過去半世紀の間に目にしてきた技術やライフスタイル、地政学の途方もない変化に比べると、経営管理の手法は亀のようにのろのろとしか発展してこなかったように感じられる。一九六〇年代のCEOがあの世から突然よみがえったとしたら、今日のリアルタイム・サプライチェーンの柔軟性や、二四時間三六五日休みなしに提供できるカスタマー・サービスには確かに驚くだろうが、今日の経営管理慣行の多くが、一世代もしくは二世代前に企業の営みを律していたものとほとんど変わっていないことに気づくだろう。階層構造はフラット化しているかもしれないが、消滅してはいない。現場の社員は昔より賢くなり、昔よりしっかり訓練されているかもしれないが、依然として経営幹部の決定に従順に従うよう求められている。管理職は従来通り、より上位の管理職によって任命されている。戦略は相変わらずトップで決められており、重要な決定は、大きな肩書きを持ち、昔よりさらに高額の報酬を得ている人びとによって、以前と同様に下されている。中間管理職の数は減ったかもしれないが、残っている中間管理職は、管理者が昔からやってきたことをそのままやっている。つまり、予算を作成し、作業を割り当て、業績を評価し、部下をおだててもっと成果を上げさせようとしているわけだ。

経営管理はなぜ、時間の迷路にはまり込んでいるように見えるのだろう。それは、フランシス・フクヤマのいう「歴史の終わり」と同じ意味で、我々が「経営管理の終わり」に到達しているからかもしれない。リベラルな民主主義が政治的自己決定を求めてきた人類の長い旅路の最終的な答えだとすれば、二〇世紀に発展した近代経営管理は、人間の活動を最も効果的に一つにまとめるにはどうすればよいかという長年の問いに対する最終的な答えなのかもしれない。人間を組織し、資源を配分し、目標を定め、段取りを決め、ベストプラクティスからの逸脱を最小限に抑える科学を、我々はほぼマスターしたのかもしれない。経営管理の本当に難しい問題は、もしかしたらほとんどがすでに解決されているのかもしれない。

しかし、そうではない可能性もある。近代経営管理がまだ有効性の頂点に達してはおらず、しかも行く手にある挑戦を考えると、正しい山に登ってすらいないのだとしたら、どうだろう。優れた生物学者で、以前はサンタフェ研究所のメンバーだったスチュアート・カウフマンは、「適応度地形」という概念を使って進化の限界を説明している[1]。カウフマンの寓意的な山脈では、登る山が高ければ高いほど、進化の到達度は高い。種は適応し、変化するにつれて、適応度地形を上へ、上へと登っていく。深い谷から出発して、最初のうちは一歩進むごとに上に行くが、種が進化するにつれて、上にある土地の割合は徐々に減っていく。時とともに、上りの道は次第に少なくなり、下りの道が増えていく。そのため進化のペースは遅くなる。広大な適応度地形、すなわち取りうる道筋がたくさんある適応度地形では、特定の種がK2やカンチェンジュンガのような進化の高峰に登ることはまずないと言ってよい。その種の曲がりくねった進化の歩みは、おそらく近場の山——天高く聳《そび》える高峰に比べれば山とは名ばかりの低い岩山——の頂上で終わるだろう。

これが近代経営管理の現状ではないかと私は思っている。経営管理の「技術」は、二〇世紀前半に急速に進化したのち、現在は近場の山の頂上に到達しているのである。エベレスト級の高峰の頂にいるのではなく、アパラチア山脈のそこそこの山――ラブ山とでも呼んでおこう――で、満足してくつろいでいるのである。ラブ山の二〇〇〇メートル弱の頂から、もっと高い山を眺めることはできるが、それらの山はどれ一つとしてヒマラヤ山脈の八〇〇〇メートル級の高峰ではない。

だからといって、経営管理が成し遂げてきたことを過小評価しようとしているのではない。あなたの家族が車を二台持ち、どの部屋にもテレビがあり、全員がデジタル機器を持っているとしたら、それは近代経営管理を発明した人びとのおかげである。株式会社や特許法などの制度的イノベーションが近代経済の進歩に道を開き、技術の飛躍的進歩――電話からマイクロプロセッサーまで――が、その推進力を提供したのではあるが、賢明な政策と科学的発見をグローバルな繁栄に変換したのは、二〇世紀初頭の産業経営管理の発明だったのである。

実際、事業別分析、資本予算配分、プロジェクト・マネジメント、実績給制度、戦略的プランニングなどを包摂する近代経営管理の仕組みは、火や文字や民主主義と肩を並べる人類の最も偉大な発明の一つと言える。春休みに休暇中の酒代より安い航空券でフロリダのフォートローダーデールに出かける大学生。かつてのスーパーコンピューターを凌ぐ性能のパソコンを、わずか数百ドルで手に入れようとしているゲーム・オタク。いつも利用している高級スーパーに二〇種類以上のバルサミコ酢があるのを当たり前と思っているグルメ。まもなくオートバイを買えるようになるはずの中国の工場労働者――これらすべての人に加えて、さらに二〇億人の人びとが、ダニエル・マッカラム、フレデリック・ウィンスロー・テイラー、マックス・ウェーバー、チェスター・バーナード、

W・エドワーズ・デミング、ピーター・ドラッカーを筆頭に、近代経営管理のすべての提唱者や予言者を祭る神殿の前にひれ伏し感謝すべきなのだ。

だが、経営管理を含めて、すべての偉大な発明が、時とともに誕生から成熟への道をたどり、ときには老境に至ることもある。これがよく知られたS字曲線で、その変遷はカウフマンの進化の山登りのそれとよく似ている。一八八六年に登場したゴットリーブ・ダイムラーのガソリン式自動車のような新発明は、一般にゆっくりとスタートを切る。最初はいくつもの技術的課題が出てきて、発明者を悩ませ、進歩の速度を抑制する。これらの当初の障害が克服されるにつれて、改良のペースが加速する。知識が蓄積されていき、やがていくつものイノベーションが寄り集まった総体が、可能なことの範囲を一気に押し広げる。しかし、収穫逓減の法則が必ず作動し始めて、ある時点で努力に対する進歩の割合が低下し始める。そして、物理的な限界に達すると、大きな前進はさらに達成しにくくなる。

残念ながら、経営管理の活気に満ちた革新的な青年期は一〇〇年近く前に終わっている。実際、近代経営管理の重要なツールや技法のほとんどは、一九世紀の、南北戦争が終わって間もないころに生まれた人びとによって発明されたのだ。それらの大胆不敵なパイオニアたちは、規格化された職務マニュアルや作業方法を開発した。生産計画や生産スケジュールの作成手順を生み出した。原価計算や損益分析の複雑な手法をマスターした。例外ベースの報告システムを設け、細かい財務管理の手法を開発した。インセンティブに支えられた報酬体系を編み出し、人事部を創設した。資本予算配分の精巧なツールを生み出し、一九三〇年ごろには事業部制組織の基本構造を築くとともに、ブランド管理の原理を突き止めていた。

今度は過去二〇～三〇年の経営管理の歴史を振り返ってみよう。近代経営管理の基礎を築いたイノベーションに匹敵するくらい重要なイノベーションを、一〇件ばかり挙げられるだろうか。私には挙げられない。工業化時代の経営管理モデルは、ガソリン・エンジンのようにS字曲線の向こう端で衰退しつつあり、もしかしたらこれ以上の改良はできないという限界に近づいているのかもしれない。

だとすると、新しい経営管理モデルが本当に必要になっているのか、また、そうであるなら、発見されるのを待っている経営管理モデルがこの先にあるのか、という問いが生まれてくる。もしかしたら我々は、経営管理の終わりを祝うべきなのかもしれない。何十年もの努力ののち、もう登るべき高峰も、発見されるべきS字曲線も存在しなくなったのかもしれない。

だが、祝いのシャンパンを開ける前に、我々は現状に本当に満足しているのかと、自問する必要がある。よりよいものを求めるのはもう無意味であると言えるほど、我々の会社生活は充実しているだろうか。我々の組織は高い能力を備えているだろうか。私はそうは思わない。ここであらためて民主主義のことを考えてみよう。ウィンストン・チャーチルが言ったように、民主主義はこれまでに存在した最も優れた統治形態ではあるかもしれないが、その本質の中にまだ満足のゆくようには解決されていない矛盾を含んでいる。その最たるものが、多数派の意志を尊重しながら少数派の権利を守るという課題である。先住民に対するアメリカの恥ずべき扱いから、不法移民労働者の権利をめぐる現在の論争に至るまで、何度もぶり返すヨーロッパの反ユダヤ主義の嵐から、急増しているイスラム系マイノリティの統合がなかなか進まない現状に至るまで、政治的権利を与えられていない人びとの権利を守るという課題は、世界中の民主主義社会を長らく悩ませてきた問題である。それに加えて新しい課題もある。民主主義社会が市民的自由を踏みにじることなくテロの脅威から身を守るにはどうすればよいか。グローバルな気候変動のリスクを避けるために、固く絡みついている特殊権益の鎖をふりほどくにはどうすればよいか、といった問題である。これらの問題や他の同じように悩ましい問題を考えると、我々は民主主義の実践がこれから先も進化し続けるという望みを捨ててはならないのである。

古代ギリシャで誕生してから約二五〇〇年を経て、民主主義にまだ登るべき山があるとすれば、近代経営管理がわずか一〇〇年の進歩で、その進化の潜在力を使い果たしたと決めつけるのは傲慢だろう。それは、二〇世紀に人類に大いに役立った技術が二一世紀が求めるものにも等しく適していると決めつけるのと同じく、ばかげたことだ。実際には、今日までの議論の余地のない偉業にもかかわらず、近代経営管理はややこしい難問をまだ解決していない。大胆な思考と斬新なアプローチを必要とする厄介なトレードオフ（一方を追求すれば他方を犠牲にせざるをえないという二律背反の関係）の問題が、まだ残っているのである。しかも、前方に目をやると、多くの新しい問題――使い古した経営管理システムや経営管理プロセスの限界をあらわにする苦境やジレンマが、我々の前に立ちはだかっているのである。

古いトレードオフを超越する

近代経営管理は、その発展の過程で多くの難しい問題をねじ伏せてきた。複雑な作業を小さな反復可能なステップに分解すること、標準的な業務手順に従わせること、コストや利益を一セントに至るまで細かく計算すること、何万人もの社員の活動を調整すること、さらにはグローバル規模で業務をシンクロさせることなどに成功してきた。だが、これらの成功には高い代償が伴った。近代経営管理の仕組みは、気ままで独断的で、自由な精神を持つ人間を標準やルールに従わせはするが、それによって莫大な量の想像力と自主性を無駄にする。業務に規律をもたらしはするが、組織の適応力を低下させる。世界中の消費者の購買力を増大させはするが、同時に何百万人もの人びとを封建的とも言える上意下達の組織に隷属させる。おまけに、企業の効率を劇的に高めてはきたものの、企業の倫理性を高めてきたという証拠はほとんどないのである。

近代経営管理は多くのものをもたらしてきたが、それと引き換えに多くのものを奪ってきた。そろそろこの取引について考え直してもよいころだろう。我々は、わずらわしい監督者の階層を築かずに何千人もの人びとの活動を調整する方法を学ばなくてはいけない。人間の想像力を抑圧せずにコストを厳しく管理する方法を学ばなくてはいけない。規律と自由が互いに排斥し合う関係ではない組織を築く方法を学ばなければならない。この新しい世紀には、近代経営管理の不幸な遺産である一見避けられないかに見えるトレードオフを超越することを目指さなければならないのである。

新しい課題を克服する

経営管理の手法がかつてほど急速には進化していないのに対し、二一世紀の企業を取り巻く環境は、かつてないほど変化が激しくなっている。この新しい世紀は始まってまだ間もないが、先人たちを悩ませたものとは明白に異なる気の遠くなるような経営管理の課題を、すでにいくつも生み出している。

・変化のペースが加速するに伴い、変化のS字曲線に乗りそこなう企業がますます増えている。L・G・トーマスとリチャード・ダベーニによる最近の調査では、業界リーダーがより頻繁に入れ替わり、競争優位がより短期間で失われるようになっていることが明らかになっている[2]。今日では、一部の企業だけでなく産業全体が未来からアウトを宣告されることがある。伝統ある航空会社であれ、老舗デパートであれ、ネットワークテレビ局であれ、大手製薬会社であれ、アメリカの自動車メーカーであれ、新聞・音楽産業であれ、未来は容赦してはくれないのだ。

・規制緩和が新技術の脱「大規模効果」とあいまって、出版から通信、銀行、航空輸送に至るまで、幅広い産業にわたって参入障壁を劇的に引き下げている。その結果、長年続いた寡占が終わり、競争の「無秩序状態」が生まれている。

・企業は、自身の支配力が部分的にしか及ばないバリュー・チェーンならぬ「バリュー・ウェブ」や「ビジネス・エコシステム（産業・企業連関）」にますます組み込まれてきている。その結果、競争の勝ち負けは、市場支配力よりもむしろ巧みな交渉によって決まるようになっている。垂直統合の解体やディスインターミディエーション（仲介業者の排除）やアウトソーシングが、共同開発プロジェクトや産業コンソーシアムの増加とあいまって、企業から自分自身の将来を決める力をますます奪いつつある。

・固定資産以外のあらゆるもののデジタル化が、知的財産の創造・販売を生業としている企業を脅かしている。製薬会社、映画スタジオ、出版社、ファッションデザイナーなどは、情報やアイデアが「自由になりたがっている」世界に適応するのに手こずっている。

・インターネットは交渉力を生産者から消費者に急速に移転させている。以前は、顧客「ロイヤリティ」は概して高い調査費と限られた情報の賜物であり、企業はえてして顧客の無知から利益を得ていた。今日では、顧客がかつてないほど支配権を持っている。完全に近い情報が得られる世界では、凡庸な製品やサービスが生き残る余地はますます小さくなっている。

・戦略のライフサイクルが短くなっている。潤沢な資本、アウトソーシングの力、それにインターネットのグローバルな到達範囲のおかげで、新規事業をかつてないほど短期間で軌道に乗せることが可能になっている。だが、事業は速く成長すればするほど、当初のビジネス・モデルが約束したものを早く実現し、早くピークを迎えて、早く衰退期に入る。今日では成功の放物線は、概して低い急勾配の山型になる。

・通信コストの急激な低下とグローバル化は、多くの新しい超低コストの競争相手に参入の門戸を開きつつある。これらの新規参入企業は、古くからの企業のレガシー・コスト（企業が負担する退職者の年金や医療保険など）につけ込みたいと強く願っている。古参企業のなかには、「底辺への競争」に参加して中核的活動を世界で最も低コストの地域に移転させるところもあるだろうが、グローバル業務の構成を変えるのは難しい企業もたくさんあるだろう。インド企業がサービス業務を吸い込み、中国が世界の製造業に占めるシェアを着実に拡大していくなかで、他の国々の企業は利幅を維持するのに苦労することになるだろう。

これらの新しい現実は、新しい組織力や新しい経営管理能力を要求する。ますます破壊的になる世界で成功するためには、企業は業務効率を高めると同時に戦略面での適応力も高めなければならない。利幅を確保するためには、ルールを破壊する斬新なイノベーションをどんどん生み出さなければならない。また、ますます増えてくる新興企業より先を行くためには、社員を奮い立たせて各自の最高の力を日々発揮させる方法を学ばなければならない。二一世紀の経営管理イノベーターは、こうした課題に取り組まなければならないのである。

ＤＮＡによる制約

大企業で働いた経験のある人ならよくご存知だろうが、大企業に素早い戦略転換やたゆみないイノベーション、あるいは社員から強い参加意識を引き出すことを期待するのは――というよりも、ひたすら効率的であること以外の何を期待するのも――犬にタンゴを踊れというようなものだ。犬は四足動物であり、ダンスをすることは彼らのＤＮＡには組み込まれていない。企業もまた同じで、経営管理のDNAに規定されて、簡単にできることもあれば、事実上、不可能なこともある。リエンジニアリング、コスト削減、継続的な改善、アウトソーシング、オフショアリング（コストの安い外国への発注や業務委託）――これらのことは大企業の遺伝的習性に完全に合致している。これらはすべて「よりよく」「より早く」「より迅速に」「より安く」を目指すものであり、犬が猫を追いかけたり電柱に小便をかけたりすることと同様、大企業のDNAに組み込まれている。しかし、残念なことに、近代経営管理のもっと不愉快なトレードオフを解決し、方向感覚を失わせる明日の不連続に対処するためには、遺伝子治療にも似た抜本的な治療が必要になる。どういうことか説明しよう。

近代経営管理は、ワンセットになった便利なツールや技法だけをいうのではない。トーマス・クーンの乱用され気味の用語を借りるなら、それはパラダイムなのだ。パラダイムは単なる考え方にとどまるものではなく、世界観であり、どのような問題が解決する価値があるか、もしくは解決可能であるかに関する、幅広くかつ深く奉じられている信条である。この点について、クーンは次のように述べている。「パラダイムとは、……解決策があると想定できる問題を選ぶ基準である。コミュニティが……メンバーに取り組むよう促すのは、概してこれらの問題に限られる。他の問題は……抽象的であるとか、……場合によっては解決が難しすぎて時間をかけるだけ無駄であるとして切り捨てられる。パラダイムは、その点で、そのパラダイムが提供する概念的・便宜的ツールの用語で表現できないがゆえに、（馴染み深い）問いの形に還元できない社会的に重要な問題から、コミュニティを隔離することさえできるのである(3)」

人間は皆パラダイムの囚われ人であり、経営管理者としての人間は、効率の追求を他のあらゆる目標に優先させるパラダイムに縛られている。近代経営管理は非効率という問題を解決するために生み出されたのだから、これは驚くにはあたらない。歴史を少し眺めてみると、この点の重要性が明白になるはずだ。

近代経営管理の起源を正確にいつと特定するのは不可能ではあるものの、ほとんどの歴史家が、フレデリック・ウィンスロー・テイラーをその起源の近くに位置づけて、二〇世紀の最も影響力のあった経営管理イノベーターとみなしている。テイラーは、作業の構成に対する経験的なデータ主導のアプローチが、生産性の大幅な向上をもたらすと考えていた。「科学的管理」の始祖である彼は、無駄な動作、まずい作業構成、手ぬるいもしくは非現実的な業績基準、職務要件と労働者の能力のミスマッチ、最大限の努力を阻むインセンティブ・システムと戦った。これらは二一世紀のすべての管理職が即座に敵と認める敵である。

効率は「部下に遂行してもらいたいことを正確に理解し、それから、彼らがそれを最も優れた最も安価な方法で遂行するよう取り計らうこと」[4]から生まれると、テイラーは主張した。経営管理は「明確に定義された法則とルールと原理に依拠する真の科学」[5]にできると、彼は信じていた。テイラーにとって――彼以後のあらゆる節約志向のCEO、あらゆる効率重視のコンサルタントにとってそうだったが――生産性向上の秘訣は「体系的な経営管理」[6]にあった。実際の話、テイラーがいかにも彼らしい秩序だった天界から下界を見下ろして、彼の教えを広め続けているシックスシグマの実践者たちに優しく微笑みかけているのが目に浮かぶようだ（彼にとっての驚きは、二一世紀の管理職が依然として、百年前に彼の革新的な頭を占めていた問題と同じ問題に悩まされていることだけかもしれない)。

経済の進歩に対する、またより広くマネジメントの進歩に対するテイラーの貢献は、製造業の生産性が一〇〇年以上向上し続けている事実によって立証されている。アメリカの製造業の一労働時間当たりの産出量は、一八九〇年から一九五八年の間にほぼ五倍に増大し、以後も引き続き増大している。だが、この生産性向上に伴って、官僚主義化も進行した。労働者を機械のように動かすというテイラーの目標を達成するためには、標準化されたルーティーン作業、厳密に記された職務マニュアル、トップから指示される目標、階層的な報告体系に支えられた官僚型組織を築く以外に方法はなかったのだ。

テイラーと同時代に活躍したドイツの著名な社会学者、マックス・ウェーバーは、官僚型組織を社会組織の頂点とみなしていた。「経験があまねく示すところでは、純然たる官僚型の管理組織は……純粋に技術的観点から最も高レベルの効率を達成することができ、この意味で、形態的には、人間に対する不可避の管理を実行する最も合理的な既知の手段である。官僚型の管理組織は、正確さ、安定性、規律の厳格さ、および信頼性の点で、他のいかなる形態にも優っており、したがって組織の長にとって、また組織に関連して行動する人びとにとって、格別に高い確度の結果予測を可能にしてくれるのである[7]」

ウェーバーの理想の組織には、いくつかの顕著な特徴があった。

- 組織のあらゆるメンバーに関して、業務範囲と責任範囲が明確に規定されている。

・ポジションは階層型に構成され、権限の序列が築かれている。
・メンバーはその専門的能力または学歴によってポジションに選任される。
・経営管理者は企業の所有者のために働くが、自身は主要な所有者ではない。
・組織のすべての人間が、各自の職務に関連した厳しいルールと管理に縛られている。ルールは客観的で、一律に適用される(8)。

ここには二一世紀の経営管理者にとって意外なことはほとんどない。マックス・ウェーバーは九〇年近く前に死去しているが、彼が官僚型組織を讃える文章で敬意を表した管理、正確さ、安定、規律、信頼性といった特徴は、今なお近代経営管理の絶対的な長所とされている。我々が官僚主義を非難しているとしても、それは依然として、あなたの会社を含む世界の事実上すべての民間組織および公的組織の構成原理になっている。また、進歩的な管理職が官僚主義の抑圧的影響を緩和する努力をしているとしても、根本的かつ全面的な代替案を描き出せる者はほとんどいない。

というわけで、我々は依然としてテイラーが取り組んだ問いと同様の問いに取り組んでおり、ウェーバーが讃えた組織と同様の組織にいるのである。公正を期すために言っておくと、二一世紀の経営管理の新しい課題の多くは、役員や幹部の間ではすでに認識されており、経営管理イノベーションの本当に真剣な試みも散発的ながら生まれている(後の章でその一部を紹介する)。だが、今日までの進歩は、官僚型組織を基盤とする効率中心の経営管理パラダイムによって制約されていた。我々の大多数が、依然として犬と同じくDNAに縛られた思考にとどまっているのである。

革命的変化の必要性

だから、我々は間に合わせでしのいだり、つぎはぎで取り繕ったり、部分的な改良ですましたりしている。トップから最下層まで革新的な組織を築くのではなく、イノベーション・プロジェクトやイノベーション事業部を設置している。社員の呼び方を「アソシエート」や「チームメンバー」に変えはするが、社員の裁量権の範囲を劇的に拡大することはしていない。社員に変革を積極的に受け入れるよう促しはするが、草の根活動の原理を取り入れてすべての社員を参加させることには消極的だ。能力主義について語りはするが、三六〇度評価に連動させた報酬決定プロセスという案には尻込みしている。

つまり、実際には、我々の大多数が古いパラダイムを支持しているのである。我々は官僚階層の一員であり、経営幹部として、中間管理職として、あるいは現場監督者として、仕事を遂行させるために、経営管理の技術を――計画策定会議や予算編成会議や業績測定システムを――どのように利用すればよいかを学んできた。さらに重要な点として、成功するために地位の特権や権力に接近できる立場や鍛え上げたプロ意識をどのように利用すればよいかを学んできた。革命――とりわけ経営管理革命――云々という言葉は、我々を神経質にさせる。経営管理のルールや役割がひっくり返されたら、トップにはいったい誰がくるんだろうと思ってしまうのである。

だが、同意しかねるにもかかわらず、クーンの中心的な主張は議論の余地のないものだということを、我々は知っている。真の進歩には革命が必要なのだ。すり足で進んでいたのでは、次のS字曲線に乗るのは不可能だ。次の進化の山に登るためには、大きくジャンプしなければならない。これまでの概念を、他のあらゆる人のベストプラクティスを、すべての専門家のアドバイスを、そして自分自身の不安を飛び越えなくてはいけない。後ほど見ていくように、何億ドルものカネを賭けたり、自分のキャリアを危険にさらしたりしてジャンプする必要はない。どこに着地することになるか見当もつかないままジャンプする必要はない。しかし、少なくとも想像力では、確かにジャンプしなければならないのである。

テイラーは、経営管理の飛躍的前進には知的なジャンプが必要であることを理解していた。クーンの画期的な著作が発表される五〇年前の一九一二年に、テイラーは議会の委員会に出席して、科学的管理に必要なものは意識革命にほかならないと主張した。

さて、科学的管理は本質的に、その事業所や産業で働いている労働者の側の完全な意識革命を必要とします。自分の仕事に対する、仲間の労働者に対する、また雇用主に対する自分の責務に関する完全な意識革命です。また、管理する側にいる人びと――職長、監督、事業の所有者、役員――の側でも、等しく完全な意識革命が必要です。管理層の同僚に対する、部下の労働者に対する、また日々のすべての問題に対する自分の責務に関する完全な意識革命です。双方の側のこうした完全な意識革命がないところには、科学的管理は存在しません。(9)

未来を予告した他の人びと同様、テイラーは彼の革命論を少しオーバーに表現しすぎていたかもしれないが、科学的管理はこれまでのやり方と明白に一線を画すものだという彼の主張には、当時の大方の人が同意したことだろう。

考えてみていただきたい。一八九〇年代には、アメリカの平均的な会社の従業員は四人しかおらず、二〇〇人以上の労働者を抱えていた会社はほとんどなかったのだ。当時の人びとにとって、会社というものがUSスティールのような規模にまで――USスティールは一九〇一年にカーネギー・スティールを買収して世界初の市場価値一億ドルの企業になった――成長できると想像するのは、きわめて難しかったにちがいない。一九〇三年に設立された企業――フォード・モーター社――が、一〇年後には年間五〇万台以上の自動車を生産していると考えるのは、ほぼ不可能だったことだろう。そして、こうしたことを可能にする経営管理の飛躍的前進を予見することも、それに劣らず難しかったことだろう。

経営管理の手法が、二一世紀の最初の二〇～三〇年間に、二〇世紀初頭に劣らぬほど根底から変化することは可能だろうか。私は可能だと思っている。それだけでなく、変化させなければいけないと思っている。二一世紀のビジネスリーダーの前にある課題は、一〇〇年前に世界の産業のパイオニアたちがぶつかった課題と少なくとも同じくらい厳しく、刺激的で、前例のないものだ。我々は確かに前例に縛られているし、我々の大多数は経営管理の現状に既得権益を持っている。だが、近代産業組織をつくり出すことができたのなら、人間はそれをつくり直すこともできるはずだ。

確かに、平均的なＭＢＡのカリキュラムにも、経営管理関係のベストセラー本にも、リーダーシップ開発プログラムにも、部下を統率し、計画を立て、組織を築き、部下を鼓舞し、事業を運営する現行の手法に代わるまったく新しい手法があることを示唆する要素はあまり見当たらない。しかし、真のイノベーターは現状には縛られないものだ。現状を超えて、これから先、実現する可能性のあることを夢見るのである。したがって、本書が目指すのは、読者とその同僚が経営管理の未来をまず思い描き、それからその未来を生み出していくのを手助けすることだ。

第2章　究極の優位

経営管理をつくり直すという課題になぜ取り組むべきかというと、率直に言って経営管理イノベーションは引き合うからだ。経営管理イノベーションは、競争優位の劇的かつ長期的な変化を生み出す力が、他のイノベーションよりはるかに大きいのである。この主張を裏づける証拠を見ていく前に、経営管理イノベーションとは何であり、それは他のイノベーションとどのように異なるのかを明確にしておきたい。

経営管理イノベーションの定義

本書の目的上は、経営管理イノベーションとは、経営管理の仕事を遂行する手法や従来の組織の形を大幅に変え、なおかつ、そうすることによって組織の目的を推進するあらゆるものをいう。簡単に言うと、経営管理イノベーションは、経営管理者の仕事のやり方を組織の業績を高めるようなかたちで変化させるのである。

では、経営管理者の仕事とは何だろう。過去一〇〇年の間に、ビジネスについて研究してきた人びとは、経営管理の仕事を構成する要素についてかなり一致した見方をするようになっている。経営管理の先駆的理論家アンリ・ファヨールは、一九一七年に、経営管理の仕事は計画策定、組織づくり、指揮、調整、および管理であるとした[1]。この定義は今日の経営幹部にとってほとんど異論のないものだろう。一世紀にわたって蓄積されてきた経営管理理論を私自身がまとめるならば、経営管理は次の要素で構成されるといえるだろう。

- 目標を設定し、そこに到達するための計画を立てる。
- 動機づけをし、努力の方向を一致させる。
- 活動を調整・管理する。
- 人材を開発・任命する。
- 知識を蓄積・応用する。
- 資源を蓄積・配分する。
- 関係を構築・育成する。
- 利害関係者の要求を、うまくバランスをとりながら満たす。

これらの仕事は、人間の目的を達成するうえで——火星探査船の打ち上げであれ、中学校の運営であれ、ハリウッドの超大作映画の制作であれ、教会のバザーの運営であれ——欠かせないものだ。これらの仕事が遂行される方法を劇的に変化させるものは、何であれ、経営管理イノベーションと呼ぶことができる。

経営管理イノベーションは、組織の構造や役割を価値創造的に変革することも包摂している。企業というものは、事業部、部、作業グループ、実践コミュニティ、さらにはサプライヤーやパートナーや主要顧客との協力関係などで構成されている。これらの主体を結びつける新しい方法は、経営管理イノベーションと呼ぶことができる。一例を挙げると、イーライリリー社のスピンオフ事業であるイノセンティブ社は、科学的知識のグローバル市場を生み出しており、そこでは厄介な技術的課題の解決策を求めている企業（シーカー）が、その課題を世界中の七万人以上の科学者のネットワークに公開して解決策を募ることができる。ネットワークに参加している科学者たちは、社内研究開発チームが途方に暮れていた難問を解決することにたいてい成功しており、イノセンティブ社は立ち上げからの三年間で、この「ソルバー（解決者）」のコミュニティに一〇〇万ドル以上の報奨金を支払っている。イノセンティブ社の目的は科学的イノベーションだが、シーカーとソルバーのグローバル・ネットワークを支えるプロセスと仕組みは、努力の方向を一致させ、活動を調整し、知識を応用する――すべて経営管理の仕事の構成要素――新しい方法を含んでいる点で、経営管理イノベーションのすばらしい実例である。

業務イノベーションが企業のビジネス・プロセス（調達、製造、宣伝、注文履行、カスタマー・サービス等）に焦点を当てるのに対し、経営管理イノベーションは企業の経営管理プロセス――経営管理の仕事が日々どのように実行されるかを決定づける決まりや手順――を対象とする。典型的なプロセスを次に挙げてみよう。

- 戦略的プランニング

・予算配分
・プロジェクト・マネジメント
・採用・昇進
・訓練・能力開発
・社内コミュニケーション
・知識マネジメント
・定期的な事業評価
・社員の評価と報酬決定

これらのプロセスは、社員の評価や予算要求の審査など、社内共通の経営管理業務の標準的な実施要領を規定する。成功した技法を幅広く応用できるツールやメソッドに変換することによって、ベストプラクティスを広める。また、特定の行動を後押しし、他の行動を抑制することによって、経営管理上の価値観を形づくる。簡単に言うと、経営管理プロセスは、経営管理の原則を日々の実践に変換する「ギア」なのだ。中規模の組織においてさえ、経営管理の対象と方法を変えることは、その仕事を律するプロセスを変えない限り不可能である。

経営管理イノベーションの力

私はここ数年、ロンドン・ビジネススクールの二人の同僚（ジュリアン・バーキンショー教授とマイケル・モル博士）とともに、経営管理イノベーションの歴史を研究してきた。我々はこれまでに、二つの世紀にまたがる一〇〇件以上の経営管理のブレークスルーについて調査した。そこから読み取れる不可避の結論は、経営管理の手法の大きな前進は、往々にして競争ポジションの大きな変化につながり、先行した企業に長く続く競争優位を与えることが多い、である。

例として、最も安定的な成功をおさめている二〇世紀の企業のなかから、ゼネラル・エレクトリック、デュポン、プロクター・アンド・ギャンブル、トヨタ、ビザについて考えてみよう。これらの企業をグローバル・リーダーの地位に押し上げた要因は何だろう。もちろん、通常の要因——すばらしい製品、規律ある実行、先見の明のあるリーダー——が重要な役割を果たしたのは確かだろう。しかし、もっと深く掘り下げてみると、これらの企業を偉大な企業へのコースに乗せたものは、何よりも経営管理イノベーションだったことが明らかになる。

・科学を管理する　一九〇〇年代初め、ゼネラル・エレクトリック（ＧＥ）はトーマス・エジソンの最も重要な発明である産業研究所を完全なものにした。ＧＥが科学的発見の雑然としたプロセスに経営管理の規律をもたらすことに成功したおかげで、エジソンは、自分の研究所は一〇日に一度は小さな発明を生み出し、半年に一度は大きなブレークスルーを生み出すことができると豪語できたのだ。これは決して根拠のない自慢ではなかった。二〇世紀前半、ＧＥはアメリカのどの企業よりもたくさんの特許を取得したのである。

・資本を配分する　デュポンは、一九〇三年に投資収益率の数値を使い始め、それによって資本予算の配分技法の開発に先駆的な役割を果たした。数年後には、同社のいくつもの製品部門の業績を比較する標準的な手法も開発した。これらの前進は、有望なプロジェクトがいくつもあるとき資本を合理的に配分するにはどうすればよいかという、切迫した問題に対処するものだった。デュポンの新しい意思決定ツールは、同社がアメリカ有数の巨大企業へと成長するのに一役買うことになる。

・無形資産を管理する　パッケージ製品業界におけるプロクター・アンド・ギャンブル（P&G）の優位は、同社がブランド・マネジメントに対するアプローチに正式な形を与え始めた一九三〇年代初めに、その起源を持つ。当時は、無形資産から価値を生み出すというのは斬新なアイデアだった。以来、P&Gは偉大なブランドの構築・管理という分野で、初期のリードを着実に拡大してきた。二〇〇七年度には、P&Gの事業ポートフォリオは一六のブランドを含んでいて、これらのブランドが年間一〇億ドル以上の売上をもたらした。[2]

・すべての社員の知恵を利用する　トヨタは世界で最も高収益の自動車メーカーで、しかも二位以下を大きく引き離している。同社の成功は、効率と品質のたゆみない追求に社員を参加させる比類ない能力によるところが大きい。絶え間なく改善を続けるトヨタの能力は、四〇年以上にわたり、「普通の」社員には複雑な問題を解決する能力があるという信念に支えられてきた。実際、トヨタ内部の人びとは、トヨタ生産方式（TPS）を「Thinking People System（社員が考えるシステム）」と呼ぶことがある。二〇〇五年には、同社は日本人社員から五四万件以上の改善案を受け取った。[3]

・グローバルなコンソーシアムを築く　世界初の「バーチャル」企業、ビザの成功は、組織イノベーションのおかげである。ビザの設立母体となった複数の銀行が一九七〇年代初めにアメリカでコンソーシアムを結成したとき、のちに世界有数のユビキタスなブランドに成長するビザの土台が築かれたのである。ビザの経営管理上の最大の課題は、これらの銀行がインフラや規格やブランド構築については協力する一方で、顧客をめぐっては競争できる組織を築くことだった。今日、ビザは二万一〇〇〇社の金融機関と一三億人のカード保有者を結ぶネットワークに成長しており、このネットワークは毎年二兆ドルを超える購買取引――クレジットカードによる取引全体の約六〇％――を処理している。

これらの事例は（のちほど紹介する、もっと新しい事例も含めて）、企業が耐久性のある優位を築くうえで、経営管理イノベーションが往々にして決定的な役割を果たすことを如実に示している。実際、長期的な競争優位を確保するのにこれほど役立ってきた要因はほかにはないようだ。

この主張は大げさに聞こえるかもしれないが、軍事力における持続的優位の原因を探究してきた軍事理論家たちの研究結果に支えられている。軍事力の場合にも、マネジメント・イノベーションがカギになるようだ。戦争では、ビジネスの場合と同様、ほとんどの勝利が短期間の一時的なものだ。だが、歴史の血塗られたページには、往々にして兵員や物資の面で不利な状態にあるにもかかわらず、常に敵を打ち負かしてきた軍事体制が散見される。容易に想像できるように、これらの事例は、ビジネススクールの教授同様、競争優位の根本原因を明らかにすることに関心がある軍事学者にとって、大いに関心をそそるものだ。一部の軍隊が長期にわたって軍事的優位を保持しているのはなぜなのかと、彼らは考える。

この問いを前にしたとき、一般の人は優れた兵器のおかげだと考えるのではなかろうか。主な証拠としては、次のような事実が挙げられるかもしれない。

- 飛距離が長く、恐れられたイチイの木の長弓。一四世紀にエドワード三世の軍隊が、この弓でイングランドの敵に何度も手ひどい打撃を与えた。
- 一五世紀にイベリア人が生み出した操舵性が高くスピーディなキャラベル船（三本マストの小型帆船）。ポルトガルとスペインに、世界にまたがる帝国を築くうえで大きな優位を与えた。
- 一九世紀中ごろに完成された後装式ニードル銃。プロイセンの歩兵に敵国に対する大きな兵器的優位を与えた。
- レーザー誘導方式や衛星誘導方式のミサイル。湾岸戦争とイラク戦争で、連合軍がサダム・フセインの軍事施設を正確に破壊することを可能にした。

だが、マクレガー・ノックスとウィリアムソン・マーレイが『軍事革命とRMAの戦略史』(4)にまとめているような軍事戦略の歴史を詳しく読んでみると、技術的優位はたいてい短期間で失われたことがわかる。戦争では、一方が他方の武器を奪ったり、さらにはそれらの武器を製造した人間を捕らえたりする。大金を積まれて職人が寝返ることもある。外国のスパイが設計図を手に入れることもあれば、同盟国に武器を売却したところ、その国が後に敵になるということもある。優れた戦時指導者が生み出す戦術的・戦略的優位は、技術的優位よりいくらか長持ちするものの、その差はごくわずかである。成功した作戦や新しい陣形は、たいていすぐに模倣されて効力がなくなってしまう。一度の勝利は、優れた技術や戦術の才や他のいくつもの要因のいずれかで説明できるかもしれないが、何度も繰り返される軍事的成功――戦争の大混乱の中から何度も勝利者として立ち現れる能力――は、それらの要因では説明できないのである。

高度な兵器や優れた指揮官ではないとしたら、では、長期的な軍事的優位を生み出すものは何なのか。ノックスとマーレイは、長期的な優位はたいてい軍事ドクトリンや軍事組織の重要な進歩によるものだと主張している。[5] 歴史上の長らく勝ち続けた軍隊のほとんどが、過去に別れを告げて、兵士を鼓舞し、配属し、訓練し、配備する新しい方法を思い描くことのできた軍隊だった。これらの軍隊は、マネジメントのイノベーターだったのである。

次に挙げる三つの事例は、この重要な点を理解する助けになるだろう。

(1)イギリス軍がインドで、一八世紀半ばから二〇〇年後に撤退するまで成功し続けたのは、決して高度な兵器のおかげではなかった。インドの兵器はイギリスの兵器と少なくとも同等の性能を持っていた。現にウェリントン公爵は、一八〇〇年にインドに駐留していたとき、現地で製造された大砲の質の高さにいたく感心して、それを自分の砲兵隊で使うことにした。[6] イギリスの東南アジア占領は、主として連隊制の相対的優位――組織イノベーション――のおかげだったのである。

イリノイ大学アーバナ・シャンペーン校の歴史学教授、ジョン・リンは次のように述べている。

〈連隊制は、インドにおいてイギリス人兵士とインド人傭兵から成る常設軍事組織の基盤を提供し、この軍事組織は強大なマイソール藩王国やマラータ同盟、さらには手ごわいシーク教国まで打ち破った。連隊は土着の文化的価値観のきわめて効果的な集積所となり、臨時軍や非正規軍にはできない形で現地の個人儀礼や共同体儀礼を探り出すことができた[7]〉

王や女王は何千マイルも離れたところにいるのだから、連隊は兵士の忠孝心の身近な対象だった。そのうえ、半永続的な組織である連隊は、厳しい戦闘を通じて得た知識――以前は戦争が終わって軍隊が解散した時点でえてして失われていた知識――を、次の軍事作戦に活かす理想的なメカニズムだった。

(2)ナポレオンの軍事作戦は世界中の士官学校で今なお分析されているが、彼の成功は主として軍事ドクトリンのイノベーションのおかげだった。フランス革命以前は、フランス軍は君主――はるか遠くにいる、たいていは士気を鼓舞してはくれない人物――のために戦っていた。しかし、ナポレオンは革命後のフランスで、ナショナリズムの熱い残り火を煽って戦闘意欲の猛火に変えることに成功したのである。「フランスの栄光のために」は、封建制度では決して引き出せない勇猛さで市民を戦わせることができたようだ。結果は、プロイセンの軍事学者カール・フォン・クラウゼヴィッツが「国民全体の力に支えられた無敵の存在[8]」と呼んだ強力な軍隊だった。

(3)プロイセン軍は、一八〇六年にナポレオン軍に敗れたのち、やがて世界の大規模軍がこぞって模倣することになる一連の組織イノベーションを行った。一つは、何百年もの伝統に悲壮な決意で別れを告げて、将官の任命を厳密に能力主義による方式に変えたことだ。貴族の出だから昇進できるということは、もうなくなったのである。もう一つの重要なイノベーションは、参謀システムの構築だった。プロイセン軍の偉大な改革者ゲルハルト・フォン・シャルンホルストは、軍隊が一人か二人の将軍の能力に頼りすぎるのは危険だと考えていた。必要なのは、指揮官に独立した立場からアドバイスを提供できる、専門的訓練を受けた、並外れて優秀な将校の集団だった。こうして、事実上すべての近代企業で実施されてきた組織原理、「現場」と「本部」の概念(9)が生まれたのである。

産業史の研究からも軍事史の研究からも、得られる教訓は同じである。マネジメント・イノベーションはきわめて重要だということだ。だが、マネジメント・イノベーションは具体的にはどのように競争優位を生み出すのだろう。また、どのようなイノベーションが、最も効果的に企業を防衛できるのだろう。

イノベーションから優位を築く

経営管理イノベーションは、次の三つの条件の一つ以上を満たしているとき、競争優位を生み出す傾向がある。

1　長年信じられてきた正統理論を否定する、まったく新しいマネジメント原理に基づいている。
2　体系的で、一連のプロセスやメソッドを含んでいる。
3　前進のペースが時とともに増していく、進行中の加速度的な発明プログラムの一環である。

これら三つの重要な条件のそれぞれについて簡単に説明しよう。

まず自動車産業について考えてみよう。アメリカの自動車メーカーは、二〇年も努力してきたのに、トヨタの超効率的な製造システムを真似することに、なぜいまだに成功していないのだろう。これは私が数年前に、アメリカの大手自動車メーカーの上級幹部グループに投げかけた問いである。

高級ホテルでの豪華なディナーを終えてコーヒーを飲んでいたとき、その自動車メーカーの財務部門のトップが、わが社はトヨタについての二〇回目のベンチマーキング調査（最高の実例に学ぶために、その実例を研究調査すること）を終えたところだと言った。そこで私が質問したのである。一九年目にも一八年目にも一七年目にも、そのずっと前にも学ばなかったけれど、二〇年目には学べるということが、はたしてあるのですか、と。私の問いの奥に含まれていたあからさまな批判――「皆さんはなぜいまだに追いかけているのですか」――は、ピリピリする葉巻の煙のように空中に漂った。気まずい沈黙のあと、一人の幹部が口を開いて次のように説明した。

二〇年前、わが社はトヨタについて研究するために若手社員を日本に派遣するようになった。帰国した彼らはトヨタがどれほどすばらしいかを説明したが、我々はそれを信じなかった。彼らはゼロを一つどこかに置き忘れたんだろうと思った。一台あたりの欠陥がそんなに少ないなんて、あるいはそんなに少ない作業時間しかかからないなんて、それで車がつくれるはずがないと、決めつけたわけだ。トヨタが多くの重要分野で本当にわが社より優れているのだと認めるまでに五年かかった。次の五年は、トヨタの優位はすべて文化によるものだと思い込もうとした。「和」や「根回し」など、トヨタが社員との間に築いている日本独自の協力と協議の精神によるものだとね。アメリカの労働者はこうした家族主義的な慣行は決して受け入れないはずだと、我々は思っていた。その後、周知のとおりトヨタはアメリカに工場をつくり始め、アメリカでも日本と同じ結果を出した。そのため、文化云々という我々の言い訳は通用しなくなった。次の五年間は、我々はトヨタの製造プロセスに注目した。ファクトリー・オートメーション、サプライヤーとの関係、ジャストインタイム・システム——とにかく、あらゆるものを研究した。だが、徹底的なベンチマーキングを行ったにもかかわらず、わが社の工場では同じ結果は得られそうになかった。トヨタの成功は社員の能力とリーダーの責任についてのまったく別の原理に支えられているのだということを、我々がようやく自分自身に認めたのは、ここ五年の間のことなのだ(10)。

驚いたことに、アメリカの自動車メーカーがトヨタの優位を理解するには、二〇年近い歳月がかかったのだ。欧米の自動車メーカーとは異なり、トヨタは現場の社員が、魂のない製造マシンの歯車以上になれることを信じていた。適切なツールと訓練を与えられれば、問題解決者やイノベーターや変革推進者になれることを信じていた。トヨタは労働者の中に、終わりのないハイペースの業務改善に必要な英知を見て取っていたのである。それに対しアメリカの自動車メーカーは、現場の社員がなしうる貢献を見くびるきらいがあり、品質や効率の向上は本社の専門家の仕事としていた。ヘンリー・フォードはかつて「手を貸せと言ったら、どうしていつも頭もついてくるんだ」と、不満げに言ったといわれているが、現場労働者の知性を侮る姿勢はそれほどひどかったのだ。

過去四〇年にわたり、トヨタは社員から、競争相手がその社員から引き出しているより多くのものを毎日、毎年引き出してきた。この優位は、トヨタの市場シェアや市場価値がますます拡大していることに表れている。アメリカの自動車メーカーは、今でこそ社員の知力をもっと活用しようと努めているが、知の封建主義に根ざした経営管理システムのために高い代償を払わされてきたのである。

この例が示すように、経営管理の教義はほとんど目に見えないほど深く根づいていて、事実上、論破できないほど固く信じられていることが多い。経営管理イノベーションは、根底をなす原理が従来のものとかけ離れていればいるほど、ライバル企業にとって対応に時間がかかり、ときには何十年も苦悩が続くこともある。

体系的な優位、つまり複数の経営管理プロセスにまたがるいくつものイノベーションを含んでいる優位も、ライバルにとって模倣しにくいものだ。一九九九年に、ワールプールの当時の会長、デイブ・ウィトワムは、イノベーションを深く根づいたコア・コンピタンスにすることを幹部たちに求めた。一回限りのプログラムや社内インキュベーターとか新規事業育成部門のようなものを望んでいるわけではないことを、ウィトワムは最初からはっきりさせていた。もっと深い、もっと体系的なものを求めているのだと。その第一歩として、彼は広く尊敬を集めていた本社副社長、ナンシー・スナイダーを、ワールプールのイノベーション責任者に任命した。スナイダーの任務は、最終的に五年の歳月がかかることになる経営管理プロセスの変革に、社員の力を結集させることだった。シカゴのコンサルティング会社、ストラテゴスの助けを得て、スナイダーとそのスタッフは、ワールプールの中核的な経営管理プロセスのすべてを、イノベーションを促進する触媒に変貌させた。主な変革を次に挙げてみよう。

- イノベーションを、ワールプールのリーダーシップ育成プログラムの中心的なトピックにする。
- 毎年、資本支出のかなりの割合を、真に革新的なプロジェクトのために取り置くことにする。
- すべての製品開発プランに、市場初登場のイノベーションをかなりの割合で盛り込むことを義務づける。

•部署の垣根を超えてイノベーションを支援することを責務とするイノベーション・メンターを、六〇〇人以上養成する。

•すべての正社員にビジネス・イノベーションのオンライン・コースを受講させる。

•イノベーションをトップ・マネジメントの長期ボーナス・プランの大きな構成要素とする。

•四半期ごとの事業評価会議で、各部門のイノベーション実績について徹底的に議論する時間をとる。

•イノベーション委員会を設置してアイデアを審査させ、最も有望なアイデアは特別扱いで早く実行に移させる。

•社員がイノベーション・ツールの説明や会社のグローバルなイノベーション・パイプラインに関するデータ、さらには自分のアイデアを投入するチャンスを得られるよう、イノベーション・ポータルサイトを開設する。

•イノベーションのインプット（投入）、スループット（途中のプロセス）、アウトプット（成果）を追跡調査するための測定基準を開発する。

これらの変革はなんらかの綿密なマスタープランによるものではなかった。ワールプールのイノベーションの「旅」の過程で生まれてきたのであり、たいていは最初の時点では予想できなかった障害に対処するために編み出されたものだ[11]。

その見返りはというと、ワールプールは二〇〇五年に一四三億ドルの売上を上げたが、そのうちの七億六〇〇〇万ドルが、同社の厳しい新イノベーション基準を満たす製品からのものだった。二〇〇一年にはこの種の売上は一〇〇〇万ドルだったことを考えると、大幅な増加である。それに加えて、五六八件のイノベーション・プロジェクトが進行中で、うち一九五件は発売準備が進められていた。ワールプールの現会長、ジェフ・フェティグは、これらの新プロジェクトは最終的には同社の売上を年間三〇億ドル拡大すると見ていた[12]。

ワールプールのイノベーション努力は広く報じられてきたが、今では深く根づいているこのイノベーション・システムを競争相手が模倣するのは容易ではないはずだ。それはトヨタの多面的なマネジメント優位をバラバラに分解するのが容易ではないのと同じ理由からだ。競争相手の独自の経営管理慣行をいくつか細切れに取り出しても、経営管理システム全体を模倣しようとしている場合にはあまり役に立たない。それは数本の絹糸からペルシャ絨毯を織り上げようとするようなものだ。

最後の例として、企業は単に粘り強く取り組むことでマネジメント優位を築けることもある。偉大なリーダーを育成するという点でゼネラル・エレクトリック（GE）にかなう企業は、おそらく世界に一つもないだろう。ニューヨーク州クロトンビルの訓練施設、三六〇度評価プロセス、管理職の協働を促す仕組み、業績下位の社員の容赦ない切り捨てなど、GEの幹部養成システムの多くの要素が模倣されてきたにもかかわらず、最高のリーダーを育成する能力でGEと肩を並べたと主張する企業はほとんどないはずだ。GEの能力は一つのブレークスルーのおかげというよりも、経営幹部予備軍の質を高めるために長年たゆまぬ努力をしてきたおかげである。こうした努力が経営管理のブレークスルーを何度も生み出してきたわけだ。GEは二〇〇六年にも、また新たなリーダーシップ養成構想を発表した。今度は、同社が内部成長のペースを速めるのに貢献できる幹部の養成に焦点が当てられている。リーダーシップ面でのGEの優位に追いつきたいと思う企業は、素早く動いていく対象を見失わないようにするのは容易ではないことを、すぐに思い知らされるのである。

図2－1　イノベーションの階層

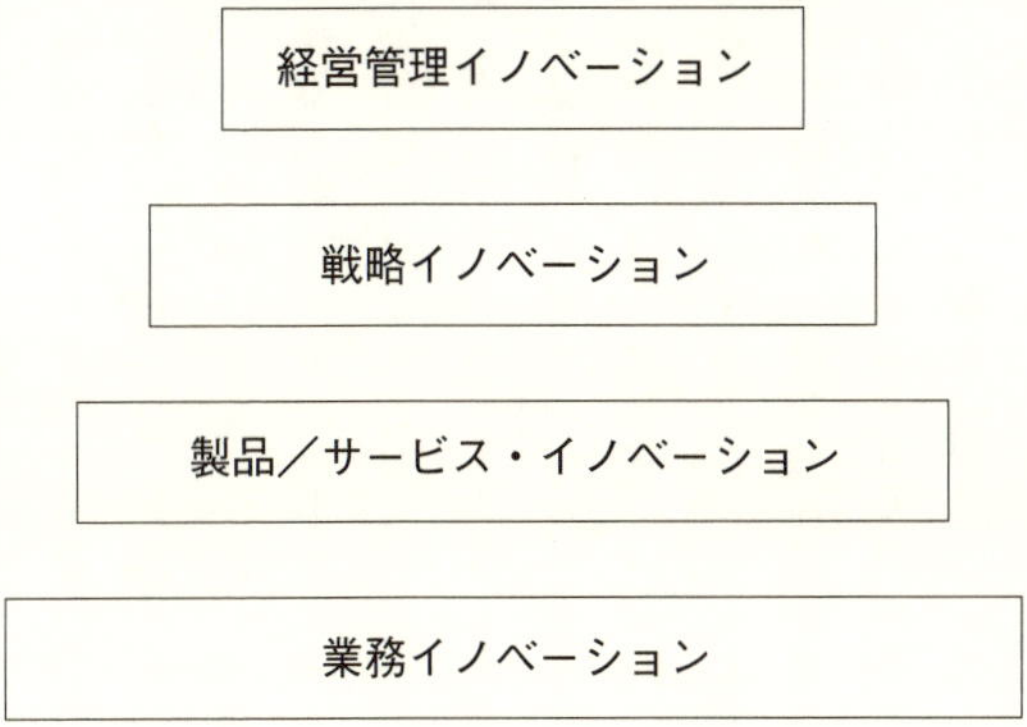

経営管理イノベーションが占める位置

イノベーションにはいくつか種類がある。業務イノベーション、製品イノベーション、戦略イノベーション、そしてもちろん経営管理イノベーションである。どのイノベーションもそれぞれ独自の形で成功に貢献するが、これらのイノベーションを、上に行くほど価値創造と競争上の防御力が高くなる階層図で示すとしたら、経営管理イノベーションが一番上にくる（図2－1）。その理由を理解することは、経営管理イノベーションに取り組む姿勢を社内に築くための重要な一歩であるので、この階層図を下から順番に見ていくことにする。

一番下にくるのは業務イノベーションである。ハイパー競争の世界においては業務の卓越は不可欠の要件だが、トヨタのような経営管理イノベーションやイケアのようなビジネスモデルのブレークスルーがない場合には、業務イノベーションが決定的かつ長期的な優位をもたらすことはめったにない。その理由はいくつかある。第一に、業務の卓越は概して企業のＩＴインフラの質に大きく左右される。あいにく、ハードウエアやソフトウエアの進歩は急速に普及する傾向があり、ＩＴに基づく優位は防御するのがきわめて難しい[13]。第二に、今日では多くの企業が、幅広いビジネス活動を第三者にアウトソーシング（業務委託）している。これらの受託業者はたいてい同一産業内の複数の企業にサービスを提供しており、一つの顧客が突出した優位を築く手助けをするインセンティブは一般に持ち合わせていない。アウトソーシングやオフショアリングはライバル企業に後れを取らないようにする助けにはなるが、大きな独自の優位をもたらしてくれることはめったにない。最後に、卓越した企業から並みの企業にせっせとベストプラクティスを伝えている大勢の、そしてますます増えているコンサルタントがいる。これもやはり業務面での優位を均一化する傾向がある。

階層の下から二番目は製品イノベーションである。象徴的な製品が、企業を無名の存在からまたたく間にカルト的地位に押し上げることができるのは確かである（ダイソンの集塵袋の要らない掃除機であるサイクロン掃除機はその好例だ）。だが、特許による保護を強制できる仕組みがなければ、ほとんどの製品がすぐに模倣される。それに加えて、技術進歩のペースがますます加速していることで、新規企業が昨日のパイオニアを一足飛びに追い越すチャンスが生まれている。そのため、画期的な製品が企業に長期にわたって業界リーダーの地位を与えてくれることはめったにない。現に、ノキアの携帯電話のすばらしいデザインにサムスンが改良を加えるのにも、キャロウェイのビッグ・バーサ・アイアンの打ちやすさと肩を並べる製品を他のゴルフクラブ・メーカーが発売するのにも、フーバーが自社独自の「サイクロン」掃除機を発売するのにも、わずか数年しかかからなかった。

階層のもう一つ上は戦略イノベーション――既存企業を防御に回らせる大胆な新しいビジネスモデル――である。突出した例としては、ヨーロッパの大手格安航空会社ライアンエア、アップルの音楽配信サイト、アイチューン・ミュージックストア、ザラのおしゃれで、しかも安価なクチュールが挙げられる。キラー・ビジネスモデルは、それを生み出した企業に何十億ドルもの市場価値をもたらすことができる。しかし、独自のビジネスモデルは、一般に独自の経営管理システムより解読しやすく対抗策を講じやすい。ディスカウント小売業におけるウォルマートの揺るぎないとされていた優位は、コストコやターゲットのような他の小売企業が成功するのを阻みはしなかった。フロンティア、ジェットブルー、エアトラン、アメリカウエスト（先般USエアウェイズと合併）といったアメリカの格安航空会社は、サウスウエスト航空のかつては独自だった手法を一から十まで真似している。また、インフォシス、ウィプロなど、インドのアウトソーシングのパイオニア企業は、今では業界の巨人になっているが、それでもインドの賃金面の優位を活かしてこれらの企業のように成功したいと願っている多くの新興企業から自社のリードを守るために、日々懸命に努力しなければならないのである。

要は、すべての種類のイノベーションが必ずしも同等ではないということだ。大きな広い範囲にかかわる問題に焦点が当てられるなら、経営管理イノベーションには、容易には模倣できない優位を生み出す比類ない力がある。なぜかというと、一口に異端といっても、表層のみの異端もあれば、根源的な異端もあるからだ。あなたにとって、たとえばファッションの好みを調整することは、宗教的信念を変えることよりおそらく簡単だろう。同様に、ほとんどの企業幹部にとって、破壊的なビジネスモデルの利点を認めることは、固く信じている経営管理理論の中核的な教義を捨てることより簡単なのだ。

注意事項

必ずしもすべての経営管理イノベーションが競争優位を生み出すわけではない。漸進的な進歩しかもたらさないものもあれば、間違った方向に進ませるものもあり、多くがまったく成果をもたらさない。もちろん他の種類のイノベーションにも同じことがいえる。他の種類のイノベーションもそうだが、経営管理イノベーションも力の法則に従う。経営管理の手法を永久に変えてしまう真に大胆なアイデアが一つ生まれるためには、必ずその陰に、重要性や影響力の点でそれより劣る何十ものアイデアが存在していなければならない。しかし、これはイノベーションに取り組まないことの言い訳にはならない。イノベーションはいつだって数の勝負であり、イノベーションをたくさん行えば行うほど、大きな見返りが得られる公算は高くなるのである。

もう一つ言うなら、経営管理のブレークスルーは、どれほど大胆なものだろうと、どれほどうまく実行されようと、単独では長期にわたって競争上の配当をもたらしはしない。経営管理イノベーションの年代記には、一度は従来の考え方を覆したけれど、その偉業を繰り返すことはできなかった企業がたくさん見受けられる。フォードやゼネラルモーターズ（GM）は、何十年も前から輝きが衰えてきているが、かつてはトップクラスの経営管理イノベーターだった。フォードの初期の優位は、移動式組立ラインの開発に支えられていただけでなく、世界最大の最も垂直統合の進んだ企業を運営するために必要だった経営管理手法のイノベーションにも支えられていたのである。またGMは、前述したように事業部制という組織モデルを生み出した。ところが今日では、両社の経営管理モデルは、その自動車と同じくらい凡庸なものになっている。これらの企業が真の経営管理革命を主導してから、すでに一〇〇年近い歳月が流れているのである。

経営管理についての近視眼的見方

経営管理イノベーションには他のイノベーションよりはるかに大きな成果をもたらす力があることを考えると、継続的な経営管理イノベーションを促進する確立されたプロセスを持つ企業がこれほど少ないのは奇妙なことだ。世界の主要ビジネス誌をめくってみると、経営管理イノベーションの地位の低さがよくわかる。過去七〇年の間に、「技術イノベーション」もしくは「技術のイノベーション」という言葉は、五万二〇〇〇本以上の記事のタイトルや要約に登場している。三〇〇〇本以上の記事が「製品イノベーション」に焦点を当てている。比較的新しい話題である「戦略イノベーション」（「ビジネス・イノベーション」「ビジネスモデル・イノベーション」という言葉も含む）は、六〇〇本以上の記事で取り上げられている。ところが、「経営管理イノベーション」や「組織イノベーション」「管理イノベーション」「運営イノベーション」に関する記事は合計で三〇〇本にも満たず、しかもそのほとんどすべてが、新しい経営管理慣行の「発明」ではなく「普及」に焦点を当てている。この偏向は、トップを切るより後追いするほうがよいと思っているのでないかぎり、理解しがたいことだ。

今日では、あらゆるCEOがイノベーションの推進者を自認している。それなのになぜ、経営管理イノベーションに関しては、大きな空白地帯になっているのだろう。考えられる理由は三つある。第一に、ほとんどの経営幹部が自分をイノベーターとはみなしていない。技術や宣伝の専門家や比較的新しい戦略の専門家とは異なり、平均的な経営幹部にとっては、イノベーションは自身の職務内容の中心的な要素ではない。ほとんどの企業で、管理職は同じものをより多く、より効率的に生み出す能力によって選ばれ、その能力を訓練され、その能力に対して報酬を与えられている。管理職はイノベーターであることを期待されてはいない。それよりも、他人のアイデアを成長と利益に変えることを期待されているのである。

第二に、多くの経営幹部が大胆な経営管理イノベーションが実際に可能であるとは思っていない。研究開発部門の人間や製品開発に携わっている人間は、次の大きなことがすぐそこまで来ているという信念に支えられている。それに対して、次の大きな経営管理革命を主導するチャンスに出合えるかもしれないという期待に胸をふくらませている管理職が、はたして何人いるだろう。奇妙なことに、管理職は科学が長足の進歩を遂げることは当然のように思っているのに、経営管理の手法が進歩しないことは少しも気にしていないようだ。

この矛盾を突きつけられると、多くの経営幹部が、人間の性質は不変であるから、人間の努力を結集させ、組織化する実行可能な方法となると選択肢の幅は限られていると主張する。一人の人間が効果的に監督できる人間の数には限りがあるし、説明責任をどの程度まで分担できるか、社員をどこまで信頼できるか、個人がどこまで自己の利益より会社全体の利益を優先させる気になるかといったことにも限界があると主張する。これらの限界が現実のものであれ、想像上のものであれ（私に言わせれば、ほとんどが想像上のものだが）、それは管理職に、経営管理イノベーションを制約しているのは想像力の欠如であるという前提に目をつぶり、心の休まる理屈を与えてくれるのである。

ほとんどの管理職は、自身をキラキラした目を持つ夢想家ではなく、現実的な実行者とみなしている。彼らの経験では経営管理の進歩は革命的ではなく漸進的であり、彼らにとっては、革命的なものになりうると考える根拠はほとんどない。しかし、これから見ていくように、それは革命的なものになりうるし、ならなくてはいけないのである。未来の挑戦に応えるためには、それが必要なのだから。

第3章　経営管理イノベーションの挑戦課題

人間のあり方を規定するのは、その人が身を捧げる大義と克服しようとする課題である。アパルトヘイトという社会悪と闘ったネルソン・マンデラの場合であれ、ヒトゲノムを解読したクレイグ・ベンターの場合であれ、広大なサイバースペースに秩序をもたらしたラリー・ペイジとセルゲイ・ブリンの場合であれ、とてつもない偉業を達成する力を生み出したのは、とてつもない問題を解決しようとする情熱だった。経営管理の未来をつくり出そうとするときにも、経営管理イノベーションの力に対する知的確信以上のものが必要になる。なんらかのきわめて具体的で、きわめて壮大な挑戦に立ち向かおうとする情熱が必要なのだ。

大胆になろう

経営管理イノベーションが近年はほとんど漸進的なものだとすれば、それは取り組む問題を選ぶに当たって大胆さが足りないためかもしれない。「自分の会社は本当に前例のない課題、他社の経験を参考にはできない課題に取り組んだことがあるだろうか」と、自問していただきたい。ゼネラル・エレクトリックはこのような課題に取り組んでいる。二〇〇六年にジェフ・イメルト会長が、GEの売上を内部成長によって世界の実質GDP成長率の二倍のペースで拡大するという目標を設定したのである。GEほどの規模の企業がこのような成長を持続したことはかつてないのだが、それでもイメルトはこの課題に立ち向かうのを思いとどまりはしなかった。GEがこの目標を達成できる保証はなかったが、達成できなかったとしても、それは勇気が足りなかったせいでないのは確かだろう。

大きな問題が必ずしも大きな前進を生み出すわけではないものの、小さな問題は決して大きな前進にはつながらない。ノーベル賞を受賞したイギリスの生物学者、ピーター・メダワー卿がかつて言ったように「凡庸な問題やつまらない問題は、凡庸な答えやつまらない答えを生み出す。だから、大きく考えることが必要なのだ(1)」。

大きな問題に取り組みすぎて手に負えなくなるのが心配な人は、次の二点を覚えておいていただきたい。第一に、大きな問題を解決するためには、必ずしも大きなリスクをとる必要はない。イノベーションはたいてい相互作用的なプロセスであり、解決策は試行錯誤を通じて浮かび上がってくる。アメリカの宇宙開発計画では、人間を乗せたロケットを打ち上げる前に、一〇匹以上のサルを宇宙に送って実験した。この先の章で見ていくように、大きな賭けをしなくても、大胆な新しい経営管理のアイデアを実験することは可能なのだ。

第二に、問題が大きければ、たとえ「解決策」が見つからなくても、どんな種類の前進でも貴重なものになる。ジョージ・シュルツ元米国国務長官が、問題には「解決できる問題」と「取り組むことしかできない問題」があると言うのを聞いたことがあるが、経験豊富な外交官であるシュルツは、世の中には民族紛争や世界の貧困やテロリズムのように全面的に解決するのはきわめて難しい問題もあることを心得ているわけだ。だが、このように大規模かつ重大な問題に立ち向かう場合には、ささやかな前進でも大きな配当をもたらすということも、彼は理解しているのである。二一世紀の経営管理の最も厄介な問題の多くが、取り組むことしかできない問題、つまり簡単には解決できないが、想像力に富んだ粘り強い取り組みには何らかの見返りを与えてくれる問題であるかもしれない。

大きな問題を解決するためには創意と勇気と粘り強さが必要だ。これらの能力は、取り組む問題が単に重要なだけでなく魂を揺さぶるものでもある場合に、最も豊かに発揮される。敬虔なクエーカー教徒だったフレデリック・テイラーがひたすら効率向上に取り組んだのは、作業の構成を変えればもっと効率的に遂行できるというとき、それを怠って人間の労働を無駄にするのは悪であるという信念からだった。テイラーが最も生産性の高い石炭掘削方法の研究に何日も没頭できた事実は、こだわりの強い気質だけでなく、人間の努力の価値を増大させることへの伝道師的情熱をも示していた。この情熱は、彼の一九一一年の著作『科学的管理法』の序文にはっきり表れている。「形あるものが無駄にされたときは、見たりさわったりしてそれを認識できる。しかし、人間の動作がぎこちなかったり、非効率だったり、間違っていたりしたときは、目に見えるものやさわれるものは何も残らない。動作の無駄を認識するためには、記憶の働き、つまり想像力を働かせることが必要になる。こういう理由から、動作の無駄による日々の損失は形あるものの無駄による損失より大きいにもかかわらず、一方は我々の心をひどくざわつかせ、もう一方はほとんどざわつかせないのである(2)」

経営管理の歴史におけるテイラーのひときわ重要な役割を考えると、我々は彼の手本に倣《なら》うべきだろう。つまり、前例を破る経営管理イノベーションの可能性を最大にするために、重要で興味をそそり、本質的で賞賛に値する問題に取り組むべきなのだ。

そのような課題をまだ見つけていない人のために、探索の的を絞る助けになる問いをいくつか記してみよう。

1　あなたの会社がこの先直面することになる新しい課題は何か。あなたの会社の経営管理プロセスや経営管理慣行を破壊点に至らせそうな新しい不連続は何か。いますぐ取り組み始める必要がある「明日の問題」は何か。

2　あなたの会社がうまくやれそうにない難しい両立課題は何か。常に一方が他方を犠牲にして勝利する結果になりそうな重要なトレードオフがあるか。なんとか「両立」させたいと思っている歯がゆい「二者択一」は何か。

3　あなたの会社の理論と現実のギャップのうち、最大のものは何か。あなたの会社が実現に最も手こずっている価値は何か。あなたの会社が掲げている理想で、深く埋め込まれた能力にしたいものは何か。

4　あなたは何に憤りを感じているか。あなたの会社や他の似通った組織を苦しめている腹立たしい無力さは何か。「できる」に変える必要がある「できない」は何か。大きな課題に狙いを定めたら、それを小さな、もっと取り組みやすいサブ課題に分解しよう。そうすることで、とくに影響の大きいサブ課題に精力を集中させて、イノベーション努力の成果を最大にすることができる。

経営管理の技術は会社が違ってもさほど違いはないため、取り組む必要のある問題は、大部分が個々の会社に特有のものではなく、広く見られるものだろう。これは診断プロセスを容易にしてくれる。たとえば、企業はなぜ自らをなかなか変えられないのかや、官僚型組織は新しい考えをどのように抑圧するのかについては、多くの記事や論文が書かれてきた(3)。だが、真の挑戦は診断ではなく治療である。大企業がなぜ特定のこと(たとえば戦略を先行的につくり変えることや新規事業を育成すること)をうまくやれないのかについて、我々は多くのことを知っているが、山ほどのアドバイスや訓戒にもかかわらず、こうした制約を乗り越えている企業はほとんどないようだ。欠けているのは洞察力に富んだ分析ではなく、経営管理の現状を打破する真に大胆で想像力豊かな代替案であり、経営管理を一からつくり直すエネルギーのあるイノベーターなのだ。

経営管理イノベーションの挑戦課題を評価する

この章の残りの部分では、二一世紀の企業が直面する最も厄介な三つの課題を説明する。

1　規模の大小を問わず、どの企業でも、戦略変更のペースを劇的に加速させること。

2　イノベーションをすべての社員の日常的な業務にすること。
3　社員を奮起させて各自の最高の力を発揮させる魅力的な労働環境を築くこと。

私はまず、これらの課題がなぜ経営管理イノベーションの挑戦課題のトップにくる価値があるのかを説明し、それからこれらの課題をより的を絞ったサブ課題に分解する。

ここでの私の目的は二つある。第一に、私は皆さんが二一世紀の経営管理の大きな課題に情熱を燃やす手助けをしたい。ここで取り上げている問題は、どれもみな思索の糧になるもっともなものだ。すべてを併せると、それらは二一世紀の企業にとって、二〇世紀の企業にとっての効率や規模や管理に相当するものとなり、この先最も成功する企業は、これらの課題にいち早く取り組む企業だと、私は確信している。

第二に、私は皆さんが自分の大義に他の人びとを参加させようとするとき、彼らを納得させるために展開する必要のある議論を提示したい。共に闘ってくれそうな人が「この問題に今取り組むことがなぜ重要なのか」と質問するかもしれない。「なぜ大胆なイノベーションが必要なのか」「いったい何を修正する必要があるのか」と質問するかもしれない。皆さんはこれらの問いに説得力のある答えを示す必要がある。

したがって、本章の目的は前述した三つの重要な課題に対する具体的な解決策を提案することではない（それは後の章で述べることにする）。本章で目指すのは、皆さんが自分自身の経営管理イノベーションの挑戦課題を評価するための基準――「私は十分に大きく考えているか」「説得力のある主張を展開できるか」「根本原因を十分に深く掘り下げているか」――を提供することだ。

変革のペースについていける動きの速い会社を築く

未来について確実に言えることはほとんどないのだが、一つだけ例外がある。向こう一〇年のどこかの時点で、あなたの会社は前例のない形で変化するよう迫られるだろう、ということだ(4)。あなたの会社は適応するだろうか、それとも衰退するだろうか。自らをつくり変えるだろうか、それともそうできずに痛みを伴う再編を余儀なくされるだろうか。世界各地の既存企業の近年の実績を考えると、前者より後者になる可能性のほうが高い。変化のS字曲線に先駆けて自らを変革できる企業はほとんどないようだ。

タイムリーに変革できなかったために高い代償を払わされた「恐竜企業」――コダック、ソニー、シアーズ、ゼネラル・モーターズ、トイザラス、サン・マイクロシステムズのような企業――は、常に存在してきた。だが、近年は産業全体が変化のS字曲線から取り残されるようになっている。テレビ局、新聞社、レコード会社、フランスワインの卸売業者、従来型の航空会社、巨大製薬会社、アメリカの自動車メーカー、ヨーロッパのオートクチュール専門店――これらは皆、時代に大きく遅れたビジネスモデルに再び活力を吹き込むのに手こずっている。確かに、これらの業界の企業の多くは、いずれは地盤を回復するだろうが、その間に何十億ドルもの利益と何百万人もの顧客が失われるだろう。適応に失敗する代償はそれほど大きいのである。

このように衰退が蔓延しているのはなぜだろう。世界各地の企業幹部が突然バカになったなどということは、もちろんありえない。かつては不滅だったビジネスモデルがいきなり死を迎えるとしたら、それは環境が変わったからであり、なかでも最も大きく変わったのは、変化それ自体である。今の時代をこれまでの時代と分かつものは、世界を均一化する通信技術の力でもなければ、中国やインドの経済的台頭でもない。気候条件の悪化でもなければ、古くからの宗教的対立の再燃でもない。それは恐ろしいほど加速している変化のペースなのだ。

この先数十年にわたり、あらゆる社会、組織、個人の適応力が、かつてないほど厳しく試されるだろう。幸いなことに、混乱は挑戦だけでなくチャンスももたらす。しかし、個々の組織にとってのチャンスとリスクのバランスは、その組織の適応能力に左右される。したがって、二一世紀の企業にとって最も重要な問いは、「我々は周囲の世界に負けない速さで変化しているか」である。すでに見てきたように、多くの企業にとって答えは「そうではない」である。

経営幹部は、製品やサービスの定期的なリニューアルの必要性はあっさり認めるのに、戦略やビジネスモデル、コンピタンシーやコアバリューは不滅に近いもののように、えてして思い込んでいる。このような思い込みはますます危険になってきている。一時的なものを永続的だと思い込んだら企業は未来を捨てることになる。そして今日では、あらゆるものが一時的なのだ。

企業の変革に関する文献に幅広く目を通してみると、気がかりな事実が浮かび上がってくる。抜本的な変革——会社のビジネスモデルや中核的業務の大きな変化を伴うもの——に関する記述のほとんどすべてが、一般に新CEOをヒーローとする、危機からの再建物語なのだ。抜本的な変革は必ずと言っていいほど危機主導で、単発的で、がっちりしたプログラムに従って進められるもの

――トップから伝達・指示される綿密に練り上げられたメッセージ、スケジュール、目的、活動などを通じて実行されるもの――であるようだ。残念なことに、機会主導で、継続的で、組織の内なる学習・適応能力の賜物である変革はほとんどないのである。ルー・ガースナーがＩＢＭの再建に成功したことや、カルロス・ゴーンが日産を奇跡のようによみがえらせたこと、またローズマリー・ブラボーがファッションブランドのバーバリーに新たな活力を吹き込んだことは、喜ばしいことではあるが、再建は痛ましいほど時期遅れの変身であり、タイムリーな適応の高くつく代用にすぎないのである。

だから、目指すべきは、危機とは関係なく継続的に自らをリニューアルできる組織を築くことだ。適切な類比は、身体の自律システムに見いだすことができる。ランニングマシンに乗ってジョギングを始めると、心臓は自動的に筋肉への血液供給量を増やす。聴衆の前で話をするときは、アドレナリン腺が自発的にホルモンを分泌して、心拍数を高め、頭の働きを活発にする。また、好みの容貌の人を見かけたら、瞳が反射的に広がって、その人の魅力的な姿に見とれてしまう。自動的、自発的、反射的。これらは大規模な組織の抜本的変革を言い表す言葉としては、あまり一般的なものではない。そして、そこに挑戦課題があるのである。抜本的変革を自動的なプロセスに近づけること、危機に見舞われなくても継続的な自己変革を行うことのできる組織を築くこと。目指すべきはこれなのだ。

企業がこれまでの戦略をずるずると続ける傾向にはいくつもの要因が絡んでいるが、そのうちの三つは、タイムリーな変革にとってとくに重大な脅威となる。一つは、経営幹部チームが戦略を一新する必要性を認めようとしない、もしくは無視する傾向である。二つ目は、現状に対する説得力のある代替案が存在しないことで、これはえてして戦略の麻痺状態につながる。そして三つ目は、配分の硬直性のために人材や資本を新しい構想に振り向けるのが難しいことだ。これらの要因はどれもみな痛みを伴わない変革の障害になり、それゆえ経営管理イノベーションの焦点とされてしかるべきだ。

現実否認

どの企業も業績不振になるまでは成功しているわけだが、気に入らないのは、業績不振になったとき愕然とする経営幹部が大勢いることだ。この驚愕は、つまりは劇的に変化した環境を、事ここに至るまで認識していなかったということであり、再生の作業が、手遅れになるほどではないとしても、大きく遅れるのを保証しているも同然である。

現実否認はお馴染みのパターンをたどる。気がかりな展開を、最初は信じがたいとか、たいしたことではないとして無視し、それから例外的な現象だとか、もう手の打ちようがないとして合理化する。その後、しぶしぶ防御行動をとってそのダメージを緩和し、それからようやく――必ずそうなるとはかぎらないが――現実ときちんと向き合うことになる。

音楽産業のこのところの苦悩は典型的な例である。レコード会社は音楽のダウンロードを最初は見下していた。「MP3ファイルはCDより音質が悪いし、音楽をダウンロードするのは厄介な作業で時間もかかる。いずれにしてもパソコンで音楽を聴きたいなんて誰が思うだろう」と。だが、自分を安心させるためのこうした蔑視《べっし》にもかかわらず、音楽のダウンロードという雪だるまは坂道を転がり始めた。それでもニューヨークやロンドンのレコード会社の幹部たちは、この流れを見くびって、この新しい配信モデルは百パーセント著作権侵害に支えられていると、声高に不満を唱えていた。音楽のダウンロードが有料になったら、この激流は弱まって、やがて滴《しずく》程度の微々たるものになるだろうと、彼らは主張した。レコード業界はこの理屈に基づいて行動し、厳罰主義の戦略をとった。タワーレコードに一五ドル払うよりダウンロードしてコールドプレイの曲を聴こうとする道徳心のない大学生を、全員訴えると脅すことにしたのである。レコード業界がようやく現実を認めて、独自のオンライン配信モデルを実験し始めたときには、デジタル著作権管理に対する自身の厳しい姿勢のために、この新サービスは事実上使い物にならないものとなった。それに対し、未来へのドアを大きく開けていたアップルは、ぶらりと入っていって、またたく間に世界最大のオンライン音楽配信業者に成長した。現実否認の代償はこれほど大きいのである。

容易に予想できるかもしれないが、気がかりな事実を否認する性向はヒエラルキーの上にいる人ほど強い。それは一つには、企業のリーダーは概して変化の最先端から遠いところにいるため、長く崇められてきたビジネスモデルが危うくなっていることを独力では察知できないためだ。自分自身の実感的証拠がないのだから、組織の周縁にいる人びとが遠くで鳴らしている警報ベルの音を彼らが信用することはほとんどないのである。

新しい戦略案の欠如

経済的に否定されつつあるビジネスモデルの引力から逃れるためには、企業は新しい戦略案——現状に対する魅力的な代替案——の強力なリストを作成する必要がある。問題は、何百もの新しい戦略案を生み出すための秩序だったプロセスを備えている企業がほとんどないことだ。だが、それこそが、変革を促進するために必要なものなのだ。

イノベーションは累乗の法則に従う。風変わりなアイデア一〇〇〇件につき、実験する価値のあるものは一〇〇件にすぎない。そのうちで多額の投資に値するものはせいぜいが一〇件で、最終的に大ヒットになるのは二、三件にすぎない。ベンチャーキャピタリストはこの算術をよく心得ている。平均的なベンチャーキャピタル企業は、毎年、何千件ものビジネスプランを審査し、何百人もの未来の起業家に会い、十数社の企業に投資する。そして、そのうちの一社か二社が次のグーグルやシスコやアムゲンになることを期待するのである。だが、ほとんどの企業幹部が、イノベーションのこの避けられない算術を認める気にはならないようだ。

大きな樫の木が適切な類比を与えてくれる。カリフォルニア北部の森を歩くと、地面に樫の実がびっしり落ちているのが目に入る。自然には無駄なものはないはずだ。では、この途方もない量の樫の実はどう説明すればよいのだろう。簡単なことだ。おびただしい数の樫の実は、土壌と光と水分の最も適切な組み合わせを見つけるための「サーチ戦略」なのだ。企業の中のひ弱なイノベーションの種と同じく、どの実が成長し、どの実が成長しないかを事前に知るのはまず不可能だ（一例を挙げると、一九九六年の時点で、当時は生まれたばかりの新企業だったイーベイが、いつの日か三五〇億ドルを超える市場価値を持つようになると、いったい誰が想像しただろう)。新しいアイデアに資本と人材をわずかでも投資するためには将来の成功についての確たる保証が必要だと、上級幹部が主張したら、イノベーションがうまくいかないのはそのためだ。

これは、どれほどばかげたものであっても、新しいアイデアはすべて資金を投じるに値するということではない。山歩きをする人が樫の実とうさぎの糞を見分けられるように、基本的に有望なアイデアと明らかにばかげたアイデアは見分けがつく。これは、企業幹部がベンチャーキャピタリストのようにいくつかの戦略案に投資しなければならないということであり、一つか二つの「確実な」アイデアに資源を早くから集中的に投入したいという誘惑に屈してはならないということだ。もう一度言うが、イノベーションは数の勝負である。ベンチャーキャピタリストのポートフォリオのリターンは、中央値はゼロに近いかもしれないが(ほとんどとはいわないまでも、多くのベンチャー企業が最終的には失敗する)、リターンの平均値は、一つか二つの大成功が莫大な利益をもたらしてくれるおかげで、目の玉が飛び出るほどの額になることがある。教訓は明白だ。適応力のある企業を築くためには、経営幹部は可能性の低いアイデアを除去することよりも、大胆な戦略案を組み合わせた多様性のあるポートフォリオを築くことに頭を使う必要があるということだ。

配分の硬直性

変革を阻む真の障害が、戦略案の欠如ではなく、資源配分の柔軟性の欠如である場合もある。既存のプログラムには毎年、潤沢な資金が与えられ、その一方で新しいプロジェクトは資金を得るのに苦労することがあまりにも多い。企業がたびたび未来を放棄する、つまり、未来の可能性を犠牲にして現在あるものに過剰に投資するのは、何よりもこの資源配分の硬直性のためだ。中・大規模組織で資源のタイムリーな再配分を阻んでいる典型的な要因をいくつか挙げてみよう。

ほとんどの企業で、管理職の権限は、その人物が管理している資源と直接的な相関関連があり、資源を失うことは地位や影響力を失うことを意味する。そのうえ、個人の成功は通常その人物の事業部門やプロジェクトの業績だけで決まる。そのため、プログラム・マネジャーは「自分の」資本や人材を新しいプロジェクトに配分しようとする動きには——その新プロジェクトがどれほど魅力的であるかに関係なく——抵抗する。もちろん、考えが狭すぎると思われるのは体裁が悪いので、見かけ上はビジネス上の慎重論として通用する理屈で自分の動機を覆い隠している。新しいプロジェクトは「未検証だ」とか、「リスクが高い」とか、「資源の分散になる」などと主張するわけだ。そのため、一〇億ドルの買収には上級幹部は喜んでカネを出すかもしれないのに、二つか三つ下の層にいる者で、新しいプロジェクトのために五、六人の有能な人材を「借り」ようとする者や、既存プログラムの予算から数千ドル分けてもらおうとする者は、それが自分で虫歯を抜くことにも匹敵する難しい仕事であることを思い知らされることが多いのである。

既存事業に過剰に資金を投入する傾向は、さらに二つの要因のために一層ひどくなっている。第一に、ほとんどの企業で、新しいアイデアの市場はモノプソニー（買い手独占。売り手が一人しかいないモノポリー（独占）に対し、モノプソニーは買い手が一人しかいない状態をいう）である。一般的に言って、新しいアイデアを思いついた下層または中間層の社員が、資金を出してほしいと頼みに行く先は一つしかない。上司である。新たに生まれようとしているそのプロジェクトが上司の短期的な優先事項と一致しなければ、資金は得られない。類比として、シリコンバレーにベンチャーキャピタル会社が一社しかなかったらと、想像してみよう。その場合、日の目を見ずに終わるアイデアがどれだけたくさんあることだろう。ほとんどの起業家が、出資してくれるベンチャーキャピタル会社を見つける前に、七、八社に断られていることを思い出していただきたい。

第二に、資源配分のプロセスは一般に新しいアイデアに不利になっている。販売量やコスト、スケジュールや利益について、ある程度の確実さが要求されるためで、アイデアが本当に新しい場合には、この要求を満たすのは不可能だ。既存事業の延長線上にあるプロジェクトはリターンを予想しやすいが、まったく新しいアイデアのリターンはいつだって計算を立てにくい。ベンチャーキャピタリストが一つの新企業に投資するのではなく、いくつもの企業に投資してリスクを分散させるのはそのためだ。ところが大企業は、新しいアイデアの一つひとつを、それぞれ独立した投資とみなす傾向があり、そのため既存の活動をほんの少し拡大しただけのプロジェクトしか満たせないような高レベルの確実さを要求する。その一方で、既存事業を運営している幹部は、徐々に衰退しているビジネスモデルに大金を注ぎ込むとき、あるいはすでに収益が減少しつつある活動に過度に資金を投入するとき、その戦略的リスクを弁明するよう求められることはめったにないのである。

戦略の適応を阻む障害について簡単に見てきたが、ここから経営管理イノベーションのいくつかの重要な挑戦課題が浮かび上がってくる。

1　不愉快な情報が階層を上がっていくにつれて無視されたり、大した問題ではないとして切り捨てられたりしないようにするためには、どうすればよいか。

2　何百もの新しい戦略案を継続的に生み出す経営管理プロセスを築くにはどうすればよいか。

3　衰退に向かっている既存プログラムから未来に焦点を当てたプロジェクトへの資源の再配分を加速するにはどうすればよいか。

未来に焦点を当てた次の二つの問題を掘り下げるなかで、このリストはさらに増えていくことになる。

イノベーションをすべての社員の仕事にする

戦略のライフサイクルが短くなっている世界において、イノベーションは企業がその成功の持続期間を引き延ばすことができる唯一の方法である。それは容赦ない競争の世界で企業が生き残るための唯一の方法でもある。

これまでは多くの企業が、シュンペーター流の自由競争の激しい嵐から隔離されていた。規制の壁、特許の保護、流通の独占、力のない顧客、独自基準、規模の優位性、輸入からの保護、さらには資本のハードルが、業界の既存企業を自然競争の利幅圧縮効果から守る防波堤になっていた。今日では、これらの防御措置の多くが崩壊しつつある。

・規制緩和と貿易自由化は、銀行、航空輸送、通信など、さまざまな産業で参入障壁を引き下げている。

・インターネットの力は、新企業が世界市場に進出するのにグローバルなインフラを築く必要がなくなったことを意味している。そのおかげで、グーグル、イーベイ、マイスペースのような企業が、驚異的なペースで事業を拡大できるようになっている。

・垂直統合の解体やアウトソーシングによる大企業の解体も、新規参入企業にとって追い風になってきた。自社の活動のますます多くの部分を第三者の受託企業に任せることで、既存企業は誰にでもサービスを提供する何千社もの「武器供給業者」を生み出してきた。設計会社、ブランド・コンサルタント、請負メーカーなどのこのグローバルなサプライヤー基盤を利用することで、新規参入企業は子宮からいきなり成人に近い状態で生まれることができる。

・既存企業は超低コストの競争相手――技術者の初任給が年間わずか八五〇〇ドルの中国の通信機器メーカー、華為技術のような企業――にも対抗しなければならない。格安競争を仕掛けてくるのは、中国企業とインド企業だけとは限らない。イケア（スウェーデン）、ザラ（スペイン）、ライアンエア（アイルランド）、エアアジア（マレーシア）は、業界のコスト構造を根底から変えた企業のほんの数例にすぎない。

・インターネットによって力を与えられた顧客も、利幅を押し下げている。インターネットの登場前は、ほとんどの顧客が、住宅ローンやクレジットカード契約や自動車ローンを最も有利な条件で取得しているのかどうか確認できないでいた。この知識の不足が利幅を支えていたのである。イギリスのあるウェブサイトは、顧客に最もよく使っているクレジットカードについて現在の残高などの詳細を打ち込んでもらい、それから、もっと有利な支払い条件のカードに切り替えたら、いくら節約できるかを表示するサービスを提供している。

• それに加えて、インターネットは取引コストをゼロに近づけている。あらゆる種類のマーケットメーカー——ディーラー、ブローカー、エージェントなど——が手にする手数料が、一部はすでに急落しており、そうでないものも近いうちに急落すると思われる。

• 摩擦のもう一つの原因である流通の独占も攻撃を受けている。新聞社や雑誌社とは異なり、ブロガーは読者に情報を届けるために物理的な流通網を持つ必要はない。また、新しい音楽バンドは、マイスペースのようなソーシャル・ネットワーキング・サイトを通じてファン層を築けるので、レコード会社の営業担当者のご機嫌を取る必要はない。

参入障壁の崩壊、超効率的な競争相手、顧客の力——これらの要因がこれから先利幅を圧縮していくだろう。この苛酷な新世界では、あらゆる会社が厳しい選択を迫られることになる。イノベーションの炎を燃え立たせるか、それとも極端に低い人件費（中国の囚人労働であれ、何であれ）だけが生き残るか倒産するかを分かつ要因となる世界で、ぎりぎりでやっていく覚悟をするか、という選択である。

この点を考えると、イノベーションをすべての社員の業務にしている企業がほとんどないのは驚くべきことだ。大方の企業で、イノベーションは依然として組織の片隅に追いやられている。依然として新製品開発部門や研究開発部門のような専門部署の責任とされ、創造的な人種が「事業を運営」しなければならない人びとの邪魔にならないよう、そこに隔離されているのである。

今日、イノベーションは日常的な用語になっているが、理論と現実の間には依然として大きな開きがある。そんなことはないと思う人は、企業に就職して間もない人を探して、彼らに次の質問をぶつけてみていただきたい。

1　ビジネス・イノベーターになるためにどのような準備をさせられているか。どのような訓練を受けているか。どのようなツールを与えられているか。

2　イノベーションのコーチやメンターに接触できるか。あなたの部署には、画期的な新しいアイデアを発展させる手助けをしてくれるイノベーションの専門家がいるか。

3　あなたが実験の資金を得たいと思ったら、どれくらいたやすく入手できるか。数千ドルの元手を得るのにどれくらい時間がかかるか。階層組織の階層をいくつ通り抜けなくてはいけないか。

4　イノベーションはあなたの職務マニュアルに正式に盛り込まれているか。あなたの報酬は、その一部がイノベーションの実績によって決まるようになっているか。

5　あなたの会社の経営管理プロセス——予算作成、計画作成、人員配置など——は、イノベーション活動を後押しするか、それとも妨げるか。

創造力についての偏見

ＣＥＯを含む多くの人が、創造力は人類のごく一部にしか与えられていないと思っている。この見方でいくと、創意に富むごく少数の人間とそうでない大多数の人間がいることになる。私の経験では、この偏見は「クリエイティブな」職業の人びと——映画制作者、デザイナー、起業家など

──の間で特に強い。彼らは生まれつき創造力に富んでいるのかもしれないが、情熱を掻き立ててくれ、才能を磨くチャンスを与えてくれた無数の環境要因──意欲を引き出してくれた教師、常識に縛られない両親、恵まれた仕事運など──の功績を十分認識していないことが多い。ほとんどの人間は、生活のなんらかの領域で創造の才を発揮している。イギリスの俳優、スティーブン・フライは、他のすべての俳優と同じく、他人が書いたせりふをしゃべることで生計を立てているが、実は優れた作家であり、詩人である。絵や作曲やガーデニングの才能に恵まれている人もいれば、退屈している子どもを楽しませる新しい方法を考え出すのがうまい人もいる。職場では創造の才がないように見えたとしても、それはその人に想像力がないからではなく、機会を与えられていないためなのだ。

五〇年前にはほとんどのCEOが、「普通の」社員には、品質や効率のような複雑な業務問題に取り組む能力はないと思っていた。カイゼンやTQM（総合的品質管理）やシックスシグマの力をよく知っている現代の企業幹部には、このような見方は偏見としか思えない。それなのに今日、わが社の次の一〇億ドルのアイデアはアルバイト社員や契約社員から生まれるかもしれないということを認めようとしないCEOが大勢いる。だが、歴史の示すところでは、イノベーションは必ずといっていいほど予想外の方面から生まれる。友人や家族にはごく普通の人間に見えていた人物から、とかく生まれるのである。CATスキャナーの発明でノーベル賞を受賞したゴッドフリー・ハウンズフィールド卿は、大学の学位を持ってはいなかった。中古レコードの販売から音楽産業でのスタートを切ったリチャード・ブランソンも、やはり学位を持ってはいなかった。パーソナル音楽プレーヤーのアイデアを生み出したアンドレアス・パベルは、ブラジルで教育を受け、スイスで暮らしていた哲学の徒であった（彼の先駆的な特許は、やがて彼にソニーから何百万ドルものロイヤルティをもたらすことになる）[5]。これらの例や他の何千もの同様の例にもかかわらず、「普通の」社員が非凡なイノベーターになれると信じている企業幹部はほとんどいないようだ。だが、イノベーションがこれまで以上に重要になっている世界では、そのような見下した姿勢は間違いであるだけでなく、自殺行為になるおそれもある。

私は本章の執筆中に、CNBCから依頼されてイノベーションに関するパネル・ディスカッションに出席した。議論の中で、ワールプールが三万五〇〇〇人以上の社員にビジネス・イノベーションの原理を学ばせた事実についてコメントしたところ、パネリストの一人がこう反論した。「創造的になる方法を教えることはできない。人は生まれつき創造的であるか、そうでないかだ」。だが、これが本当なら、美術学校やデザインスクールや建築学科は存在していないだろうし、クリエイティブ・ライティングのコースは無意味ということになる。実際には、創造力は知力や音楽の能力や目と手の協応力のように、人間の能力であり、他のすべての能力と同じく指導と練習によって強化できるのである。

確かに創造力の程度は人によって異なるが、企業社会の殺風景な環境では、自分の持てる創造力を最大限に発揮している人はほとんどいない。だが、それは自分の能力を発揮するためのツールや時間を与えられてこなかったからであり、発揮する責任を負わされてもいないからだ。その結果、企業は莫大な量の人間の想像力をいつも空費しているのであり、創造的破壊の嵐が激しく吹き荒れている時代にあって、これは申し開きできない無駄である。研究開発部門や新規事業育成部門は設けられているが、創意に富む人間の小さな隔離された集団は、すべての社員が自分の創造的衝動をフルに発揮している会社全体とは比べ物にならない。トヨタが社員の問題解決能力を活用することで世界に名だたる企業になったのだとすれば、あなたの会社は社員一人ひとりの創造的能力をフルに活用することで何を達成できるか考えてみていただきたい。

古いメンタルモデルの足かせ

イノベーターは本質的にあまのじゃくである。問題は昨日の異端が往々にして明日のドグマになることであり、そうなってしまったらイノベーションは停滞し、成長曲線は平らになる。

デルを例にとってみよう。デルのビジネスモデル――非直接生産、汎用部品を使った製品設計、インターネットを利用したカスタマー・サービス――は、同社を世界最大のパソコンメーカーの地位に押し上げ、創業者のマイケル・デルを億万長者にした。それを踏まえたうえで、考えてみていただきたい。惜しみない賞賛を浴びてきた自分のビジネスモデルが賞味期限に達しているかもしれないと認めることは、マイケル・デルにとってどの程度、難しいことだろう。ヒューレット・パッカードがデルとのコスト差をすでに埋めていることや、アップルのおしゃれな製品や新しい発想のミュージックストアが顧客を夢中にさせていることを認めるのは、どの程度、難しいことだろう。

結局、それはきわめて難しいことだったようで、きわめて高くつくことになった。本書を執筆している時点で、デルはヒューレット・パッカードに業界リーダーの座を奪われ、株価が急落し、かつては高く評価されていたCEO、ケビン・ロリンズが辞職に追い込まれてガタガタになっている。

この事例でも、他の多くの事例でも、戦略イノベーションを阻む真の障害は、現実否認を超えたものだ。それは現行ビジネスモデルの本質的な優位性に対する揺るぎない信念、何百万人もの顧客によって正当性を立証されてきた信念である。物理的インフラや業務ハンドブックに組み込まれている信念、宗教的確信にまで強化されている信念、それに沿っていないアイデアはめったに検討されることがなく、検討されたとしても消極的な支持しか得られないほど、強固に信じられている信念である。

一般に広まっている神話に反して、大企業でイノベーションを阻む最大の障害になるのは、リスクを嫌う姿勢ではない。大企業は毎日大きなリスクを無分別にとっていることが多い。イノベーションを阻む真のブレーキは、古いメンタルモデルの足かせなのだ。長年その会社に勤めている幹部は、概して既存の戦略に強い思い入れを持っている。その会社の創業者ともなると、なおさらだ。多くの起業家があまのじゃくとしてスタートするのだが、成功はともすると彼らを、唯一の真の信仰を守ろうとする枢機卿に変えてしまう。創業者にとって、自分が生み出したビジネスモデルの基盤を脅かすようなアイデアのすばらしさを認めるのは容易なことではない。下の人間たちはそれがわかっているので、従来の考え方からあまりにも離れすぎたアイデアはトップの支持を得られないと判断して、自分のアイデアを自己編集する。その結果、イノベーションの範囲が狭くなり、弱点を攻撃されるリスクが高くなって、その会社の若いあまのじゃくたちは別の会社でチャンスを探そうとするようになる。

イノベーションに関しては、レガシー・ビリーフ、つまり従来の考えは、レガシー・コストよりはるかに大きなマイナス要因だ。それなのに、私の経験では、固く信じられている戦略の前提に異議を唱える体系的なプロセスを備えている企業はほとんどない。戦略策定プロセスにあまのじゃくの視点を採り入れる大胆な措置をとっている企業はほとんどないのである。破壊的イノベーションをはっきり奨励している企業もほとんどない。さらにひどいことに、どのアイデアを推し進め、どのアイデアを没にするかを決定できるのは、通常、従来の考えに凝り固まった上級幹部なのだ。これは変えなくてはいけない。

ゆとりのなさ

効率を追求するなかで、企業は業務から多くの無駄をそぎ落としてきた。それ自体は、もちろん悪いことではない。在庫レベルの低減、運転資本の縮小、一般管理費の削減という目標に異を唱えられる人間はどこにもいない。だが、問題は、会社から無駄を全部排除したら、イノベーションも全部排除されてしまうことだ。イノベーションには時間が必要だ。夢を描く時間、熟考する時間、学習する時間、新しいものを生み出す時間、そして実験する時間である。しかも、途中で邪魔されない時間、つまり机の上に足を投げ出して虚空を見つめていられる時間が必要なのだ。ペッカ・ヒマネンが愛情あふれるハッカー賛歌で述べているように「……情報経済における生産性の最も重要な源泉は創造力であり、常にせかせかしている状態や九時から五時までの管理された状態では、おもしろいものを生み出すのは不可能だ[6]」。

研究開発部門や製品開発部門の連中はイノベーションに取り組む時間を与えられているが、大方の社員にはそうした贅沢は与えられていない。来る日も来る日も電子メールやボイスメールがどっと押し寄せるし、次から次へと会議がある。このような世界では、「対応する」必要性が人間の関心を細切れにしてしまうので、じっくり考える時間はまったくない。問題はまさにそこにある。どれほど創造的な人間でも、ときおり自分の職務を離れてミッションクリティカル（一瞬も立ち止まることを許されない業務）ではないことに取り組む権利を与えられなければ、その創造力の大部分は眠ったままになってしまうのである。

それはもうわかっているとおっしゃるなら、では、それはあなたの会社の経営管理プロセスにどのように反映されているだろう。あなたの会社では、現場の社員が自分の日々の業務にも会社の「コアビジネス」にも関係のないプロジェクトに就業時間の二〇パーセントを使いたいと思ったら、簡単に許可してもらえるだろうか。また、そのような時間の使い方が、たびたびなされているだろうか。あなたの会社は、社員が自分の中核的な職務にはあまり関係のないアイデアにどれくらいの時間を充てているか、調べているだろうか。「無駄」が、コスト効率と同じように制度化されているだろうか。これらの問いに対する答えは、おそらく「いいえ」だろう。あなたの会社には、社員を忙しくさせておくインセンティブがたくさんある（「私が全力で働いているように見えれば、会社は私の仕事をオフショアリングしないのではないか」というような）。しかし、未来を静かに思い描く時間をとることを促すインセンティブは、いったいどこにあるだろう。

そこで、経営管理イノベーションの課題が、またいくつか増えることになる。

1　社内のすべての人間をイノベーション活動に参加させ、各人に創造力を高めるツールを持たせるにはどうすればよいか。

2　トップ・マネジメントの空疎な信念がイノベーションを阻まないようにし、異端のアイデアがその価値を実証するチャンスを与えられるようにするにはどうすればよいか。

3　今日の結果を出すために全力で走っている組織で、草の根イノベーションのための時間と空間を生み出すにはどうすればよいか。

これらの課題で前進を成し遂げたら、あなたの会社はイノベーションの新しいベンチマークを設定したことになるだろう。

では、経営管理イノベーションの大きな挑戦課題の三つ目に移ろう。

すべての社員が自分の最高の力を出す企業を築く

同僚たちにわが社の特徴を挙げてくれと言うと、適応力と創造性を挙げる人はおそらくほとんどいないだろう。だが、人間を他の種と分かつ特質を挙げてくれと言ったら、レジリアンス（困難な状況にもうまく適応するしなやかさ）と創造力はリストのトップに近い位置にくるだろう。我々はこれらの特質の証を――自分自身の中に、あるいは周囲の人びとの中に――しょっちゅう目にしている。我々の知人には、新しい挑戦を求めて、あるいは私生活ともっと両立しやすい仕事を求めて転職した人が必ずいる。地球環境のために消費習慣を変えた人がいる。友人や親戚には、精神的変貌を遂げた人や、子どもを持ったことでそれまでの生活パターンを変えた人や、悲劇を乗り越えた人がいる。我々が日々出会う人のなかには、ブログを書いている人や新しいレシピを試している人、ダンス音楽のミキシングをしている人や自分の車をカスタマイズしている人がいる。人間としての我々は驚異的な適応力と創造力を備えているのだが、ほとんどの人がそうではない企業で、つまり、あまり人間的ではない組織で働いているのである。

現代の組織には人間の天性のしなやかさや創造力を枯渇させるもの、社員からこれらの資質を奪い取るものがあるようだ。その正体はというと、規律、時間厳守、経済性、合理性、秩序を促進し、芸術性、不従順、独創性、大胆さ、情熱にはほとんど価値を置かない経営管理の原理やプロセスである。簡単にいうと、ほとんどの企業が、我々を人間たらしめている資質や能力のごく一部しか受け入れる余地がないため、部分的にしか人間的ではないのである。何十億人もの人が毎日職場に姿を現すが、その多くが半ば眠っている。その結果は、彼らの潜在的な力を十分引き出していない組織ということになる。

二〇〇五年にコンサルタント会社のタワーズ・ペリンが、一六カ国の大規模および中規模の企業で働く八万六〇〇〇人を対象に調査を行った[7]。九項目の指標を使って、社員が自分の仕事にどの程度、参加意識を持っているかを測定しようとする調査で、回答者は次の九つの陳述にどの程度同意するかを尋ねられた。

- 私は自分の会社の未来を心から気にかけている。
- 私はこの会社で働いていると、誇りを持って人に言える。

・私の仕事は個人的な達成感を与えてくれる。
・私は自分の会社を働きやすい職場として友人に推薦できる。
・私の会社は、最善を尽くそうという気持ちにさせてくれる。
・私は自分の事業部・部が会社の成功にどのように貢献しているかを理解している。
・私は会社の中での自分の役割が会社の全体的な目標、目的、方向性とどのように関連しているかを理解している。
・私は会社の成功に貢献するために、通常求められている努力以上の努力を喜んで投入する。
・私には会社の成功に貢献する個人的動機がある。

それぞれの回答者について、その人が職場で「積極的に参加している」か「ある程度参加している」か、それとも「参加していない」かを示す総得点が計算された。すべてのデータが表にまとめられたとき、そこから導き出せる結論は一つしかなかった。「**組織のすべての層にわたって、大多数の社員が自分の仕事にフルに参加しているとはとうてい言えない**[8]」[太字は出典のまま]という結論である。この調査によれば、世界各地の社員の一四％しか自分の仕事に積極的に参加しておらず、二四％が参加していなかった。そして他のすべての者がなまぬるい中間にいたのである。

つまり、世界各地の――モントリオールからミュンヘンまでの、ピッツバーグからパリまでの、ダブリンからデリーまでの――職場で働く人びとの約八五％が、自分の持てる力を百パーセント発揮してはいないということだ。これは人間の能力の恥ずべき空費であり、なぜ多くの企業が、そこで働いている人びとの能力より低い能力しか発揮していないのかという理由の一端を説明している。

奇妙なことに、企業社会で働いている人の多くが――下位の管理職から大きな権力を持つCEOまで――この状態を仕方がないことと諦めているようだ。人間の基本的性質と彼らが働いている組織の基本的性質との驚くべき差異にはがゆい思いをしてはいないようだ。だが、このズレは、これまでは無視できたかもしれないが、適応力とイノベーションが競争に勝つための必須条件になっている世界では、もう無視することはできない。なすべきことは、経営管理システムをつくり変えて、人間に自分の持てる力のすべてを日々仕事に投入する意欲を起こさせるものにすることだ。

競争での勝利に貢献する人間の能力は、階層に並べることができる。一番下に来るのが従順さ――指示やルールに従う能力――で、これがベースラインである。次に来るのが勤勉さで、勤勉な社員は信頼できる。彼らは手抜きをせず、まじめできちんとしている。次の層には知識と知性が来る。ほとんどの企業が、知的能力の高い社員を採用しようとする。自分のスキルを積極的に高め、他の人びとのベストプラクティスを進んで取り入れる頭のいい人間を高く評価する。知性の次に来るのは自発性だ。自発性のある人は、頼まれたり指示されてりしなくても、自分から行動する。新しい挑戦を追い求め、価値を加える新しい方法をいつも探し求めている。さらに高いところにあるのが創造の才である。創造的な人は探究心が旺盛で、好奇心を抑えられない。ばかげたことを口にするのを恐れない。「もし……だったら、すごいと思わないか」と、突拍子もないことをよく語りかける。そして最後に、一番上に来るのが情熱だ。情熱は人間にばかげた行動をとらせることもあるが、意図を達成に変える秘密のソースである。情熱のある人は障害を乗り越え、決して諦めない。情熱は伝染力を持ち、一人の人間の戦いを大規模な運動に変える。イギリスの作家、E・M・

フォースターが言ったように、「情熱のある一人は、関心があるだけの四〇人より望ましい」。我々がいま効率と規律を必須要件とする世界にいることを認識したうえで、これらの能力の価値創造に対する相対的な貢献度を示すとすれば、だいたい次表のようになるだろう。

情熱	35%
創造力	25%
自発性	20%
知性	15%
勤勉さ	5%
従順さ	0%
	100%

従順さにはまったく価値がないと言っているのではない。どのようなルールにも誰一人従わない企業は、すぐに混乱状態に陥ってしまうだろう。私が言いたいのは、従順な社員は、彼らが生み出す競争優位という点では、その価値はゼロだということだ。四〇億人が極貧に近い暮らしをしており、すべての人が経済的進歩の階段を上りたがっている世界では、従順で勤勉な社員を見つけるのは難しいことではない。では、知性についてはどうだろう。我々は知識経済の時代にいると、何年も前からいわれてきたが、知識は、それ自体が日常品になるなかで、競争優位を生み出す力を大幅に失うだろう。

今日では、従順さや勤勉さや知識はただ同然で買うことができる。バンガロールから広州に至るまで、それらはグローバルな日常品になっている。単純な例を挙げよう。アイポッド（iPod）を裏返してみると、そこには競争の未来を予示する六つの単語が刻まれているはずだ。「Designed in California. Made in China（デザイン―カリフォルニア。製造―中国）」と。対等な表示にもかかわらず、アップルの音楽ビジネスの目覚ましい成功にアジアの下請け業者とのつながりが寄与した割合は、相対的には微々たるものだ。この成功は、アップルのデザイナーや宣伝担当者や弁護士の想像力の手柄なのだ。もちろん、会社を象徴するような製品がどれもみなカリフォルニアでデザインされるわけではないし、中国で製造されるわけでもない。しかし要は、創造経済の中で高い地位を勝ち取りたいと思うなら、従順で、まじめで、明敏である以上の社員が必要だということだ。社員は探究心があり、ばかげたことを考え、情熱を持っていなければならないのである。では、このような組織の至福の状態を達成するのを妨げる要因は何か。これが次に考えなければならない問題である。

多すぎる管理、少なすぎる自由

ほとんどの経営幹部が、自発性と創造力と情熱の価値には文句なしに同意するだろうが、彼らはここで厄介な問題に直面することになる。彼らはこれまで受けてきた訓練からも、気質的にも、管理者である。彼らは監督し、統制し、管理することで報酬をもらっている。だが、今日では、人間の最も価値ある能力は、最も管理しにくい能力にほかならない。経営管理のツールは、人びとを従順にさせたり、勤勉にさせたりはできるが、人びとを創造的にさせることも、熱意をもって取り組ませることもできないのである。

大学や映画スタジオやオープンソースのソフトウエア・プロジェクトを運営した経験のある人なら、誰でも断言するだろう。人びとから最も大きな力を引き出すためには、管理を増やすことが有効な場合はめったになく、通常は管理を減らすことが必要だと。つまり、命令を減らし、方向性の一致についてあまりうるさく言わず、部下にあれこれ確認するのを減らすことが必要なのだ。管理を減らすということは、単にマネジャーの数を減らすということではない。強力な新しいコミュニケーション・ツールのおかげで、企業は中間管理職の層を薄くできるようになっているが、これは社員に対する束縛が昔よりいくらかでも少なくなったということではなく、管理職が昔より多くの部下を管理できるようになったということにすぎない。経営管理はより効率的になってはいるが、ほとんどの社員が管理が減ったように感じているとは思えない。

管理職に管理を減らすよう求めることは、大工に打つ釘を減らすよう求めることに、あるいは高校の校長に放課後の居残り命令を出すのを減らすよう求めることに、少し似たところがある。これこそが、彼らの仕事なのだから。だが、監督、綿密な計画、包括的な評価、堅固な方針、強制的な手順――要するに「父親が一番の物知り」という経営管理の前提全体――は、エネルギッシュでいくぶん反抗的な情熱家がうようよしている企業を築くことの対極にあるものだ。社員から無限の貢献を引き出したいと思うなら、管理の手を――少なくとも数本の指を――縛って使えなくする必要があるのである。

近年は、社員参加型の組織とか、社員へのエンパワーメント（権限付与）とか、社員の自己管理といったことが盛んに論じられている。多くの企業で、社員の無力さをごまかすために、社員を「アソシエート」とか「チームメンバー」などと呼んでいる。だが、ここで自問していただきたい。あなたの会社の一番下と下から二番目のレベルの社員に与えられる自由と特権は、過去一〇年の間に劇的に拡大されているだろうか。彼らは自分の仕事を自分で組み立てる自由を以前より与えられているだろうか。自分が取り組む仕事を選んだり、自分の職務を遂行する方法を決めたりするにあたって、以前より大きな裁量権を行使できるだろうか。これらは重要な問いである。我々の大多数が、人から割り当てられた仕事に夢中になることはあまりないだろう。我々は束縛されたら怒りを感じる。これはある意味でゼロサム・ゲームなのだ。上司の監督がうるさければうるさいほど、また方針やプロセスの束縛が強ければ強いほど、人は自分の仕事に対する情熱を失うのである。機械的に動くロボット人間に情熱を期待することはできない。

多すぎる階層、少なすぎるコミュニティ

あなたのこれまでの人生で、仕事が最も楽しく感じられ、最も生き生きと仕事に取り組めたのはいつだろうか。それは創意に富む仲間が集まったスカンクワーク（自律的で自由な秘密研究開発）プロジェクトのリーダーをしていたときかもしれない。起業家精神あふれる少数の仲間とともに新しい会社を築いていたときかもしれない。ハビタット・フォー・ヒューマニティの建築現場で、他の心優しいボランティアと一緒に壁を塗っていたときかもしれない。その経験の具体的な中身が何であれ、そこには共通の目的に身を捧げていることで結ばれた人びと、資源が足りないからといって諦めたり、専門知識がないからといってやる気をなくしたりはしない人びと、手柄がどのように配分されるかではなく一緒に何を達成できるかを気にかけている人びとがいたにちがいない。要するに、あなたはコミュニティの一員だったのである。

　階層組織は、努力を集約すること、役割の異なる多くの人の活動を調整することにはきわめて長《た》けている。しかし、努力を結集させること、人びとにもっと上に、もっと先に進もうという意欲を

起こさせることはあまり得意ではない。人間の能力を結集させるという点では、コミュニティのほうが官僚型組織より優れているのである。それは次のような理由による。官僚型組織では、交換の基盤は契約であり、人びとは割り当てられた仕事を遂行することに対して報酬を受け取る。コミュニティでは、交換は自主的なもので、人びとは違いを生み出す可能性と引き換えに労働を提供したり、能力を行使したりする。官僚型組織では、あなたは生産要素である。コミュニティでは、同じ大義に身を捧げるパートナーである。官僚型組織では、「忠誠」は経済的依存の産物である。コミュニティでは、献身と参加はそのグループの目的や目標に賛同する気持ちから生まれる。監督と統制に関しては、官僚型組織は何層もの管理職と網の目のように張り巡らされた方針やルールに支えられている。それに対しコミュニティは、規範や価値観、それに仲間の優しい励ましに支えられている。官僚型組織では、宣伝部門の人間がマーケティング・プランを作成し、財務部門の人間が数字を扱うというように、個人が行う仕事は制限されるきらいがある。コミュニティでは、誰が何をするかを決めるにあたって、資格や職務マニュアルよりも能力や好みが重視される。また、官僚型組織が与えてくれる見返りは主として金銭的なものであるのに対し、コミュニティでは見返りは主として感情的なものだ。官僚型組織に比べると、コミュニティは概して管理が少ない。コミュニティが人間の能力を増幅するのは、何よりもこのためだ。

青くさい理想主義者だとか、単なるばか者だなどと批判されないうちに、次のことを明確にさせていただきたい。私はあらゆる組織をボーイスカウトのようなものに変えるべきだと主張しているのではない。世間知らずの青二才ではないから、給与という誘因がなければ人びとを毎日職場に来させ続けるのは不可能であることは知っている。温かい心地よい感情は食卓に食べ物を並べてはくれないし、車にガソリンを入れてはくれない。しかし、ここで興味深い思考実験をしてみよう。一二カ月後に、迫り来る財務危機のためにあなたの会社のすべての社員の給与を三分の一カットせざるをえなくなることがわかっているとしよう。さらに、あなたの会社は余剰人員を一人も抱えていないので、どの社員も不可欠の貢献をしていると仮定しよう。さて、目的が、財務危機がついに訪れたとき大量の社員が逃げ出すリスクを最小にすることだとしたら、あなたは社員が船から飛び降りるのを防ぐために、この先二、三カ月でどのような変革を行うだろう。しばらく時間をとって創造的に考えていただきたい。おそらく、あなたが最終的に思い描く変革は、あなたの会社を階層組織というよりもコミュニティのように感じられるものにする変革だろう。

多すぎる説教、少なすぎる目的

自発性、創造力、情熱は社員のプレゼントである。社員が一日ごとに、また一瞬ごとに、与えるか、それとも与えないでおくかを選択する施しである。これらは命令して引き出せるものではない。あなたがCEOだとしても、社員にもっとしっかり働けと説教したり、顧客を愛し、競争相手をやっつけろと命令したりすることでは、これらのプレゼントは得られない。自分自身や同僚たちに次のように問いかける作業を始めたとき、初めてこれらの能力を引き出すことができるのだ。「どのような目的が、ここで働いているすべての人に最高の力を投じさせるに値するだろう。どのような高邁な大義が、人びとに自分の能力を惜しみなく発揮させるだろう」

長い年月の間に、私は大企業で多くの熱い激励の演説を聴いてきた。ＣＥＯが演台を叩くのを目にし、陽気なロックの応援歌が鳴り響くのを耳にし、興奮した何千人もの社員が歓呼の声を上げ、足を踏み鳴らすのを眺めてきた。問題は、アドレナリンの急増は一過性のものだということだ。それは感情の雷鳴を生み出すことはできるが、自主的な貢献という長きにわたる恵みの雨をもたらすことはできない。それには大声を張り上げての説教以上のものが必要だ。道徳的使命感が必要なのだ。その使命は、信じられないほど美しい製品を生み出すこと——アップルの多くの社員に意欲を起こさせている目標——かもしれない。かつては不治とされていた病気を治すこと——ジェネンテック社の人びとを鼓舞している使命——かもしれない。世界の英知を集めて、それを誰もが無料で利用できるようにすること——ウィキペディアを支えているゆるぎない信念——かもしれない。

道徳的使命感はスピーチライターがつくり上げたり、コンサルタントが紡ぎ出したりすることはできない。二日間の集中会議のやっつけ仕事で生み出すことはできない。それは純粋な使命感や可能性を追求したいという思い、もしくは憤激から生まれなければならないのだ。道徳的使命感は、社員からもっと多くの能力を絞り取るために生み出されるものではない。本物とみなされるためには、それは目的でなければならず、手段であってはならないのである。

あなたの会社の経営管理プロセスについて考えてみよう。これらのプロセスは、目的や使命についての議論にどれだけの時間と優先度を与えているだろうか。たいして与えてはいないはずだ。典型的な経営管理会議——戦略、予算、人事、その他について議論する会議——に出席してみると、右脳思考が明らかに欠けていることに気づくだけでなく、出席者に心があることを示唆する発言さえ、事実上まったく耳にすることはないだろう。美、真実、愛、奉仕、英知、正義、自由、思いやり。これらは歴史を通じて人間を非凡な業績へと駆り立ててきた道徳的使命である。経営管理の言葉にこれらの価値を受け入れる余地がほとんどないのは、きわめて残念なことだ。簡単に言うと、大きな理想を包摂する目標に向かっていると社員が感じない限り、社員から大きな貢献を得ることはできないのである。

経営管理イノベーションを目指すあなたは、会社のために独力で目的意識を作り出せる立場にはいないかもしれないが、経営管理に関する社内の議論の中に、目的や原理に関する議論を織り込む方法を見つけることはできるはずだ。たとえば、会議で出席者たちが、社員からさらに一歩上のパフォーマンスを引き出す方法について議論しているときに、次のような問いを投げかけてもよいだろう。「どのような目的のために、また誰の利益のために、社員は自分の力を差し出すよう求められているのか。我々は彼らの自発性や想像力や情熱に本当に値する目的に本気で取り組んできただろうか」

そこで、経営管理イノベーションの挑戦課題に、さらにいくつか付け加えなければならないことになる。

1　集中、規律、秩序を犠牲にすることなく管理を減らすことによって社員の自由を拡大するにはどうすればよいか。

2　官僚型組織の仕組みではなくコミュニティの精神が人びとを結びつける会社を築くにはどうすればよいか。

3　組織のすべての人間が感じる使命感を、非凡な貢献の基盤になるように高めるためにはどうすればよいか。

本章で論じられた問題が皆さんに刺激を与え、経営管理イノベーターとしての志のレベルを決める一助になることを願っている。現時点では、これほど大きな問題で前進を遂げることが本当に可能なのだろうかと、思っておられるかもしれない。これらの問題は対処可能なのだろうか。大混乱を招かずに管理を減らすことが実際にできるのだろうか。どのような仕事に取り組みたいかを社員自身に選ばせることが本当に実現可能なのだろうか。厳しい規律に支えられている会社に無駄を盛り込むことが、はたしてできるのだろうか。営利企業をコミュニティのように感じられるものに、本当に変えられるのだろうか。こうした疑問を持っておられるとすれば、そろそろ現代の経営管理のパイオニア三社の事例を知っていただいたほうがよいだろう。これらの企業は、本章で述べた、手に負えないかに見える挑戦に取り組んで、正真正銘の前進を遂げているのである。

ホールフーズは、大手小売企業のなかで、社員の活力と参加意識が最も高い企業の一つである。W・L・ゴアは、世界で最も革新的な企業と呼ばれており、地球上で最も風変わりで最も効果的な組織の一つを築いている。そしてグーグルは、まだ若い会社で、試練を経てはいないものの、他の何よりも適応力を重視する経営管理システムを構築してきた。これらの企業は完璧でもなければ無敵でもないが、新しい経営管理秩序の先駆けであり、我々がそこから教訓を――見習うべき教訓も注意点としての教訓も――学べる現在進行中の経営管理イノベーションの実験である。だから、経営管理の正統理論に反旗を翻して本当に生き残れるのかと、まだ半信半疑でおられる方は、ぜひ読み進めていただきたい。これら三社の経営管理の背教者に刺激を受けていただきたい。それからさらに読み進めていただければ、志と刺激を本物の経営管理イノベーションに変えるための構成要素が示されているはずだ。

第Ⅱ部　経営管理イノベーションの実行例

第4章　目的で結ばれたコミュニティを築く
——ホールフーズ・マーケット

何を仕入れるかを現場の社員が決め、業績向上を求める圧力が上司からではなく同輩からかけられ、管理職ではなくチームが新規採用者に関する拒否権を持ち、事実上すべての社員が小さな事業を自分で経営しているように感じている小売企業を想像してみよう(1)。誰もが他のすべての人の給与の額を知っていて、上級幹部が自分たちの給与に平均賃金の一九倍という上限を定めている企業を思い描いてみよう。自らを、企業ではなく世界に違いを生み出すために働く人びとのコミュニティとみなし、利益に劣らず使命を重視している企業をイメージしてみよう。これを全部同時に思い浮かべると、そこに現れるのがホールフーズ・マーケット——ゲームのルールを変えたビジネスモデルが、それよりさらに型破りな経営管理モデルにくるまれている企業——の姿である。

業界革命

アメリカのスーパーマーケット業界は、画期的なビジネスモデルを探すには不向きな場所に見える。すばらしい経営管理イノベーションを探すとなると、なおさらだ。大手スーパーマーケットは五〇年以上にわたり、基本的にはまったく同じやり方で競争してきた。加工食品を売り場に積み上げ、値引きプロモーションとクーポンや愛用者カードによる小額の払い戻し契約で顧客を誘い込み、サプライヤーに全国的なテレビ広告で需要を掻き立ててもらい、競合チェーンを呑み込んで成長するというやり方だ。その使い古された戦略は、今では賞味期限をとうに過ぎている。近年アメリカの食料品チェーンは、ウォルマートとの競争によって大幅な値下げと徹底的なコスト削減を余儀なくされてきたため、成長率は頭打ちになり、利益は縮小している。それによって得たものは、ぎりぎりまで圧縮された利幅と徐々に低下しているマーケットシェア、それに慢性的な労働争議である。

ホールフーズで一度でも買い物をしたことのある人なら、そこが祖母たちの時代のスーパーマーケットとはまったくの別物だということをご存知だろう。有機食品や自然食品で埋め尽くされたホールフーズの店舗は、ヘルシー志向の美食家にとって、広々とした、胸がわくわくする、よだれが出そうな神殿である。

ホールフーズのビジネスモデルは、単純ではあるが強力な前提の上に築かれている。身体によく、おいしくて、しかも環境によい食品には人びとは割増価格を払う、という前提である。共同設立者の一人で会長兼CEOのジョン・マッケイが、テキサス州オースティンに、アメリカでのスーパーマーケット・スタイルの自然食品店の先駆けとなったホールフーズ・マーケットを開店して以来、ホールフーズは健康志向の消費者に的を絞ってきた。最初のうちは、ホールフーズの典型的な顧客は、ビルケンシュトック（身体に優しい靴で知られるドイツの履物メーカーの製品）を履いてボルボに乗っているような環境保護意識の高い人で、食品というより化学化合物のような原料でつくられた製品を買うことを拒否する人だった。

　しかしマッケイは、彼のかつての発言を引用するなら「聖なる食品のスーパーマーケット[2]」をやろうと思ったことは一度もなかった。彼の野望は最初から、大勢の消費者に自然食品という選択肢をすべてのサービスがそろった形で提供することだった。一九八〇年代初めにはすでに、ますます工業化しているアメリカの食品産業に大きな変化が起きていることが、感じ取れるようになっていた。食品供給の過程で使用される殺虫剤や化学薬品に関する不安が高まっていたこと、普通のものではない食品を望む、食についての意識の高い顧客が急増していたこと、もっと環境に優しい暮らし方をしたいという欲求が多くの人の間で高まっていたこと――などだ。アメリカの大手スーパーマーケットがこうした傾向を理解するには、十数年もの歳月がかかることになる。大手がぐずぐずしていたおかげで、マッケイはその間に、顧客を新しい形で満足させる新しいタイプのスーパーマーケットを築くことができたのである。

　この独創的な企業はあらゆる節目で、進む者がより少ない道を選んできた。有機農産物や持続可能な農業に対するホールフーズのこだわりは、どんな競争相手をもはるかに凌いでいる。ホールフーズの店舗は、買い物を家事の一部というより料理の冒険のように感じさせるようにレイアウトされている。さらに、採算割れ覚悟の目玉商品で客を呼び込むプロモーション主体のビジネスモデルで競争している保守的なライバルとは異なり、ホールフーズは、とびきり新鮮で環境に優しい製品を割増価格で販売している（一部の批判者がホールフーズならぬ「ホール・ペイチェック（給料全部）」だと揶揄《やゆ》するゆえんである）。にもかかわらず、ホールフーズは、流行に敏感な人や健康志向の人に広く好まれる食料品店――スターバックスのスーパーマーケット版――になっているのである。

今日、ホールフーズは一九四店舗を構え、年間六〇億ドル近い売上を上げている。一平方フィート当たりの利益でいうと、アメリカで最も利益を上げている食品小売企業でもある。ホールフーズは投資家の観点から見ても見事な成果をあげてきた。一九九二年の株式公開からの一五年間で、同社の株価は食料品部門のライバル企業をはるかに凌ぐ三〇〇〇パーセント近い上昇を果たした。二〇〇二年から二〇〇七年までの同一店舗の売上成長率は、平均で年一一パーセントと、業界平均のほぼ三倍となっている。それに劣らずすばらしいのが、ホールフーズの一平方フィート当たりの売上で、二〇〇六年には九〇〇ドルと、従来型食品スーパーの二倍に達していた。急上昇してきたホールフーズの株価は二〇〇六年に大幅に調整されたものの、その調整のあとでさえ、同社にはまだ七〇億ドル近い市場価値があった。（ウォルマートに次ぐ）アメリカ第二位の食品小売企業、クローガーの市場価値はその三倍近かったとはいえ、クローガーはホールフーズのおよそ一二倍にあたる二五〇〇以上の店舗を構えていたのである。

あまのじゃくの経営管理モデル

ホールフーズの店に行って、レイアウトを調べたり、売り場をチェックしたり、商品を確かめたりすることは誰にでもできるが、同社の奇妙とはいわないまでも独特の経営管理モデルを解読するには、それよりはるかに大きな努力が必要だ。経営管理に対するホールフーズのアプローチは、民主主義を規律と、信頼を説明責任と、そしてコミュニティを激しい内部競争と結び合わせたものだ。同社の経営管理システムが比類なく効果的で、しかも模倣しにくいのは、これらの両極的な価値が巧みに並置されているがゆえなのだ。

自由と説明責任

ホールフーズでは、組織の基本単位は店舗ではなくチームである。権限を付与された小規模な作業グループが、小売業界ではまず前例がないほど大きな自治権を与えられている。各店舗はだいたい八つのチームで構成され、これらのチームが鮮魚から青果やレジまでの部を監督している。新入社員はすべて、チームに暫定的に配属される。四週間の試用期間が終わった時点で、チームメートがその新人の運命を投票で決定する。新人がそのチームでフルタイム社員として働くためには、三分の二以上の票を獲得する必要がある。同僚による選定というこの仕組みは、本社のＩＴチームや財務チームなど、ホールフーズ本社のチームに入ることを望んでいる者も含めて、すべての新入社員に適用される。このシステムの根底をなす論理は、型破りではあるが強力だ。ホールフーズは、誰を採用するかというような重要な決定は、その決定の結果に最も直接的な影響を受ける人びとによって下されるべきだと考えているのである。

この大胆な分権化の精神は、ホールフーズの経営管理モデルのあらゆる構成要素に表れている。小規模なチームが、価格設定、発注、人員配置、店舗内の昇進など、業務上のすべての重要な決定に責任を負っている。商品の選定を例にとると、チームリーダーは店長と相談して、地元の顧客の関心を引きそうな商品なら、どんな商品でも自由に仕入れることができる。これはスーパーマーケットの標準的な慣行とは著しく異なるやり方だ。従来型のスーパーマーケットでは、本社のバイヤーが各店舗にどのような商品を置くかを決定し、大手食品メーカーが自社製品を店に置いてもらうために何千ドルもの場所代を払っている。ホールフーズでは、オースティンの本社にいる幹部は、どの商品をどの店に置くかという決定には一切関与しない。商品は、ホールフーズの厳しい基準を満たしてさえいれば、それぞれの店が地元で仕入れることになっている。その結果、どの店舗もそれぞれ独自の商品構成を組んでいる。チームは各部に配置される人員の数も管理しているが、これは他のスーパーマーケットでは通常、店長の専権事項とされている。

本質的には、それぞれのチームが利益センターのようなもので、チームの業績は労働生産性によって測定される。社員は大きな権限を与えられている一方で、大きな説明責任も負わされている。ホールフーズは四週間ごとに、すべての店舗のすべてのチームの作業時間当たり利益を算出しており、一定の基準を超えたチームは次の給料日にボーナスを与えられる。どのチームも、同じ店舗の他のすべてのチームの業績データと、他の店舗の似通ったチームの業績データを入手することができる。どのチームもビリにはなりたくないので、それが頑張ろうというモティベーションを高めている。これらのことすべてが、ホールフーズで採用の投票がなぜそんなに重要なのかを説明している。怠け者を採用したら、自分の給与にツケが回ってくるおそれがあるのである。実際、CEOのマッケイは、メンバーたちはチームリーダーの意に反して新人の採用を否決するようになって初めて、自分たちの業績に本当の意味で責任を持つようになると主張している。

この並外れた大きな自治権は、単純ではあるが奮い立たせるメッセージを伝える。あなたの成功を左右するのは、どこか遠くにいる幹部ではなくあなた自身なのだ、というメッセージである。この自由が大きな説明責任とセットにされていることで、社員は自分の意思決定権を、ビジネスを前進させるように行使しようとするわけだ。他の多くの企業とは異なり、ホールフーズの現場の社員には、顧客のために正しいことを行う自由と、利益のために正しいことを行うインセンティブの両方が与えられているのである。

階層組織の要素がもっと強い企業では、経営陣は問題がひどくなって初めてそれに気づき、したがって修正には多額の費用がかかることになる。ホールフーズでは、現場に関する情報と意思決定の権限が密接につながっているので、小さな問題が大きな問題に発展する前に行動を取ることができる。この分散型意思決定モデルを、業績のよい店舗からベストプラクティスを学ぶインセンティブを社員に与えるシステムとセットにすれば、業務上の柔軟性がきわめて高い企業の基盤ができあがることになる。

自治と説明責任の密接なつながりは、モティベーションを奪う官僚主義的管理の必要性も小さくしてくれる。マッケイはこう語っている。「オースティンの本社から下されるルールはわずかしかない。その代わりに、自己評価が活発に行われている。ピア・プレッシャー（仲間からの圧力）が官僚主義的管理の代わりになっているわけだ。ピア・プレッシャーは官僚主義にはできない形で忠誠心を引き出してくれる[3]」

信　頼

社員にこれほど大きな権限を持たせるためには、経営陣が社員に対して、彼らは会社にとって正しいことを行うという信頼を抱いていることが必要だ。また、社員のほうは、経営陣に対して、彼らは我々に我々自身の生産性の恵みを分配してくれるという信頼を抱いていなければ、長期にわたってモティベーションを維持することはできない。ホールフーズはさまざまな方法でその信頼を築いている。たとえば、社員は同じ店舗の他のすべての社員の報酬データを知ることができる。この透明性のおかげで、店長が報酬の決定でえこひいきをしたり、不可解な決め方をしたりするのは難しくなっている。社員が不満を感じたら、なぜ給与にこのような差があるのかと異議を申し立てることができるからだ。給与を比較できることは、社員に自分のスキルを高めて新しい責務を引き受ける意欲を起こさせる刺激にもなっている。どのような職種が、またどのような社員が最も多額の報酬を得られるかが簡単にわかるからだ。

ホールフーズの透明性は給与データに限った話ではない。日々の店舗の売上、チームの売上、商品原価、各店舗の利益など、慎重な扱いを要する業務データや財務データの多くも、見ようと思えば、どの社員でも見ることができる。店舗のチームは発注や価格設定のような問題について決定を下すために詳細な財務データを必要とするのではあるが、ホールフーズの「秘密ゼロ」の経営管理理念には、もっと大きな目的がある。帳簿を開示することは、信頼によって結ばれた会社を築く唯一の方法なのだ。多くの企業で、社員を管理する方法として情報を隠すことが通常の慣行になっている（これは信頼にとっては有害だ）。それに対し、ホールフーズの経営陣は、秘密があったのでは強い信頼で結ばれた組織を築くことはできないと考えているのである(4)。

平等

ホールフーズの人びとは、階層組織というよりもコミュニティのように感じられる会社を築くために、さまざまな方法で努力してきた。同社の社是は「持ちつ持たれつ宣言」と題され、ホールフーズを「他の人びとのために価値を創造することを目指して共に働くコミュニティ」と言い表している。外部の人間には、このような言葉は感傷的で偽善的に感じられるかもしれない。企業のリーダーが社員に「我々は皆一つ船に乗っている」とお気楽に語りかける一方で、CEOと社員の報酬のスイスとソマリアほどの格差には目をつむっているというのは、しょっちゅうあることだ。その結果はというと、リーダーの言葉を疑ってかかる社員である。それに対し、ホールフーズの経営陣は、口にしたことを実行している。一〇〇対一の給与格差はコミュニティの精神に反し、信頼よりも怒りを掻き立てると考えて、いかなる個人の報酬をも会社の平均給与の一九倍以下に抑えるサラリーキャップ制をとっているのである（平均的なフォーチュン五〇〇社企業では、四〇〇対一以上の給与格差がある）。同じ精神で、同社のストックオプションの九三パーセントは、経営権のない社員に与えられている（ほとんどの企業で、ストックオプションの七五パーセントが五人ないしそれ以下の上級経営幹部に配分されている）[5]。コミュニティの精神と持ちつ持たれつの精神をさらに強化するために、ホールフーズの会議はすべて、出席者の一人ひとりが仲間の貢献に感謝の言葉を述べる儀式で締めくくられることになっている。

ホールフーズの経営陣は、同社の成功が社員に身体と頭以上のものを日々仕事に投入させることができるかどうかで決まることを理解している。上級幹部のプレゼンテーションでは、マズローの欲求の階層のスライドがしょっちゅう使われる。社員は自分の、より高次元の能力――自発性、想像力、情熱――を行使するチャンスを与えられている場合にのみ達成感を感じるということを、上級幹部はよく心得ているのである。

目　的

ホールフーズの三万人を超える社員をコミュニティに結びつけている究極の要素は、共通の目的――世界の食品供給の工業化の流れを反転させ、人びとによりよい食べ物を提供するという目的である。これは良心を持つ資本主義といえよう。この目的がどのように実行に移されているか、その具体的な成功例をいくつか挙げてみよう。

- ホールフーズはその購買力を利用して、動物がと畜前に思いやりをもって扱われるよう、現代の工場農業を変化させてきた。

・顧客が鮭のＰＣＢレベルや養殖アヒルの飼育状態について学べる「テイク・アクション」センターを、店舗内に設けている。

・ホールフーズは、自前のシーフード加工工場を持っているアメリカでただ一つのスーパーマーケットであり、同社の鮭仕入れ方針は海洋管理協議会（ＭＳＣ）から持続可能というお墨付きをもらっている。

・二〇〇六年一月には、ホールフーズは風力発電所から過去最大量の再生可能エネルギーを――同社の電力消費量のすべてを賄えるだけの量を――購入した。

マッケイはヘルシーな食べ物とおいしい食べ物は相反するものではないと思っているが、それと同じく、持続可能性に対する情熱と収益性に対する情熱も矛盾するものではないと思っている。「顧客はわが社に環境の面で責任ある行動をとることを望んでいる。株主価値を最大化するためには、コミュニティの中で好ましい集団になったほうがいい」(6)と、彼は言う。

コミュニティは通常、共通の目的意識を軸に築かれる。ホールフーズもまたしかりで、多くの社員にとって、ホールフーズで働くことは自分自身のライフスタイルや価値観の表明である。彼らは身体によい食べ物を販売し、持続可能な農業に貢献し、農薬を使わない農業を支援することができる。これらすべてが、同社のしょっちゅう唱えられているスローガン「ホールフーズ（食べ物全体）、ホールピープル（人類全体）、ホールプラネット（地球全体）」に要約されている。ある上級幹部はこう語る。「我々はブランドの育成云々というようなことは考えない。それはＭＢＡ流の考えだ。

ホールフーズの本質は使命を果たすことなのだ」

ホールフーズというコミュニティを一つにしているのは、運命を共有しているという意識と共通の使命感である。運命の共有は、チームベースの報酬や財務情報の透明性、それに経営陣の報酬の上限に表れている。共通の使命感は世界の農業のあり方や食のあり方を変えたいという思いから生まれている。だが、社員は決して仲良く手をつないでお遊戯をしているわけではない。ホールフーズは自分自身とたゆみなく競争しているのだから、実に手ごわい競争相手である。チームは自分たち自身の過去の最高実績と競争し、同じ店舗内の他のチームと競争し、ホールフーズ全体の似通ったチームと競争している。成功は表彰やボーナスや昇進に直結する。各店舗は年に一〇回、本社の幹部と地域リーダーによって評価され、三〇〇の業績測定項目について、それぞれ点数をつけられる。各店舗の「顧客情報」の点数は、他のすべての店舗に配布される。これもまた社員の競争本能を刺激する一方法となっている。

マッケイは利益を、ホールフーズの社会的目標の実現という目的のための手段とみなしている。二〇〇五年九月に彼は自分のブログでこう述べている。「我々はより質の高い食品とよりよい栄養分を通じて地球上のすべての人の健康と幸福を増進したいと思っている。この使命は、我々が大きな利益を上げない限り達成することはできない(7)」。ホールフーズでは、利益は試合途中の得点であって試合結果ではないのである。経営陣のストックオプションが「インザマネー（オプションを行使して利益が出る状態）」であり続けるようにすることを最大の目的としている企業では、この順序が逆になっていることが多い。

もちろん、スムーズに進んでいるホールフーズの成功のエスカレーターが、この先も上昇し続けるという保証はない。二一世紀のすべての企業に言えることだが、ホールフーズもあらゆる側面から挑戦を突きつけられている。同社の最も忠実な顧客――今の車に買い替えるずっと前からホールフーズを利用してきた人びと――のなかには、ホールフーズの価値が拡大とともに損なわれるのではないかと心配している向きもある。小規模な有機栽培農家は、サプライヤーを統合する動きのために、地元産の農産物をホールフーズに売るのが難しくなっているとこぼしている。それに加えて、もがきながらも前進している巨大な競争相手がいる。競争相手の動きは鈍いかもしれないが、ホールフーズは今では大きく成長し、華々しい成功をおさめているので、競争相手はもう同社を無視できなくなっている。ウォルマートが有機食品をフルラインで提供すると宣言していることもあり、ホールフーズがこの先さらに激しい競争に直面するのは間違いない。この環境の中で同社が業界トップの利幅を維持するためには、すべての社員の想像力を活かすことが必要だろう。

だが、古参のライバル企業は、新しいビジネス・コンセプトをはるかに超えたものと競争することになる。コミュニティと、使命と、そして従来のものとは劇的に異なる経営管理理念と競争することになるのである。ホールフーズの成功の秘訣を解明するために四半世紀の時間があったにもかかわらず、古参企業はいまだにこの意気軒昂で、ときおり聖人ぶる「新企業」を追いかける側にいる。この事実は、経営管理イノベーションの重要な公理の一つ――新しい経営管理モデルを模倣することは、新しいビジネスモデルを真似することより概して難しいという公理を実証している。

経営管理イノベーションを目指す人のための教訓

これまで述べてきた現代の経営管理のパイオニアの経験から、我々は何を学ぶべきだろう。三つの重要な教訓――そのどれもがW・L・ゴアとグーグルを見ていくとさらに補強されるはずだ――を、次に記してみよう。

教訓1　原理は大切だ

ホールフーズが株式を公開して一年後の一九九二年、マッケイは「恐怖ではなく愛に支えられた組織」を築きたいと繰り返し述べていた。(8) このような考えを抱いているCEOが大勢いるとは思えない。それを公言するCEOとなると、なおさらだ。アメリカの食品小売業界の労使関係が悲惨な状態にあり、賃金や諸手当の引き下げが経営管理の最優先課題とされている感があることを考えると、スーパーマーケットの社員が概して卓越したサービスを提供する気にも、日々自分の最善を尽くす気にもならないのは、無理からぬことだ。「社員を愛する」というのは賢明な方針のようでも、守られることより無視されることのほうが多い方針なのだ。

ホールフーズのユニークな経営管理システムは、愛、コミュニティ、自治、平等、透明性、使命という独特の経営原理に支えられている。過去二五年にわたり、ホールフーズはこれらのあまのじゃくな原理を、社員の日々の行動を活気づけ、形づくる、一式のプロセスや慣行に変えてきた。

これほど包括的で、これほど進化した、これほど斬新な経営管理システムは、最初から完成された形では生まれてこない。また、これまで業界の手本とされていた既存企業からも、間違いなく生まれてこない。従来とは根本的に異なる理念から出発したとき、初めてたち現れてくるのである。

仰々しく聞こえる原理を日々の経営管理慣行に変えていくのは、簡単にはいかない厄介な作業である。これを遂行するためには、自分の考えに対する揺るぎない信念が必要だ。これらの原理を応用すれば、従来の経営管理論に反旗を翻すことになり、生産性を低下させ、大混乱を招くのは間違いないように思えたとしても、信じぬくことが必要だ。ホールフーズはそのリスクを取り、とにかくこれまでは成功してきた。

教訓2　経営管理イノベーションの最大の障害は、ときとして経営管理についての従来の考え方である

「この会社を理解する一つのカギは、それを始めた人間が、会社経営の仕方とされるものを何も知らなかったことにある」[9]と、マッケイは語っている。彼はテキサス大学で哲学を専攻したが、MBA（経営学修士号）を取得してはいない。公式のビジネス教育の外にいたので、使い古されたビジネスの常套句や慣習的な経営管理の手法を頭に詰め込んでキャリアをスタートしたわけではなかった。正統理論にとらわれていなかったがゆえに、異端の経営管理モデルを生み出すことができたのである。もちろん、ホールフーズは一般の企業と何もかも違っているというわけではないし、同社の幹部は時の試練を経てきた経営管理慣行をやみくもに拒否しているわけではない。しかし、

従来の経営管理の英知を少しでも借用しようとする場合には、その前に、まず「これは我々の独特な価値観や我々の使命感と調和するか」と考える。狂信的ともいえるほどの情熱を持ち、しかも実地で経営管理を学んだおかげで、マッケイは、公式の教育を受けた、さほど使命感のない経営者ならほとんど神聖視するであろう経営管理の教義に異を唱え、それを覆すことができたのである。確かに、ホールフーズの元幹部が言うように「マッケイはとうてい経営者とはいえない。彼は破壊者なのだ[10]」。

教訓３　創造的な経営管理イノベーションは、厄介なトレードオフの問題を解決することができる

ホールフーズは、自由と責任、コミュニティと競争、社会的使命と大きな利益というように対立するものを並置している見本である。だが、同社の成功の大きな要因は、慎重に制御されていることれらの緊張関係なのだ。説明責任は、自治が無秩序を生まないようにする働きをしている。社内の競争は、強いコミュニティ意識が自己満足に堕してしまわないようにしている。卓越した財務実績は、同社が、ほとんどの非営利組織が太刀打ちできないほど大きな違いを生むことを可能にしているのである。

企業は厄介なトレードオフの問題をよけて通りがちだ。企業にとって、パラドックスは頭痛の種なのだ。そのため、一つの業務目的や業績目標を他の目的や目標よりほぼ永久的に優位に置く評価基準やプロセスや意思決定ルールを採用する。一般的には、短期が長期を撃退し、規律がイノベー

経営管理イノベーションの課題	ホールフーズの独特な経営管理慣行
経営管理を減らすことで社員に権限を与え、同時に規律と集中を維持するにはどうすればよいか。	社員に大きな裁量権を与えている。賢明な決定を下すために必要な情報を社員に与えている。社員に結果に対する説明責任を負わせている。
コミュニティの精神が人びとを結びつける企業を築くにはどうすればよいか。	利害関係者は互いに持ちつ持たれつの関係にあると本気で信じているかのように経営している。財務に関して高い透明性を実現している。報酬の格差に上限を設けている。
非凡な貢献に値するだけの大きな目的意識を築くにはどうすればよいか。	「ホールフーズ、ホールピープル、ホールプラネット」の追求を、社員にとって利益の追求に劣らず現実的で実体のあるものにしている。

ションを打ち負かし、競争が協働を追い払う。ジョン・マッケイのような優れた経営管理イノベーターは、両立しがたいトレードオフを両立させ、両方の利点をつかみ取る方法を見つけ出すのである。

経営管理イノベーションの挑戦課題とホールフーズの慣行

ホールフーズの革新的な経営管理モデルは、第3章に記した次世代の課題のいくつかに同社が見事に対処することを可能にしてきた。

これらすべてを考えると、ホールフーズがフォーチュン誌の「最も働きやすい企業トップ一〇〇」に、このランキングが開始された一九九八年から毎年ランクインしているのは当然だろう。二〇〇七年には、ホールフーズはアメリカで最も働きがいのある企業の第五位にランクされた。この事実は、経営管理イノベーションが、従来型の経営管理を行っている職場に蔓延している無関心と沈滞を克服する助けに確かになることを示している。

この先を眺めると、ホールフーズが上昇するか下降するかは誰にもわからない。だが、仮に下降するとしても、それは志の不足のせいでないのは確かだろう。同社のある年のアニュアルレポートで、一人の幹部は大胆にこう述べている。「わが社は、顧客が期待している高い品質基準を維持しながら、同時に、他に並ぶ者のない最高の食料品店になるつもりである」。ホールフーズが次の二五年間に、その経営管理モデルを過去二五年間に劣らぬほど急速に進化させるならば、この高い目標を達成できるかもしれない。だが、急速に進化させることができなければ、ライバルに追い越されるかもしれない。今のところ言えるのは、ホールフーズは大きな利益を上げているコミュニティであるということだけだ。

第5章 イノベーションの民主主義を築く——W・L・ゴア

あなたがいま、広く讃えられている業界トップの企業を退職したところだと想像してみよう。退職を決めるのはたやすいことではなかった。あなたは昇進の階段を順調に上っていたし、エキサイティングな新技術の開発にも取り組んでいた。だが、二〇年近く勤めてきて、もううんざりだと思ったのだ。社内の勢力争いにも、意思決定の遅さにも、予算や優先事項をめぐる果てしない論争にも。長年の間に、多くのすばらしいアイデアが経営陣の無関心のために捨てられたり、しなびたりし、その一方でどこかの新興企業がトップの座をつかむのを、あなたは目にしてきた。だから、退職して新しい会社をつくることにしたのである。あなたのような発明の才のある人間が官僚主義の泥沼にはまり込まない会社、社員がイノベーションにこれまでの会社よりはるかに多くの時間を費やし、上司のご機嫌とりには時間を使わない会社をだ。あなたはその会社が大きく成長することを望んでいるが、同時に居心地よく感じられ、企業家精神を保ち続ける会社であってほしいとも願っている(1)。

この目標を念頭に置いたとき、あなたはどこからスタートするだろう。どのような原理を基盤にし、どのような構造の組織を築くだろう。どのように決定が下され、誰が管理する仕組みにするだろう。答えを求めてあたりを見回してみると、イノベーターの楽園を築くための青写真などどこにもないという結論にすぐに行き着くはずだ。あなたの会社だけではなかったのだ。すべての大企業がイノベーションにすげないのである。イノベーションに好意的な経営管理システムを築きたいと思うなら、あなたはそれを新たに生み出さなければならないのである。

ビル・ゴア――経営管理イノベーター

これはウィルバート（通称「ビル」）・L・ゴアが、一九五八年に一七年勤めたデュポンを退職して自分の会社を興そうとしたときぶつかった課題だった。ビル・ゴアはイノベーションを大切にする会社を築きたいと思っていた。想像力と自発性が大きく羽ばたき、好奇心旺盛なエンジニアが自由に創造し、資金を投入し、成功することのできる会社を夢見ていた。それから数十年の間に、彼のビジョンは、近代経営管理の正統理論の多くと真っ向から対立する経営原理を軸に築かれた会社、W・L・ゴア・アンド・アソシエーツという形で実を結んだ。彼の遺したものは、今日、二一億ドルの年間売上を上げ、世界各地の四五工場に八〇〇〇人以上の社員を擁する組織に成長しているのである。

W・L・ゴア社の最も有名な製品、ゴアテックスは、アウトドアウエアに革命を起こした通気性のある防水ラミネート生地で、皆さんにもおそらくおなじみになっているだろう。デラウェア州ニューアークの緑豊かな郊外に本社を置き、アメリカ、スコットランド、ドイツ、日本、中国に事業所を構えるこの会社は、株式非公開企業であるためウォール街からは無視されているが、過去五〇年にわたって、大胆な、そしてこれまでのところ成功している斬新な経営管理イノベーションの実験を行ってきた。

ゴアテックスに比べると、ゴアの他の製品はあまり知られていないようだが、同社の製品ラインアップはときに数がわからなくなりそうなほど幅広く多様である。最も有名なゴアテックスは、長靴、靴、帽子、手袋、寝袋などに使われており、北極・南極探検やエベレスト遠征で着用されてきた。人工血管、手術用メッシュといった同社の医療製品は、一三〇〇万人以上の患者に埋め込まれてきた。ゴアの繊維はNASAの宇宙服に採用されているし、薄膜形成技術は水素型燃料電池に利用されている。エリクサー・ギター弦や、二〇〇三年に金額非公開でP&Gに売却されたグライド・デンタルフロスに代表されるように、ゴアは何度も新しい未検証の市場に飛び込んで、トップの座をつかんできた。ゴアでは常時、何百件もの新しいプロジェクトが進行している。大企業でありながら本当に新規企業のように行動し、しかもそうしながら利益を上げている会社なのだ。ゴアは年次別財務データを公表していないが、創業以来毎年黒字を出してきたと報じられている。

ゴアの革命的な経営管理モデルに発展するものの種が蒔かれたのは、ビル・ゴアがまだデュポンにいたときだった。キャリアの過程で、彼は小規模な研究開発チームに何度か配属されたことがあった。とびきり大きな目的と運営面の自治を持つこれらの自由なチームは、彼を生き生きさせてくれたし、同僚たちをも生き生きさせているようだった。焦点を絞った小規模なチームという温室の中には――たとえそのチームが巨大な組織の一部であっても――自発性と情熱と大胆さが満ち溢れているように感じられた。会社全体を官僚主義とは無縁の組織として築くことがなぜできないのだろうと、ビルは思うようになったのである。

ビルの起業への情熱は、一般にはテフロンというブランド名で知られているすべすべしたフッ素樹脂、四フッ化エチレン樹脂（ＰＴＦＥ）の可能性をデュポンがひどく過小評価しているという確信によって、さらに掻き立てられた。デュポンが自社の伝統的ビジネスモデル――基礎工業資材の大規模生産――に忠実であることが、ＰＴＦＥのような奇抜だがおもしろい素材の新しい利用法を考える妨げになっていると、ビルは感じていた。

そこで、ビルと妻のジュヌビエーブ（通称「ビエーブ」）は、二人が四五歳のとき、新しい会社を興し、それまでの蓄えを全部つぎ込んで自宅の地下室で猛スピードで生産を始めたのである。五人の子どもを養い、五人とも大学教育を受けさせるためには、彼らにはその新しい事業を成功させる以外に道はなかった。それでも彼らは、人間の想像力を拡大する会社を築くという自分たちの目標に一貫して忠実であり続けた。

ビル・ゴアのまだ十分形をなしていなかった経営理念は、一九六〇年に出版されたダグラス・マグレガーのベストセラー『企業の人間的側面』に大いに影響を受けた(2)。読者もご記憶だろうが、マグレガーは当時、主流をなしていた経営管理の教義に大胆に異を唱えた経営学者である。彼が「X理論」と命名した従来の定説では、社員は怠け者で、仕事に関心がなく、金銭によってのみ動くとされていた。それに対しマクレガーは、人間を、仕事に意味を見いだし、自ら進んで問題解決に取り組むものとみなす「Y理論」が、未来の好ましい経営手法になると主張したのである。ビル・ゴアは企業幹部がX理論的経営管理慣行に少しばかりY理論の化粧をほどこすことがよくあるのは知っていたが、Y理論の原理を基に築かれている企業はまったく知らなかった。だが、これこそ彼が取り組みたくてうずうずしていた挑戦だった。とはいえ、答えなければならない問いはたくさんあった。階層のない会社、誰もが他の誰とでも自由に話せる会社を本当に築けるのか。上司も監督も部長もいない会社を築けるのか。社員に仕事を割り当てるのではなく、自分のやりたい仕事を自由に選ばせるというやり方が本当にうまく行くのか。「コア」ビジネスのない会社、社員が次々に大きなテーマを見つけ、それを実現することに全力を注ぐ会社を本当に築けるのか。しかも、着実な成長と利益を生み出しながら、これらすべてを実現することが、はたしてできるのだろうか。

どの問いについても、答えは結局「イエス」と出たわけだが、それはひとえに、ゴアとその同僚たちが経営管理の数々の神聖な原理に盾突くことを辞さなかったからだった。彼らのあまのじゃく思考の結果を目にするためには、W・L・ゴアの本社か工場を訪れる必要がある。訪れてみたら、次のことがわかるはずだ。

階層構造ではなく格子構造の組織

一見しただけでは、ゴアは他の大企業と同じ構造的特徴を備えているように見える。まず、CEOがいる。現在のCEOは、デラウェア大学で機械工学の学位を取り、二三年間の職業人生を一貫してゴアで過ごしてきたテリー・ケリーである。さらに、四つの大きな事業部門と製品別のさまざまな事業部があり、会社全体にサポートを提供する通常の本社機能がある。そして、これらの組織のそれぞれが、皆に認められたリーダーをトップに戴いている。

だが、少し詳しく見ると、ゴアがまるでパンケーキのようにフラットな組織であることがすぐに理解できる。管理職の層はなく、組織図もない。肩書きのある者はほとんどおらず、上司のいる者は一人もいない。ホールフーズ・マーケットと同じく、ゴアでも業務の中心単位は小規模な自己管理型のチームであり、そのすべてが二つの共通の目的を持っている。「利益を上げることと楽しむこと」だ。

ビル・ゴアはこの会社を、ピラミッドのような階層型の組織ではなく、「格子」型の組織として思い描いた。格子型組織は、理論的には組織のあらゆる個人を他のあらゆる個人と結びつける。コミュニケーションのラインは直接的で、人と人、チームとチームを直につなぐことができる。階層型組織では、責任は横に対してというより上や下に対して負うものだ。それに対し格子型組織では、同じレベルにいくつもの交差点があり、情報が仲介者によってフィルターにかけられることなく、あらゆる方向に流れることができる。格子型組織では、人は上司のためではなく同輩のために仕事をし、定められた手順を通さなくても同僚と協働することができる。

ビル・ゴアはかつて、明らかにデュポンでの経験を思い出しながら次のように述べたことがある。「我々の大多数にとって、公式の手順を通さずに直接的かつ簡単なやり方で物事をするほうが楽しいのだ(3)」。この事実は、彼の考えでは、明白な問いを突きつけるものだった。「そもそもなぜ公式の権威主義的仕組みが必要なのか」という問いである。ビルは、彼のいう「権威主義的な階層構造の外観」の下に隠れた非公式な関係の網の目が、あらゆる組織に存在すると信じていた。彼のなすべきことは、その外観を取り除くことだった。

階層構造を捨てることでどのような問題が生じる可能性があるかを、ビルは理解していた。格子型組織は動きの速い市場に迅速に対応できるだろうか。規律や方向性は、指揮系統を通じて上から与えられる目標からでないとしたら、どこから生まれるのだろうか。自由な精神を持つ人間が誰からも指示を受けないとしたら、業務が大混乱に陥るのではないだろうか。「権威主義的組織の単純さと秩序」ゆえに、階層構造には「抗いがたい魅力」があることを、彼は認識していたのである。しかし、構造上必然的に創造力と個人の自由を抑圧する組織は、彼にとって受け入れがたいものだった。問題が出てくる恐れがあっても、格子構造のほうが階層構造より好ましいと、彼は判断したのである。

上司はいないが、リーダーは大勢いる組織

ゴア社で廊下をうろついたり、会議に出席したりしてみると、「上司」「幹部」「管理職」「部長」というような言葉が一切使われていないことに気づくはずだ。これらの言葉はゴアの平等主義の理想に相反するものであるから、会話から事実上閉め出されているのである。

ゴアにはランクも肩書きもないが、一部の社員は「リーダー」という単純な呼称をもらっている。ゴアでは上級リーダーが下級リーダーを任命するのではない。社員は、同輩からリーダーと認めら

れたとき、リーダーになるのである。リーダーは物事を前進させる能力やチームを築く能力を示すことで信望を得る。ゴアでは、チームの成功に格別に大きく貢献する人、しかも繰り返しそうする人が支持者を引き寄せる。「我々は足で投票するんだ」と、ゴアのテクニカルファブリック・グループの製造リーダー、リッチ・バッキンガムは語る。「あなたが会議を招集したとして、人びとがそこに集まってきたら、あなたはリーダーということになる」[4]グループの責任者を務めてくれと繰り返し頼まれている人は、名刺に自由に「リーダー」という呼称を記すことができる。ゴアの社員の約一〇パーセントが、この呼称を持っている。

テリー・ケリーがCEOの地位を手にした経緯は、ゴアのこうした姿勢を象徴している。前CEOのチャック・キャロルが引退したとき、取締役会は自らの議論を補完するものとして、社員に対する部門横断的な幅広い調査を行った。自分が喜んで従いたいと思う人物は誰かと、社員に尋ねたのである。「我々は名前のリストを渡されたわけではなく、社内の誰でも自由に選ぶことができた」と、ケリーは当時を振り返る。「驚いたことに、選ばれたのは私だった」

ゴアは社内で「自然なリーダーシップ」と呼ばれているものを利用することで、幹部の権力が当たり前とみなされることのないシステムを築いている。チームはそのトップを自由にすげ替えることができるので、リーダーは権威を維持するためには同僚の忠誠を継続的に獲得しなければならない。これにより、リーダーはいかなる時も、リードされる人びとに対して最大の説明責任を負うことになる。これはまた、リーダーが地位に伴う権力を乱用できないということでもある。そのような権力はもともとないからだ。

上司ではなく指導係

ゴアでは、新参の社員はいくつかの気になる問いにぶつかることになる。「自分は誰のために働くのか」「誰が決定を下せるのか」「キャリアの階段の次の段階は何なのか」といった問いである。これらの問いに対する答えは大方の企業では単純明快だが、ゴアではそうではない。

新規採用者は狭く規定された職務に採用されるのではなく、人事のゼネラリスト、事業開発のリーダー、研究開発のエンジニアというふうな大きな括りで採用される。新入社員に組織を知ってもらい、自分に適した場所を見つけてもらうために、それぞれの新入社員に「指導係」——特殊な用語を解説し、人に引き合わせ、格子組織のあちこちに案内して回るベテラン社員——がつけられる。新入社員は、最初の数カ月の間に五つか六つのチームでそれぞれ短期間働くことになる。それぞれのチームで、事実上のオーディションを受けるわけだ。新入社員が自分のスキルと合致するニーズを持つチームを見つける手助けをするのは、指導係の仕事である。純然たるゴア方式では、社員は希望する場合は新しい指導係を自由に探し出すことができる。また、チームは新入社員を受け入れるか断るかを自由に決めることができる。

社員は上司に対してではなくチームに対して責任を負う。公式に決められた監督者がいないというのは信じがたい欠落のようだが、これはゴアの中核的原理の一つ、「恐怖ではなく信頼で結ばれた組織では、社員をあれこれ監督する必要はない」を反映したものだ。社員に必要なのは指図されることではなく、指導され、支援されることなのだ。

自由に実験できる組織

ゴアのイノベーション・マシンの最大の推進力は、社員が自由に使える時間である。すべての社員が週に半日の「遊びの時間」を与えられており、その時間は――基本的な責務を履行している限りは――自分の好きなプロジェクトに充てることができる。

ゴアの製品面のブレークスルーのほとんどが、遊びの時間を使ったプロジェクトから生まれたことを、社員は皆知っている。そもそも同社の歴史の決定的瞬間は、一九六九年にビル・ゴアの息子のロバート（通称「ボブ」）・W・ゴア（ゴアの現会長）が、PTFEを引き伸ばす方法を偶然見つけたときに訪れたのだ。それによって生まれたポリマー――延伸PTFE――は、耐久性と通気性を兼ね備えていた。ゴアテックスという商標をつけられたこのPTFEは、同社の最大の事業を構成するファブリック類をはじめ、何百種類もの製品の出発点になった。だから、ゴアの製品イノベーションのレシピが、幸運な発見はいつでも訪れる可能性があり、誰でもイノベーターになれるという揺るぎない信念からスタートしているのは当然だろう

その実例としてゴアのギター弦事業を考えてみよう。この事業は、アリゾナ州フラッグスタッフのエンジニア、デイブ・マイヤーズが、自分のマウンテンバイクのワイヤーをゴアテックスを構成しているポリマーでコーティングしたことから生まれたものだ。コーティングの結果に満足したマイヤーズは、ワイヤーの防塵コーティングは、ギターの弦にもってこいではないだろうかと考えた。主弦のスティールの巻き線に皮脂が溜まると、音質が一部損なわれてしまうからだ。マイヤーズは主として人工心臓の開発に携わっていたのだが、遊びの時間を使ってギター弦プロジェクトを進めて

みることにした。ゴアは音楽産業には縁もゆかりもなかったにもかかわらず、だ。

フラッグスタッフには一〇の工場が集まっていたので、マイヤーズはすぐにつてをたどって研究開発の応援を求め、まもなく少人数のボランティアのチームが彼のプロジェクトに取り組むようになった。公式の承認は一度も求めないまま、途切れ途切れに三年間、実験を続けたのち、マイヤーズのチームはついに高い音質が業界標準の三倍長く保たれる弦を生み出すことに成功した。今日、エリクサー・アコースティック・ギター弦は、アメリカの二番手のブランドに二対一の大差をつけてトップを走っている。医療製品部門がベストセラーのギター弦を製造しているなど普通の企業では考えられないことだが、ゴアではそれが当たり前なのだ。

ゴアはその中核部分でアイデアの市場である。この市場では、マイヤーズのようなプロダクトチャンピオン（新製品や新規事業を開発する能力のある人）が、社内の最も優秀な人材の自由時間を自分のプロジェクトに投じてもらうために競争しており、新しいことに取り組みたいと願っている社員が有望なプロジェクトに参加するチャンスを求めて競争している。CEOのケリーによれば、新しい構想に人びとを誘い込むためには「貢献したいと思っている人たちにアイデアの所有権を渡すことが必要だ。人びとにうまく事を運んでもらわなければ、プロジェクトは前には進まない[5]」。この意味で、ゴアは「ギフト経済」なのだ。未来の起業家が新しい機会という贈り物を与え、そのお返しに仲間たちが自分の能力や経験やコミットメント（積極的な参加）を寄贈するのである。あるエンジニアが言うように「プロジェクトに協力してくれる人間を十分集められないとしたら、それはよいアイデアではないということだろう[6]」。ゴアのアイデアの競争は公平な土俵で行われる。

部長や事業部長はいないのだから、誰かのお気に入りのプロジェクトがフリーパスを得ることもなければ、構想中のプロジェクトが誰か一人の人物によって潰されることもないのである。

割り当てられた仕事ではなくコミットメント

ビル・ゴアはデュポン時代に、コミットメントと服従の違いを鋭く察知するようになっていた。彼がしばしば述べていたように「権威主義者が強いることができるのはコミットメントではなく、命令だけだ」。自主的なコミットメントは組織にとって従順な服従の何倍もの価値があると、彼は確信していた。この確信は彼のもう一つの教え「すべてのコミットメントは自発的なものである」の核をなしている。これは実際には、社員が任務や責任範囲について仲間と交渉するということだ。ゴアでは仕事は割り当てることはできないものだ。引き受けてもらうことしかできないのだが、社員はチームの成功にどれだけ貢献したかで評価され、報酬を与えられるので、より強くコミットするインセンティブがある。社員はどんな要請をも自由に断ることができる一方で、いったん協力を約束したら、それはほとんど神聖ともいえる誓約とみなされる。約束したはいいが履行できないとなったら報酬に響くので、新入社員には概して背伸びをしないようアドバイスされる。コミットメントを得るための交渉はずいぶん時間がかかることもあるが、士気の点で大きな見返りをもたらしてくれる。ゴアでは事実上すべての社員が「私は自分のやりたいことをやっている」と心から言えるのである。

他の企業からゴアにやってきた年配の幹部は、自主的なコミットメントの精神に当初は面食らう。

生き残ろうと思うなら、彼らは格子型組織のやり方に適応しなければならない。ブラシック・フーズから転職してきた消費者マーケティングの専門家、スティーブ・ヤングがすぐに気づいたように「この会社で誰かにああしろ、こうしろと命令したら、彼らは二度と私のためには働いてくれなくなる」からだ。

エネルギーを与えてくれるが、要求されることは厳しい

貢献を求める圧力はエネルギーを与えてくれると同時に、厳しいものでもある。ゴアの新入社員は、最初のチームに参加して二、三カ月足らずで、二つ目、あるいは三つ目のプロジェクトにも参加するよう勧められる。人間は多面的で幅広い関心を持つものとされているので、一つの仕事に自分の時間を一〇〇パーセント投入することは求められていないのである。

社員に前例がないほど大きな自由が与えられているにもかかわらず、ゴアは怠け者に向く会社ではない。すべての社員が年に一度、包括的なピアレビュー（同僚による評価）を受ける。通常は少なくとも二〇人の同僚からデータが集められ、この情報が当該社員と同じ分野で働いている人びとから成る報酬委員会に伝えられる。それから総合的な貢献度の観点から、一人ひとりの社員がその事業部の他のすべての社員と比較され、ランクづけされる。このランキングの順位が相対的な報酬を決定することになる。このランキング・リストは公表されないが、本人には、自分が上、中の上、中の下、下のどこに位置しているかが伝えられる。年功はゴアの報酬体系では何の価値も持たず、たとえばベテランのビジネスリーダーが、博士号を取得したばかりの科学者より低い報酬しかもらえないということもある。算定の公式は明確だ。貢献すればするほど、高く評価され、高い報酬を得られるのである。そのため、ほとんどの社員がより多くの仕事に取り組むべきだという圧力を感じている。だが、重要なのは、この圧力が鞭を持った上司からではなく、チームメートからきていることだ。

ゴアの報酬体系は大きな価値を加える者とそうでない者を明確に区別しているが、その一方で同社は、強い運命共同体意識を生み出すためにも努力しており、すべての社員を株主にしている。社員は入社一年後からは、給与の一二パーセントを株式の形で与えられる。それらの株式は時とともに行使可能になり、社員が退職するときに現金に換えることができる。ほとんどの社員にとって、この株式の割当は彼らの最大の金銭資産であり、快適な引退生活へのチケットである。ゴアは年ごとの利益分配プログラムも設けており、これによって社員は会社の短期的成功の分け前にあずかることができる。当然ながら、ほとんどの社員が、会社の成長に貢献することは自分にとっても大いに利益になることだと感じている。

大規模だが親密感のある企業

年間売上二〇億ドルの大企業で、ゴアほど親密感のある企業はまずないだろう。小規模な企業ではほとんどの会議が直接顔を合わせて行われる。ゴアは大企業でありながら、社員が直接交流する機会をできるかぎり多くするために努力してきた。研究開発のスペシャリスト、営業職の社員、エンジニア、化学者、機械工などが、たいてい同じ建物で働いている。さまざまな分野の社員が近くにいることで、製品化までの時間が短縮され、顧客を満足させるという目的に誰もが精力を集中することができる。社員は電子メールに頼るのではなく、同僚と直接顔を合わせて話をするよう奨励されている。

社員の力やアイデアをより効果的に結集させるために、ゴアはフラッグスタッフに一〇工場、デラウェアとメリーランドの州境近くに一五工場という具合に、工場を同じ場所に集中させている。工場の大多数が姉妹工場のそばにあることは、新しい参加チームを探している社員にとっても、専門家のアドバイスや自主的な協力者を探しているプロダクトチャンピオンにとってもありがたいことだ。新しい施設はコストの安い土地に建設するほうが安上がりかもしれないが、職能やチームを超えた緊密なコミュニケーションは、施設を集中させることの経済的負担を補って余りあると、ゴアは確信しているのである。

施設や工場は、基本的に二〇〇人以上に拡大してはいけないとされている。ビル・ゴアは、事業所の人数が増えるにつれて、社員同士のつながりや社員と最終製品とのつながりが希薄になると考えていた。そのうえ、規模が大きくなればなるほど、社員が重要な決定に果たす役割は小さくなり、したがってそれらの決定を実行するモティベーションも低くなる。ビル・ゴアの明快な表現を借りると、事業所が一定の大きさに達したら「我々が決めた」が「彼らが決めた」に変わってしまう。モティベーションが低く、互いのつながりが薄い社員を同じ方向に向かわせるには、官僚主義が唯一の方法なのだから、大規模な事業所は効率を高めはするが、官僚主義をひどくするということを、ビルは理解していたのである。

焦点を定めた、だがコアビジネスのない企業

ゴアは四つの事業部門――ファブリック（織物）、エレクトロニクス、医療、工業資材――で構成されているが、同社のリーダーたちは自社の「コアビジネス」を特定することに時間をかけたりはしない。一〇〇〇種類以上の製品を持つゴアは、少数の世界最強の能力を目がくらむほど多くの製品市場に活かしてきた企業の典型である。リーダーたちは、手術用品などの既存市場で勢力を拡大するイノベーションを奨励する一方で、ＰＴＦＥその他のポリマーにおける同社の知識や技術を活かすあらゆるものを守備範囲とみなしている。これが社員に、途方もなく広いイノベーションのキャンバスを与えているのである。

社員が自分の関心を自由に追求でき、会社中から人材をリクルートできることで、ゴアは今日の事業を拡大する投資と新しい市場への入口を開く投資の健全なバランスを維持できるのである。

粘り強く、かつリスクを嫌う組織

粘り強さは、ゴアのたゆみないイノベーションのレシピのもう一つの要素である。これは無用な投資リスクを見きわめて最小限に抑えるための、深く組み込まれた経営管理プロセスとセットになっている。ゴアは辛抱強い会社であり、有望なプロジェクトは、何人かの社員の関心を占め続けている限り存続することができる。多くの企業で「辛抱強さ」は、社員が大きな重要な問題を少しずつほぐしていくのを気長に待つたぐいの粘り強さではなく、長い時間軸にわたって損失を我慢することと同一視されている。しかしゴアでは、決意や粘り強さは慎重さを犠牲にして発揮されるも

のではない。ゴアはプロジェクトの重要な不確実要素がすべて解決されるまでは、決して多額の投資を行わないのである。

新製品の開発に取り組むプロダクトチャンピオンは皆、正しいやり方を心得ている。決め手となる仮説を明確に特定し、重要な前提をテストする低コストの方法を編み出すのである。プロジェクトが遊びの段階を過ぎたら、開発チームに定期的に「本物、勝利、価値」と呼ばれる検討作業を行わせる職能横断的な評価プロセスが待っている。資源を引き寄せるためには、新製品を開発しようとする者は、まずその機会が「本物」であることを立証しなければならない。同僚たちは次のような質問を突きつけるだろう。「この製品が解決するとされる顧客の問題は、本当に存在しているのか」「このニーズを持っている顧客は何人ぐらいおり、よりよい解決策が差し出されたら彼らはそれにいくら払うのか」。開発が進んでいくと、問題はゴアが市場で勝利できるか否かになる。この段階では次のような質問が出されるだろう。「わが社には防御できる技術的優位があるか」「パートナーを見つけて補わなければいけないスキルの不足はないか」「克服しなければいけない規制上の障害はないか」。これらの疑問が解決されたら、争点は収益性に移る。この段階での質問は「満足できる利幅を確保できるだけの価格をこの製品につけられるか」「利益をあげる業務体制を構築できるか」「どれくらいの期間で損益分岐点に達するか」といったものになるだろう。製品をコンセプトから現実にするまでのタイムテーブルは決められていないので、スケジュールに追い立てられて納得がいかないまま次の段階に進むようなことはせずにすむ。顧客価値に関する初期段階での議論で本当に役立たずのアイデアが取り除かれる一方で、魅力的な製品コンセプトは「本物」から

「価値」に進むまでに——湯水のようにカネを使っていない限り——たっぷり時間を与えられる。その間、「喫水線」以下に落ち込む危険性——会社の財務ポジションや信用を大きく損ないかねない誤り——に、誰もがしっかり注意を払っている。ゴアは大きく賭けることによってではなく、たびたび賭けることによって——そして配当金を集められるだけ長期間テーブルにとどまることによって——大きな勝利を手にするのである。

ゴアのユニークな経営管理システムの諸要素は風変わりではあるが、そのすべてが一つの最優先の目的に役立っている。たゆみない常識破りのイノベーションという目的にだ。ゴアのリーダーたちは、イノベーションを計画して実行するのは難しいことは理解しているが、イノベーションを促す組織を築くことは可能だと信じている。ほとんどの社員がゴアで働けるのを喜んでいるのは当然だろう。ホールフーズと同様、ゴアもフォーチュン誌の「働きやすい企業トップ一〇〇」に毎年選ばれてきた。それに劣らず重要な点として、ゴアは一年たりとも赤字を出すことなく五〇年近く着実に収益を伸ばしてきた。一九八六年に死去したビル・ゴアが、自分の会社が引き続き成功しているることに驚くとは思えない。大企業を経営管理する方法は従来の手法だけではないということを、そして、突飛な手法を用いなくても斬新な経営管理イノベーションはできるということを、彼は一貫して信じていたのである。

基本的な教訓

では、経営管理イノベーターたらんとする人は、ゴアの成功から何を学ぶことができるだろう。

教訓1　経営管理イノベーションは往々にして権力配分を変化させる（だから、誰もが熱心に取り組むものと期待してはいけない）

過去数十年の間に何千人もの企業幹部が、ゴアの刺激的な手本から学ぼうとして同社を訪れている。ゴアの経営管理モデルが今日もなお、五〇年近く前と変わらず風変わりで前例がないように見えるのはなぜなのか。この問いは、考えてみる価値があるだろう。それはゴアが世界の他のどの会社よりも真剣にイノベーションに取り組み続けているからかもしれない。ゴアが株式非公開企業であるため、公開企業なら株主にとうてい納得してもらえないような風変わりな経営管理慣行を問題なく実行できるからかもしれない。自分が一から立ち上げた会社なので、ビル・ゴアは官僚主義の権化たちと戦う必要がなかったからかもしれない。これらすべてがもっともな説明ではあるが、我々の問いに対する十分な答えにはなっていない。ゴアの経営管理モデルはなぜ、五〇年経った今も模倣されるのではなく、研究されているのだろうか。

それはゴアの風変わりな経営管理システムが、より階層的な企業で権力と特権に馴染んでいる企業幹部にとって、不安を掻き立てるものだからだと私は思う。企業幹部はよく「ピラミッドを逆転する」云々と軽々しく口にするが、それが実際にできるとわかると明らかにうろたえる。このような組織になったら自分はどうやって成功できるのかと、権力を振るっている幹部は必ず不安を覚えるのである。

肩書きに頼って物事を進めることに慣れているリーダーは、ゴアのモデルを羨望だけでなく、それに劣らぬ大きな恐怖をもって眺めることだろう。従来どおりの考え方をしている管理職は、権力が地位から切り離されている組織という現実を前にすると、無理からぬことではあるが、あわてふためく。そのような組織では、より上の階層にいるというだけで決定を押し通すことはできないし、自分が命令を下せる「直属の部下」もいない。その人に従いたいと思う人間が誰もいなければ、その人の権力はまたたく間に消えうせる。おまけに、資格や知的優位が立派な肩書きという栄誉で認められることもない。

ほとんどの企業幹部にとって、肩書きや階級にそれに相応する権力が伴っていることは、管理職であることの決定的な、そして心地よい現実の一部なのである。斬新な経営管理イノベーションが組織設計のこの中心的な柱を概して粉々にするのは、だから当然なのだ。現場社員に権限が与えられているトヨタの場合であれ、チームメンバーに裁量権が与えられているホールフーズの場合であれ、地位による分け隔てがないゴアの場合であれ、経営管理イノベーションは必ずといっていいほど権力を下や周縁の人びとに委譲する。私の経験では、ほとんどの管理職は概念としてのエンパワーメント（権限譲渡）は支持しているが、それが必然的にもたらす結果――社員に権限を与えるためには管理職から権限を取り上げなければならない――を前にすると、目に見えて消極的になる。

だが、後の章で見ていくように、権力の配分を変えることは、より適応力があり、より革新的で、より参加意欲を引き出す組織を築く主要な手段の一つなのだ。

教訓2　経営管理イノベーションは、短期的にはコストのほうが便益より目立つこともある

経営管理イノベーションが権力配分の大きな変化を伴わない場合でも、コストが便益より大きいように見える場合には支持を得にくいことがある。たとえば、ゴアが既存工場の近くではなく、コストの低い海外の製造センターの一つに新工場を建設したらどれだけ節約できるか。これは、そこそこまともな会計士なら誰でも簡単に計算できる。しかし、相互学習の機会が失われるという損失をどうやって計算できるだろう。社員が水平的な人事異動によってスキルを高める機会が減ることにどうやって値段をつけられるだろう。同様に、小規模な施設を統合すればどれだけ節約できるかは、鉛筆が一本ありさえすれば誰でも簡単に計算できる。だが、より大規模な、より統合された施設にすることによる節約を、親密さや団結心が失われるという損失とどうやって比較できるだろう。

ボブ・ゴアの妻で、ゴアの人材部門のリーダーだったサリー・ゴアは、ゴアの経営管理システムの数量化しにくい便益に値札をつけることの難しさをよく知っている。「私は引き換えに何を失うことになるかを説明するために、ゴアの組織構造をよく民主主義に例えている。国を運営するうえで、民主的な政府は時間効率やコスト効率が最も高い方法ではないかもしれない。しかし、つまるところ、生活の質は独裁国家に見られるものよりはるかに高い(7)」

施設が互いに隣接していることの価値や、自治や親密さの価値を、会計士のモノサシが簡単には

測れないからといって、それはこれらのものに価値がないということではない。数字に表せないということは重要ではないということではないのである。CEOのテリー・ケリーでさえ、ゴアの平等主義の経営原理にどれだけの価値があるか算定することはできないし、それらの原理のいずれかが放棄されたらどれだけの損失になるかもわからない。だが、社内調査によると、ゴアの社員は、同社の一見あまのじゃくに見える経営管理慣行を競争優位の大きな源泉とみなしている。

経済的価値がアイデアや使命や仕事の喜びから生まれるようにますますなっていく世界に向かうなかで、最も重要になる経営管理イノベーションは、まさにそうした最も便益を測定しにくいたぐいのものだろう。これは経営管理イノベーションを目指すすべての人が、またすべてのCEOが覚えておくべき重要な事実である。

教訓3　臆病になるなかれ

フレデリック・ウィンスロー・テイラーと同じく、ビル・ゴアも大きな挑戦にひるみはしなかった。経営管理の正統理論を覆すことを恐れもしなかった。彼の反逆的な宣言――たとえば「他の人間を心から参加させることは誰にもできない」――は、空疎なスローガンではなく、断固たる意志の表明だった。他の者たちが従来の英知の年代記に脚注を加えるだけで満足していたのに対し、ビル・ゴアは本全体をまるまる書き換えたのだ。官僚主義に対するゴアのアプローチはその最たる例だろう。

あらゆる企業幹部が官僚主義の無駄を減らすことをよしとしている。もちろん当の本人が排除さ

経営管理イノベーションの課題	W・L・ゴアの独特な経営管理慣行
会社のすべての人間をイノベーターとして参加させるにはどうすればよいか。	階層をなくす。イノベーションは誰でも生み出すことができるという信念を絶えず強化する。創造的プロセスを促進するために、さまざまなスキルの社員を同じ場所で働かせる。
経営陣の空疎な信念がイノベーションを妨げないようにするにはどうすればよいか。	経営陣の承認を新しいプロジェクトを開始するための必要条件にしない。階層の影響を最小限に抑える。資源の配分に仲間を主体とするプロセスを用いる。
誰もが全力で働いているときに、イノベーションの時間と余地を生み出すにはどうすればよいか。	社員の時間の10パーセントを、通常なら予算がつかないプロジェクトや検討対象にならないプロジェクトに自由に充てさせる。新しいアイデアに熟成の時間をたっぷり与える。

れる「官僚」の一人でなければだが。しかし、実際には、彼らの大多数が官僚主義を打破したいのではなく、その向こうずねを蹴り上げたいだけだ。組織の階層を二、三廃止すること、本社機構をスリム化すること、意思決定を簡素化すること、ペーパーワークを一部廃止することなどを望んでいるだけなのだ。これらは必要なことではあるが、間接費を削減することと、ゴアが行ったように社員に自分の仕事に対する支配権を与えることとの間には大きな開きがある。この差は腫瘍を小さくすることとそれを切除することとの違いにも匹敵するものだ。

経営管理イノベーションの挑戦課題とW・L・ゴアの慣行

第3章で記した厄介な問題にもう一度立ち返って、ゴアがこれらの課題に取り組む助けになった斬新な経営管理慣行を表に簡単にまとめてみよう。

ビル・ゴアはこのような民主主義のイノベーションの基盤を築いたとき、四〇代の化学エンジニアだった。皆さんのイメージはどうだか知らないが、ＰＴＦＥにほれ込んだ中年の化学者というのは、私の頭にある大胆な経営管理イノベーターのイメージではない。だが、ビル・ゴアのビジョンが一九五八年当時、どれほど過激に感じられたにちがいないか想像していただきたい。なにしろ五〇年後の今、ポストモダン経営学の最先端を行く人たちが、複雑系適応システムとか自己組織化するチームといった用語を振り回しているのだから。つまり、彼らは進化の曲線から半世紀遅れているだけというわけだ。だから、皆さんは次のように自問していただきたい。

「私は十分に大きな夢を描いているだろうか。私の経営管理イノベーションの挑戦課題は、ビル・ゴアに誇りに思ってもらえるだろうか」

第6章　進化する優位を目指す――グーグル

パソコンを使ったことのある人でグーグルを知らない者はいないだろう。カリフォルニア州マウンテンビューにあるグーグル社の明るい色調のロゴは、ワールド・ワイド・ウェブ[1]の万国共通の玄関マットになっている。オンライン検索エンジンの最大手、グーグルは、世界で最もユビキタス（いつでも、どこにでも存在する）なブランドの一つであり、サイバースペースを航海する人にとって欠かせないツールである。二〇〇七年五月の実績を見ると、グーグルはアメリカのインターネット検索件数の六五・二パーセントを扱っており、それに対し二番手のヤフーは二〇・七パーセント、三番手のマイクロソフトは七・七パーセントだった[2]。世界全体で見ても、グーグルは世界のウェブ検索の三分の二以上を扱っているのである。

グーグルの怒涛のような成長はすでにシリコンバレーの伝説と化している。一九九六年にスタンフォード大学のコンピューター・サイエンスの博士課程にいた二人の学生、セルゲイ・ブリンとラリー・ペイジが、ウェブ検索のパフォーマンスの飛躍的向上をもたらすアルゴリズムを生み出した。彼らが思いついたのは、他のページからどれだけリンクを貼られているか――つまり人気の指標

――に基づいてページをランクづけするという方法だった。一九九八年にデビューしたグーグルの検索サービスは、ほどなく日に五〇万件以上のクエリー（問い合わせ）をさばくようになり、それから数年にわたってウェブ本体に優るとも劣らないハイペースの成長を遂げることになる。一九九〇年代末に失速した多くのドットコム企業とは異なり、グーグルは検索広告という、クリックを片っ端からカネに変える錬金薬を見つけたのだ。二〇〇四年の株式公開後の三年間で、グーグルの売上は三二億ドルから一〇六億ドルへと三倍以上に膨れ上がり、同社の市場価値は一四〇〇億ドル以上に増大したのである。

業界の革命者、グーグルは、ソフトウエア・ビジネスを根底から変化させた。従来型の小売チャネルを通じて有形の製品としてソフトウエアを販売しているマイクロソフトとは異なり、グーグルはオンライン・サービスという形でウェブを通じてソフトウエアを届けている。マイクロソフトの売上が主としてライセンス料収入であるのに対し、グーグルはさまざまな形態のウェブ・コンテンツに添付される「クリックスルー」広告を販売することで利益のほとんどを稼ぎ出している。また、マイクロソフトのアプリケーションが互いにシームレスに作動し、基本ソフトのウィンドウズと緊密に統合されているのに対し、検索、Gメール、グーグルマップスといったグーグルのさまざまなサービスは、ほとんどが独立型の製品である。そのおかげでグーグルは、マイクロソフトがその互いに絡み合った製品ラインの主な構成要素をアップグレードしようとするとき対処せねばならない開発上の複雑な問題にぶつからずにすむのである。

新しい経営管理モデル

だが、グーグルが特異な存在になっているのは、そのウェブ中心のビジネス・モデルのおかげというよりも、同社の無秩序に近い経営管理モデルのおかげである。その主な構成要素は、これ以上ないほど薄い階層、横のコミュニケーションの緊密なネットワーク、とびきり優れたアイデアを出した者にはとびきり大きな褒美を与える報奨制度、チーム中心の製品開発手法、あらゆる社員にユーザーを最優先させる企業信条などだ。

グーグルの他に類のない経営管理システムは、同社の初期の成功に対するブリンとペイジの解釈から主として生まれている。グーグルのロケット並みの離陸には幸運が少なからぬ役割を果たしたことを、二人の創業者はどちらもあっさり認めている。彗星のように登場して成功する企業がある一方で、衝突して燃え尽きる新企業がその何十倍もあるシリコンバレーに身を置いているので、企業の成功は自然選択の結果であることを——幸運な遺伝子に恵まれた生物のように、グーグルの成功も幸運のおかげが大きいことを——二人は熟知しているのである。だから、自分たちは地上で最も頭のいい人間なのだから、グーグルの長期戦略を立てる役目は自分たちだけが担うべきだと信じ込んだりはせず、シリコンバレーの中にある豊かなイノベーションの風土をグーグルにも築こうとしてきたわけだ。

不連続な世界では、企業にとって最も重要なのは一時点での競争優位ではなく、時とともに進化していく優位だということを、ブリンとペイジは理解している。だからこそ、ウェブ本体に優ると も劣らない速さで進化していける会社を築きたいと思っているのである。

この目標を念頭に、グーグルのエンジニアたちは、同社を検索エンジンという、そのルーツを超える企業に成長させるために努力してきた。マイクロソフトのオフィスを標的にした、個人の生産性を高めるツール、グーグル・アプスは、新しいビジネス・モデルを構築しようとするこの懸命な取り組みを象徴するものだ。主として企業向けに設計されているグーグル・アプスは、電子メール、オンライン・スケジュール管理、文書作成など、幅広い基本的なビジネス・アプリケーションを網羅している。グーグルはこれらの「ホスティッド・サービス」を無料で提供するのではなく、登録ユーザーから年間使用料を徴収しているが、その金額は、マイクロソフトから類似のアプリケーション・パッケージの使用許諾を得るために支払わなければならない金額に比べると微々たるものだ。だが、グーグルの創業者たちが未来を追い越せる企業を築くという挑戦に成功するかどうかは、まだわからない。本書執筆の時点では、グーグルの売上は依然として一〇〇パーセント近くが検索広告によるものだ。検索以外の分野では、いくつかの製品はすばらしい出来栄えになっているが(たとえばGメール、グーグルニュース、グーグルマップス)、他の多くはユーザーからそこそこの評価しか受けていない。スタンフォード大学出身のグーグルの検索製品担当副社長、マリッサ・メイヤーは、同社のパフォーマンスについて次のように釈明している。「わが社は多くの製品を送り出していくだろう。だが、(人びとの)記憶に残るのは、本当に重要な製品やユーザーにとって大きな可能性を持つ製品だろう」[3]。社員番号二〇番で、グーグル初の女性エンジニアであるメイヤーは、グーグルの新製品の八〇パーセントが結局は失敗に終わるとみている。ほとんどの企業は保守的な製品評価基準を使って確実でない賭けをすべて排除する傾向があるので、そうした企業の基準からすると、これはひどい数字だが、ベンチャー・キャピタリストの基準では平均的である。そして、研究開発費が今では年間一〇億ドルを超えているグーグルは、たくさんの賭けをすることができるのだ。

グーグルの幹部たちは、非検索製品の売上の伸びは同社の進化の進み具合を測定する一方法にすぎないと、すかさず指摘する。彼らの考えでは、グーグルがそのコアビジネスをハイペースで進化させられるか否かも、等しく重要な成功のバロメーターなのだ。なにしろオンライン検索やウェブ広告はまだ生まれたばかりなのだから、たゆみないイノベーションがなければ初期のリードを守ることはできないと、彼らは考えているのである。マイクロソフトその他が多額の資金を注ぎ込んで追いかけているにもかかわらず、検索サービスでのグーグルのリードがこのところ縮まるどころか拡大しているのは、したがって心強い現象だ。この成果は主として、いくつもの小さな自己管理型のチームを軸にした同社の独特な製品開発プロセスのおかげである。これらのチームのそれぞれが、検索の次の大きなブレークスルーを生み出したいと、あるいは別の分野で新しい不可欠なウェブ・サービスを創造したいと思っている。マイクロソフトでは、一つのソフトウエア・プロジェクトにしばしば何百人もの開発者が投入される。たとえば、予定よりずいぶん遅れて二〇〇六年末にようやく発売されたウィンドウズのアップデート版、ビスタの開発には、一時期、四〇〇〇人のマイクロソフティ（マイクロソフト社員）がかかわっていた。それに対しグーグルでは、ゆるやかに連携したいくつもの小規模チームが多面的に開発に取り組むという手法をとっている。その理由は単純明快だ。迅速に動ける独立したチームがたくさんあることで、同社が「次の大きなこと」に出くわす確率が高くなる、と考えられているのである。二〇〇一年にノベルの会長を辞任してグーグルのCEOになったエリック・シュミットは「グーグルがウェブを使ったサービスだということが、(リーダーとしての仕事に)大きな違いを生んでいる」(4)と語っている。

シュミットがグーグルの適応能力を深く気にかけていることを考えると、彼のお気に入りの比喩の一つがバスケットボールであることは驚くにはあたらない。戦術展開を細かく打ち合わせながら戦うアメリカン・フットボールとは異なり、バスケットボールは連続でプレーされ、選手が立ち止まったり寄り集まったりするチャンスはほとんどない。バスケットボールのコートでは、戦略は動的かつ即興的だ。選手は相手の戦術の変化に直感的に対応しなければならないし、猛烈に速いプレーのペースについていくだけのスタミナがなければならない。グーグルで出会うほとんどの人が、シュミットと同じく、明日の収益力は今日の進化力で決まるということを理解しているようだ。

これまでのところ、グーグルは確かに適応力を備えているようだ。同社のビジネス・モデルは一〇年足らずで五つの大きな段階を経験している。

- グーグル1.0――ブリンとペイジが何百万人もの注目を集めるウェブ検索エンジンを開発するが、実質的な売上は発生しない。
- グーグル2.0――AOL、ヤフーなどの大手ポータルに検索能力を販売。これらのパートナーシップは売上を発生させ、検索リクエストを急増させる。グーグルはにわかに企業らしくなっていく。

・グーグル3.0――検索結果とともに表示する広告を販売するという巧みなモデルを開発。ヤフーその他とは異なり、グーグルはバナー広告を控え、新聞と同じ広告・コンテンツ分離方式をとって広告と検索結果を明確に区別して表示。さらに、広告主はユーザーが実際にリンクをクリックした場合にのみ料金を払えばよいという方式を採用。グーグルはインターネット広告スペース小売業者の大手になる道を歩み始める。

・グーグル4.0――各受信メッセージのコンピューター分析に基づいて広告を添付するという、当初は論議を呼んだグーグルのGメール・サービスは、幸運な学習を生んでアドセンスの設立へとつながる。このブレークスルーによって、グーグルは自社の検索結果だけでなく、事実上あらゆる種類のウェブ・コンテンツに広告をリンクできるようになる。アドセンスはサイト管理者に自分のコンテンツをカネに変える新しい方法を与え、グーグルのビジネス・モデルの適用可能範囲を大幅に拡大する。

・グーグル5.0――広告から得た利益を使って、グーグル・デスクトップ・サーチ（パソコン内の各種ファイルやウェブ履歴を高速検索するソフトウエア）、グーグル・ブック・サーチ（世界の大規模図書館の蔵書をデジタル化するという野心的な計画）、グーグル・スコラー（学術論文検索ツール）など、数々の新サービスを開始。

グーグルがこのペースで進化し続けるか否かは、同社の特異な経営管理モデルが創業者たちの望んでいる適応優位をもたらしてくれるかどうかに大きく左右されるだろう。そのモデルの主な構成要素を挙げると次のようになる。

イノベーションの公式

ノベル時代には、同社のコアビジネスでマーケットシェアを少しずつ拡大する戦いに時間の九〇パーセントを費やしていたと、シュミットは語る。時間は再生不可能な資源であるから、新製品や新サービスに投入する時間が十分あると感じたことはめったになかった。ところが、グーグルに来てみると、この会社はイノベーションが不足しないようにするための明快な公式を編み出していた。社内で「七〇－二〇－一〇」と呼ばれているこの公式は、グーグルがそのエンジニアリング資源の七〇パーセントをコアビジネスの強化に投じることを定めたものだ。二〇パーセントはコアビジネスを大きく拡大するサービス——（オンライン・ショッピングを簡単にする）グーグル・チェックアウト、（ウェブ上の写真を検索するための）イメージジズ、（トピック別にウェブをブラウズするための）ディレクトリ、（外国語のウェブページを閲覧するための）トランスレートのような製品——に投じられ、残りの一〇パーセントは市町村の公共Wi－Fiネットワークの設立を支援するなど、周辺のアイデアに割り当てられることとされている。

この公式はイノベーションにとってきわめて重要で、メイヤーが新規採用者にグーグルの戦略をどのように説明するかと質問されて、七〇－二〇－一〇の意味を説明することから始めると答えているほどだ。この公式が実際にイノベーションを促進しているのかというと、確かに促進しているようだ。二〇〇六年初めの時点で、グーグルの社内ウェブサイトは三七〇件の進行中の開発プロジェクトを掲載していたが、うち二三〇件がコアビジネスの延長で「七〇パーセント」に相当するもの、一四〇件が残り「三〇%」のプロジェクトだった。

大学院のように感じられる企業

ペイジとブリンは最初から、自分たちがたむろしたいと思うような会社——世界で最もおもしろい問題に取り組むチャンスに目を輝かせた、とびきり優秀な人たちがうようよしている会社を築くことを目指していた。この目標を考えると、二人の創業者が一流大学を一部手本にしたのは当然だろう。トップクラスの工科大学院と同じく、グーグルの経営管理モデルは、小規模な作業グループ、大量の実験、仲間からの精力的なフィードバック、世界をよりよくするという使命を軸に築かれている。同社の知的風土も、議論好きという点でも実力主義という点でも学問の世界の価値観を反映している。グーグルでは、ポジションや階層で議論に勝てることはめったになく、創業者たちはそれをこのまま維持したいと思っている。

世界を変えるチャンス

ペイジとブリンは、新規株式公開の申請書類に添えた投資家への公開書簡で、「優秀な人材がグーグルに引き寄せられるのは、わが社が彼らに世界を変える力を与えるからです」と豪語した。グーグルの開発陣の誰かと話をしてみれば、この大胆な主張が本当であることがすぐに裏づけられる。ベテランのコンピューター科学者、アヌラグ・アチャルヤは、自分がグーグルに入社したのは、ある単純な理由からだという。「私は自分が長く――一〇年とか、一五年とか――関心を持ち続けられる問題を探していたんだ(5)」。世界の情報を体系化するというグーグルの大それた野望がまさにそのような問題であることは、言うまでもないだろう。

グーグラー（グーグルの社員）が、よく言われるように傲慢な連中であるとしても、彼らは驚くほど理想主義者でもある。グーグルの誰かと雑談を始めてみるといい。あなたはいつのまにか、どうすれば知識を民主化できるかとか、どうすれば世界が学習する方法を変えられるかといった会話に巻き込まれているだろう。「我々は人びとをより物知りにし、より賢くすること、つまり世界の知力を高めることを行っているわけだ」と、メイヤーは語っている。

多くの企業で、社員は「四半期目標の達成」を目指すだけで、それより高い目的を追求してはいない。継続的な戦略リニューアルのために必要な想像力や勇気を掻き立てるには、四半期目標ではインセンティブとして小さすぎる。グーグルはトップクラスの人材を大量に引き寄せている。それは、手に負えないかに見えるきわめて重要な問題を解決することに夢中になる優秀な頭脳にとって、同社の大胆な使命が抗いがたい魅力になるからだろう。

まぬけのいない場所

グーグルのリーダーたちは、非凡なテクノロジストは並みのエンジニアの何倍も価値があると思っており、したがって優秀な人間の中でもひときわ優秀な連中、つまりベル曲線の一番右端に位置する人びとを採用することにこだわっている。彼らはまた、「まぬけ」を一人入れたら、必ず何人ものまぬけがあとからついてくると思っている。彼らの論理は単純明快だ。Aレベルの人間はAレベルの人間と、つまり自分の思考を刺激し、自分の学習を加速してくれる優秀な同僚と働きたがる。だが、Bレベルの人間は、Aクラスの人間に脅威を感じるので、ひとたび入社したら、自分と同程度の凡庸な同僚を採用する傾向がある。さらに悪いことに、自信の面で若干問題のあるBクラスの社員は、自信がなくて誰の意見にも反対できないCクラスの社員を採用することさえある。凡庸な社員が多くなると、本当に非凡な連中を引き寄せたり引き止めたりすることは難しくなる。そして、いつのまにか社員の質の低下という流れが反転不可能になっている、というわけだ。

当然ながら、グーグルの採用プロセスはすこぶる厳しい。就職希望者は、数週間に及ぶことも珍しくない一連の面接を受けなければならない。コンピューター科学者たちはメンサ（全人口の上位二パーセントのIQを持つことを入会資格とする団体）レベルの問題を与えられ、その場で解くよう求められる。最終決定が下されるのは、通常、ベテラン社員と経営幹部で構成される採用委員会の徹底的な審査を経てからだ。どう見てもすさまじいプロセスだが、そのおかげで並みの能力しかない候補者を確実に排除できるのである。

徹底的にフラットで、大胆に分権化された組織

グーグルの組織は多くの点でインターネット本体と似通っている。すぐれて民主的で、緊密につながっており、徹底的にフラットなのだ。グーグルの文化の多くがそうであるように、同社の大胆な分権化もそのルーツはブリンとペイジにある。二人はともにモンテソーリ校で教育を受けており、彼らの知的独立心はその経験によるところが大きい。「彼らは権威が嫌いで、指示されるのが嫌いだ」と、メイヤーは言う。ブレークスルーは前提を問い直し、パラダイムを叩き壊すことから生まれるということを、ブリンとペイジは理解している。二人はかつて、機械工学の難解な原理に関して、電動スクーター、セグウェイを生み出した世界的に有名な発明家、ディーン・ケイメンの考えに異を唱えたことがある。周りの人びとは彼らを無作法だと思ったかもしれないが、「ラリーとセルゲイはただディーンの思考プロセスを理解したかっただけなのだ」と、メイヤーは説明する。そして、「グーグルにはそうした空気が満ちあふれている。誰かにそうしろと言われたからというだけで、物事を行ってはならない、という空気がね」と言い添える。グーグルのエンジニアにとって、「権威を疑え」は、アナキストのスローガンではなく、イノベーターの責務なのだ。

グーグラーは、何についてであれ、また誰に対してであれ、意見を述べる権利があると思っており、その意見が真剣に受け止められるものと思っている。インターネットの世界はまさにそうだからだ。エリック・シュミットは、グーグルの広い本社ビル、グーグルプレックスでの彼の初めての会議で、それを身をもって体験した。ペイジとブリンはもちろんどんどん発言していたが、他の出席者も全員そうしていたのである。主張や反論が部屋中をめまぐるしく飛び交っていて、シュミットは三つか四つのテニスの試合を同時に見ているような感覚におそわれた。通常このような会議では、彼は出席者の相対的な地位をすぐに見定めることができた。しかしグーグルでは、皆が好き勝手に発言し、遠慮というものが皆無に近かったので、出席者の地位を類推する手がかりはほとんど得られなかった。いったい誰が取り仕切っていたのだろうと思いながら、シュミットは会議室を後にした。この経験について考えるなかで、彼は自分がＣＥＯとして成功するためには、自分の経営管理スタイルをグーグルのスタイルに合わせなければならないということを、決してその逆を求めてはならないということを理解した。ＣＥＯという肩書きは外部の人間には威力があるかもしれないが、グーグルの気の強い社員たちからの信頼を保証してくれるものではない。ＣＥＯもまた、他のすべての人間と同じく、グーグルの戦略を絶えずつくり直している自由な会話に価値を加えることで「発言権」を獲得しなければならないのだった。

一般的な企業モデルでは、ＣＥＯにはトップダウンで戦略を推進することが期待されているが、グーグルでは違う。シュミットは自分の決定を宣言することより人びとの議論を刺激することを重視している。実際には、それは全社的な茶話会のホストの役目を果たすということだ。「延々と続くさまざまな会話の集まりとして会社を運営すれば、多くの人を参加させることができ、参加は実行を推進してくれる」と、彼は言う。刺激を与える一つの手段が製品戦略会議で、シュミットとそのスタッフは、社内のさまざまな開発チーム――どのチームも自分たちのプロジェクトは金の卵を生むはずだと確信している――との対話に、毎週六時間費やしている。このように十分な時間を充てることで、シュミットと幹部たちはグーグルの第一線のイノベーターたちとの緊密なつながりを維持しているのである。

最近になってようやく、グーグルは公式の計画策定プロセスを実験的に実施したが、それは同社の文化に違わずトップダウンよりボトムアップの色合いがはるかに強いものだった。シュミットはいくつかの幅広い問いを投げかけることで議論をスタートさせた。「どうすればダウンロード可能なビデオに取り組んで、それを本当に使えるものにすることができるだろう」「どうすれば何億台もの携帯電話にグーグルのサービスを乗せることができるだろう」「どうすればスケーラブルな（仕事の増大に適応できる）ソフトウエア・インフラを構築することができるだろう」これらをはじめとするさまざまな問いに答えを見つけるために、一四のチームが結成された。シュミットはこう語る。「彼らは議論を終えたあとで異口同音にこう言った。『問い自体はたいしておもしろくはなかったが、チームでの議論はすばらしかった』」。議論の過程で、彼らは本当に魅力的なアイデアを生み出した」。この作業の狙いはおそらくそこに――自社のビジネス・モデルをどのように進化させればよいかについて創造的に考えさせることにあったのだろう。

容易に想像がつくもしれないが、グーグルでの意思決定は主として協議によって行われる。社員が地上で最も頭のいい人種に属している場合には、命令や管理は選択肢から除外される。グーグルの中核的な経営原理の一つは、重要な決定がなされるときは、すべての利害関係者がその場にそろっていなければいけないというものだ。重要な決定によって影響を受ける人びとには、その決定プロセスに直接参加する――そして反対意見を述べる――権利がある、という理屈である。グーグルの意思決定の仕方を説明するときも、シュミットはやはり大学の例を使う。大学には多くの意見の相違があるが、結論を出す期限を強制する力を持っている人間はいないことが多い。だから、議論は何カ月も、ときには何年も続くことになる。シュミットはＣＥＯとして、意見の対立がある問題がタイムリーに解決されるようにすることが自分の仕事だとは思っているが、自分を最高意思決定者とはみなしていない。「私は結果については通常そのまま受け入れるが、決定に至らせたいとは思っている」と、シュミットは語る。

モティベーションの高い、とびきり優秀な連中が共通のビジョンを持っている場合には、彼らを細かく管理する必要はない。これはグーグルが早いうちに学んだ教訓である。グーグルは成長の過程で、従来のソフトウエア会社に見られるような監督者の層――比較的狭い範囲の監督権を持つエンジニアリング・マネジャー――を導入しようとしたことがある。だが、過度の監督はイノベーションの妨げになることがすぐに明白になった。グーグルの「私はできる」という文化が、「いや、君はできない」という官僚主義に変わる恐れが出てきたのである。数週間もしないうちに、この新しい層は取り去られ、任命されたばかりの中間管理職たちは一般エンジニアの層に吸収された。今日、グーグルの製品開発グループのリーダーは、直属の部下をたいてい五〇人以上持っており、なかには一〇〇人以上持っている者もいる。

使命によって動くグーグルのイノベーターには監督はまったく必要ないとか、彼らの自由な創造力がバラバラの方向に向かうのを抑止する仕組みは必要ないということではない。グーグルは中間管理職に頼るのではなく、何百もの小規模な、たいていは自己管理型のチームの内部で、またチームの垣根を超えて、社員が互いに与え合う、率直で貴重なフィードバックによって、エンジニアの秩序を保っているのである。学問の世界やネット上と同じく、グーグルにおける管理は、上司が部下に対してというよりも仲間が仲間に対して行うものなのだ。

小規模な自己管理型のチーム

グーグルの一万人の社員のおよそ半分、製品開発に携わっている社員だけをとるとその全員が、エンジニアの数が平均三人の小規模なチームで仕事をしている。三〇人のエンジニアが必要なＧメールのような大規模プロジェクトでさえ、三、四人のチームに分けられて、それぞれのチームがスパムフィルターの構築とか、転送機能の向上といった特定のサービスの強化に取り組むことになる。それぞれのチームに「スーパー技術リーダー」がいるが、これはプロジェクトの任務の変化によってメンバーが交代で担う責務である。ほとんどのエンジニアが複数のチームで活動しており、人事部の許可をもらわなくても他のチームに移ることができる。「我々は社員に、人から任命されるのではなく、できるかぎり自主的に取り組んでもらいたいと思っている」と、グーグルの事業運営担当副社長、ショナ・ブラウンは語る。「機会を見つけたら、とにかくやってみることだ」

小規模なチームには多くの利点があると　グーグルは考えている。プロジェクトが小さく分解されたら、説得しなければいけない相手も調整しなければいけない相互依存関係も少なくなるので、新しい構想をより迅速に実行に移すことができる。チームを小規模にして、すべてのプロジェクトを人手不足気味にしておくことで、グーグルはたいして価値を加えないのに時間とコストを増大させる「過度の化粧」を防いでいるのである。「グーグルのプロジェクトの多くがしばらくベータ版のままになっていたり、荒削りだったりするのはそのためだ」と、メイヤーは言う。そして、「大きな新しい問題の八〇パーセントを解決するほうが、残りの二〇パーセントをこねくり回すより、はるかに大きな価値を生む」と言い添える。マイナス面は、一部のユーザーから、グーグルは「荒削りの」製品をなかなかアップグレードしないという苦情が出ることだ。

小規模なチームは、グーグルを和気あいあいとした企業に――膨れ上がった官僚型組織ではなく新規企業のように――感じさせる働きもしている。大規模なチームでは、個人の抜きん出た貢献がえてして上司の手柄にされたり、まぬけな同僚によって帳消しにされたりする。グーグルの小規模なチームは、個人の努力とその人の業績の密接なつながりを維持するのに役立っているのである。

自分の情熱に従う自由

グーグルのソフトウエア・エンジニアにとって、同社の七〇‐二〇‐一〇規定は、自分の情熱を追いかけてもよいというお墨付きに等しい。すべての開発者が自分の時間の二〇%を、会社のコアビジネスとは関係のないプロジェクトに自由に投入することができる。グーグルはこのような方法で、公式には認められていないものを認めているのである。この規定はグーグルがその戦略案のリストを絶えず更新するのに役立っているだけでなく、同社がその最も優秀な人材を引き止めておく一助にもなっている。グーグルは幅広い関心を持つ好奇心旺盛な連中を採用している。二〇パーセント規定のおかげで、これらの社員がグーグルを辞めなくても個人的な関心を追求することができるのである。

実際には、毎日もしくは毎週二〇パーセントの時間をお気に入りのプロジェクトに使っている社員はほとんどいない。より一般的な使い方は、重要なプロジェクトに六カ月間全力で取り組んだあと、六週間休みをとって新しいアイデアを実験するという形である。この自由のおかげで「けちな独裁者――計画から逸脱することを一切許さない猛烈指揮官――の問題を回避することができる」と、シュミットは言う。その見返りはというと、最近のある一定期間に発売された同社の新製品の半分以上が、二〇パーセントのプロジェクトから生まれたものだった。

社員が二〇パーセントの時間を何もせずにだらだら過ごすのを、グーグルはどのようにして防いでいるのだろう。防ごうとはしていないのだ。すべての社員の二〇パーセントの時間を細かく監督するコストは――時間を浪費していない社員に課すことになる官僚主義的足かせの観点から測定すると――どんな便益よりもはるかに大きいと判断しているのである。

二〇パーセント規定はいくつかの重要な影響をもたらしている。それは、短期的なプレッシャーが会社のエネルギーを一〇〇パーセント使い切ってしまわないようにしている。イノベーションがすべての社員の責務であることを明確にしている。さらに、いついかなる時をとってみても、一定数の社員が「コントロールの及ばない」状態にあるということでもある。それでいいのだとシュミットは言う。「完璧な秩序を望むのなら、海兵隊に入ればいいんだから」と。

迅速かつ低コストの実験

進化的適応はなんらかの総合計画の産物ではなく、たゆみない実験の賜物である。グーグルはそれをよく承知している。「我々が目指しているのは、かけた時間と努力一単位あたりのヒットの数を、世界の他のどの企業よりも多くすることだ」と、シュミットは言う。グーグルの社員が、ちょっとした実験をどんどん行うよう奨励されているのはそのためだ。簡単に言うと、競争相手より安く迅速に実験できれば、より多くのアイデアを試すことができ、未来に一番乗りする確率を高めることができるというわけだ。

グーグルは、現在の成長曲線を維持するためには、四半期ごとに一〇件から一二件の新しいサービスもしくは大幅なサービス向上を打ち出す必要があるとみている。「早く発売せよ、たびたび発売せよ、迅速に発売せよ」という明白なプレッシャーが、会社全体に見て取れる。グーグルの未来の起業家たちは、自分のプロジェクトに同僚の関心を引き付け、より多くの金銭的支援を得るためには、顧客からプラスのフィードバックを引き出す何かを実際にウェブに投げ入れるのが最も確実な方法であることを理解している。ここでグーグル・ラボの出番になるわけだ。誰でもアクセスできるラボのウェブサイトでは、好奇心旺盛なユーザーが、まだ正式発売には至っていないグーグルのサービスをテスト体験することができる。それと引き換えにグーグルは顧客のフィードバックを得ることができる。顧客で試すにはバグが多すぎるとか、競争上問題があるという製品の場合には、チームリーダーは社内ユーザーに協力を要請する。たとえば、ポール・ブックハイトはGメールの自動広告挿入アルゴリズムを、最初はペイジとブリンの社内電子メールでテストしたのである。

科学の場合と同じく、グーグルの実験もえてして予期せぬ結果をもたらす。たとえば、コンテンツ連動広告のアドセンスの基になったアイデアは、Gメール・プロジェクトから生まれたものだ。電子メールにメッセージの内容と関連のある広告を添える方法を編み出したのち、ブックハイトはこうしたコンテンツ連動広告をウェブページにも挿入できるのではないかと考えたのである。Gメールはグーグルにあまり大きな利益はもたらさないかもしれないが、それが誘発した幸運な学習は、すでに大きな利益をもたらしているのである。

グーグルの「とにかくやってみる」という精神は、世界の図書館の蔵書をデジタル化するというような、同社の最も遠大なプロジェクトにさえ適用されている。あらゆる新プロジェクトと同じく、グーグル・ブック・サーチも決定的に重要な問い――この場合は一冊の本をデジタル化するにはどれくらい時間がかかるかという問い――に答えるための簡単な実験からスタートした。答えを見つけるために、ペイジとメイヤーはベニヤ板に留め金を二本打ち付けて本を挟み、メトロノームを使ってペースを一定に保ちながら、三〇〇ページの本を一ページずつ撮影していった。メイヤーがページをめくり、ペイジがデジタルカメラで撮影するという分担で、印刷文字をデジタル画素に変えるのに四〇分かかった。光学文字認識プログラムがそのデジタル写真をただちにデジタルテキストに変換し、二人は五日足らずのうちにその本を検索できるソフトウエアを生み出していた。一歩ずつ試行錯誤しながら学習していくこうしたやり方は、グーグルが重要な想定をテストして決定的なミスを防ぐのに何度も役立ってきた。

区別される報酬

グーグルの株価が向こう数年間に株式公開直後のように劇的に上昇するとは誰も思っていない。そのためグーグルは、成功した新規企業が必ずぶつかる問題に直面している。金持ちになるチャンスを渇望しているスーパースターたちを、株価が横ばいになってからも引き続き引き寄せるためにはどうすればよいか、という問題である。グーグルの場合には、その答えは大きな価値を加える者とそうでない者を明確に区別する報酬体系にある。

グーグルの社員の基本給は平均すると業界平均と同等か、いくぶん低いレベルにあるが、その平均値からの標準偏差は、グーグルでは他のほとんどの企業より大きい。グーグルでは年間ボーナスが基本給の三〇パーセントから六〇パーセントにのぼっているが、利益を生み出すアイデアを思いつく社員の場合、金銭的報酬はそれよりはるかに多額になることがある。

グーグルは二〇〇四年に四半期ごとの「創業者賞」を導入し、会社の成功に並外れて大きな貢献をしたチームに数百万ドル相当の制限株を与えることにした。これまでのところ、最も多額のこうした褒賞を与えられたのは、正真正銘の起業家のように考えるとびきり優秀なエンジニア、エリック・ビーチが率いるチームである。ビーチは入社したその瞬間からただ一つの問いを考えていた。どうすれば自分がグーグルの利益に何百万ドルも付け加えることができるか、という問いである。答えは結局「スマートアズ」と命名された新しい広告アルゴリズムの形でやってきた。クリック数に応じて料金を払うというグーグルの広告モデルでは、エンドユーザーが広告をクリックした場合にのみ、グーグルは利益を得ることができる。広告主が何らかの検索キーワードにライバルより高値をつけたとしても、ユーザーがその広告をクリックすることがそれで保証されるわけではない。だから、悪い広告は広告主にとってもグーグルにとっても望ましくない。スマートアズの優れたアルゴリズムは、あらゆる広告のクリックスルー率を予測する助けになり、利益をもたらしそうにない広告を事前に除去することを可能にしてくれる。社内では「スマート・アス（賢いバカ）」と呼ばれているこの新プログラムは、またたく間にクリックスルー率を二〇パーセント向上させ、ビーチと彼のチームに一〇〇〇万ドル相当の創業者賞をもたらしたのである。

起業家なみの報酬が得られる見込みがない限り、社員に起業家のような行動を期待することはできないということを、グーグルは理解している。創業者賞は、新規企業に移らなくても金持ちになれるチャンスが、社員に与えられていなければならないという考えに基づくものだ。

継続的かつ全社的な議論

階層構造の企業では、コミュニケーションの通路は横よりも主として縦に伸びており、情報システムは何よりもデータを現場からトップレベルの意思決定者に上げるために築かれている。グーグルの幹部はもちろんデータ不足ではないが、社内のコミュニケーションは横の流れのほうが縦の流れより密になっている。これは決して偶然ではない。グーグルは社員がアイデアを共有し、同僚の意見を聞き、ボランティアを集め、変革の支持者層を築くことを——どれも皆、優れた電子メール・システム以上のものを必要とする——容易にする、高度にネットワーク化された組織を築くことに、多額の投資を行ってきた。

グーグルには、いくつもの独立したチームのすべてと緩やかに監督されているエンジニア全員をつなぐメカニズムがいくつかある。一つは、アイデアやコメントを書き込める、絶えず変化している「雑多リスト」で、これはすべての社員に公開されている。ここで扱われるテーマは、論議を呼んでいるグーグルの中国市場での戦略から社員食堂のメニューまでと、多岐にわたっている。二つ目は、グーグルのイントラネット「ＭＯＭＡ（Message Oriented Middleware Applicationの略）」

である。MOMAには、グーグルの数百件の社内プロジェクトのそれぞれについてのウェブページとスレッド（あるテーマでのメールのやりとり）が含まれており、チームはここでプロジェクトの進捗状況を発表したり、フィードバックをもらったり、支援を求めたりすることができる。三つ目は、グーグルのすべてのエンジニアが自分の活動と成果の週間サマリーを投稿できるサイト、「スニペッツ」である。グーグラーなら誰でもスニペッツのリストを検索でき、それによって似通ったプロジェクトに取り組んでいる人を見つけたり、ただ単に社内で起きていることを把握したりすることができる。四つ目はグーグルプレックス・カフェで毎週開かれる全員参加のミーティング、「TGIF」で、このミーティングでは、ブリンとペイジが新規採用者を紹介し、その週の主な出来事を総括し、誰でも自由に質問できるQ&Aセッションを取り仕切る。

グーグルのさまざまなプロジェクトを軌道から外れないようにしているのは、大勢の中間管理職ではなく、社内の透明性と同僚からの絶え間ないフィードバックである。大規模な投資を伴う決定やグーグルのブランドやユーザー体験に影響を及ぼす恐れのある決定が下される場合には、エンジニアリング・マネジャーや上級幹部が確かに参加するが、上級幹部が新プロジェクトに参加してくる前に、何十人ものグーグラーや何百人もしくは何千人もの顧客が、すでに自分たちの見解を広く知らしめている可能性が高い。

皆が同じことをしている場合には、フラットな組織を運営するのは簡単だ。細かく定められた同じマニュアルに誰もが従う巨大なコールセンターは、さほど大勢の監督者がいなくても運営できるはずだ。だが、簡単には囲いに入れられず、もっぱら自分の好奇心に従う異端者がうようよしている会社を運営していくのは、たやすいことではない。実際、このような状況できちんと運営していくためには、大小を問わず決定を下す際には組織の集団的能力を利用するのが唯一の方法だ。そしてそのためには、公開性と透明性、それに緊密な横のコミュニケーションが必要なのだ。

拡大の余地の大きい事業の定義

グーグルの野望の幅広さと、そのイノベーション努力が向けられる範囲の広さは、企業が未来をつかむのをともすると妨げる保守主義や漸進主義を防ぐ保険になっている。実際、創業者たちは新規株式公開申請書類に添付した投資家への公開書簡で、グーグルはその事業の範囲を他の誰の決定によっても制約されないという決意を明確に打ち出している。「我々が投機的に見える分野や突飛に見える分野に比較的小額の投資を行っても驚かないでいただきたい」と、釘を刺しているのである。グーグルはどのような事業を行っているのかと質問されると、シュミットは、わが社は「人びとが何かを見つける手助けをしたいのだ」と、堂々と答えている。グーグルが失敗する理由はいくつも考えられるが、仮に失敗したとしても、視野の狭いビジネス・モデルが原因の一つということはまずないだろう。

（暫定的な）教訓

第二幕を迎えたテクノロジー企業はこれまでほとんどない。イノベーションを促進する経営管理モデルにもかかわらず、グーグルの運命は依然として検索広告という一つの事業に縛りつけられている。グーグルがもう一つのグーグルを見つけることは、おそらくないだろう。真に革命的なグローバル規模のビジネス・モデルは、毎日はおろか一〇年に一度も生まれてこないからだ。第二幕を迎えるどころか、マイクロソフト、ヤフー、イーベイ、その他多くのオンライン企業と競争するなかで、拡大しすぎて失敗するかもしれない。だが、グーグルの未来がどうなるにせよ、同社の今日までの成功は未来の経営管理イノベーターにとって有益な教訓を与えてくれる。

教訓1　インターネット自体が、二一世紀の経営管理の最も適切な例えになるかもしれない

ビジネス・モデルの点では、グーグルは第二世代のインターネット企業であり、第一世代とは違って利益をあげている。だが、経営管理モデルの点では、グーグルは第一世代のパイオニアであり、ウェブを中心とする原理を軸に経営管理モデルを築いた最初の大規模な上場企業である。他のネット企業がより従来型の経営管理構造を選択しているのに対し、グーグルはウェブの社会的構造――オープン、フラット、適応性、非階層的――を、自社の経営管理構造の手本にしてきた。これこそがグーグルの最大の実験であり、検索の王者が上昇しようが失速しようが、世界はそれから学び続けることになるだろう。

教訓2　経験豊富な管理職は、最高の経営管理イノベーターにはならないだろう

お気づきだろうか。ジョン・マッケイ、ビル・ゴア、セルゲイ・ブリン、ラリー・ペイジ――これらの経営管理イノベーターの誰一人として、ビジネススクールで学んではいない。これは私のように四半世紀にわたってビジネススクールで教鞭をとってきた者にとっては少々情けないことではあるが、それは仕方がない。ビジネススクールで学んだら、たくさんの英知を習得できるが、たくさんの型にはまった考えも身につける。

それに対し、従来の常識に異を唱える方法は誰でも学ぶことができる。その方法は次の章で説明することにして、ここでは、経営管理イノベーションを目指す人は、管理職はこれをしてはいけない、あれをしてはいけないという定説を学んだことのない人たちからアドバイスをたくさんもらうべきだと指摘するにとどめたい。私自身の経験から言えるのは、会社の中核的な経営管理プロセスをどのようにつくり変えるべきかという最も大胆で最も有益なアイデアを持っている人は、おそらく現在それらのプロセスを運営管理している人たちではないだろうということだ。

教訓3　仕事を人間的なものにする経営管理イノベーションは、抗いがたい魅力を持っている

インターネットがまたたく間に離陸したのは、それが人間の能力を拡大するものだったからだ。インターネットは、人間がやりたがること――つながること、雑談すること、自慢すること、バカ話をすること、意見を述べること、情報を伝えること、性的火遊びをすること、創造すること、笑うこと、学ぶこと――をより簡単にできるようにしたのである。それと同じように、仕事を人間的なものにする経営管理イノベーションは、最も成功する公算が高い経営管理イノベーションであり、あなたの会社が優秀な中でも特に優秀な人びとを引き寄せるのに役立つはずだ。

マリッサ・メイヤーは、グーグルの新規採用者の多くと顔を合わせる機会がある。彼らに入社を決めた理由を尋ねると、一人の例外もなくグーグルのきわめて自由な環境を挙げるという。これは当然のことだ。社員が意見を述べるのを促し、社員に自分の情熱を自由に追求させ、エリートの英知に代えて同僚の英知を活用し、官僚的組織の息苦しさがほとんどない経営管理システムを誰かが構築したら、その誰かに感謝する人が大勢いるのである。当然のことをもう一つ紹介すると、グーグルは二〇〇七年にフォーチュン誌の最も働きやすい企業のトップにランクされた。

経営管理イノベーションの挑戦課題とグーグルの慣行

グーグルはまだ若い企業であり、多くの点で未検証ではあるが、その経営管理モデルは、第3章で記した適応力の問題に取り組みたいと思っているすべての人に有益なヒントを与えてくれる。ホールフーズ・マーケット、W・L・ゴア、グーグル。一つは小売企業、一つは工業資材メーカー、そして残りの一つはインターネットの象徴的企業。これほど類似点の少ない三つの企業はおいそれとは見つからないはずだ。現代の経営管理のパイオニアであるこれらの企業を紹介したのは、「卓越さ」や「偉大さ」の模範として讃えるためではない。その判定は他の人びとや時の流れに任せることにする。私の目的は、経営管理の正統理論に反旗を翻して、それでもなお成功する企業を築くことは本当に可能なのだということを示すことにあった。従来の経営管理の英知を無視して、それでもなお期日どおりに製品を出荷し、厳しい要求を突きつける顧客を満足させ、なおかつ垂涎

経営管理イノベーションの課題	グーグルの独特な経営管理慣行
傲慢と現実否認の危険を防ぐにはどうすればよいか。	戦略策定プロセスをすべての社員が参加できるものにする――古参メンバーに支配されないようにする。階層をフラットにする――未来の訪れを最も鋭く察知できる現場の社員の見方から経営陣を隔離しない。意見の相違を奨励する。
新しい戦略案をどんどん生み出すにはどうすればよいか。	社員が新しいアイデアを実験するのを容易にする――社員に時間（20パーセント規定）を与え、承認を得なければならない上司の数を最小限にする。「とにかくやってみる」という文化を築く――「計画し、実行する」ではなく「テストし、学習する」を重視する。ゲームを変えるアイデアを思いついた社員には特大の褒賞を与える。事業の定義を狭くしない。
既存のプロジェクトから新しい構想への資源の再配分を加速するにはどうすればよいか。	社員が「職務範囲外」のプロジェクトに取り組むことを奨励する――70－20－10規定によって公式化されている。社員が自分のアイデアを裏づけるしっかりしたデータを得られるよう、社員に市場実験を行う自由を与える。

の的となるような利益をあげることが本当にできるのだということを。

これらの実例からわかるのは、我々は経営管理の終わりに到達してはいないということだ。大企業の組織構造や運営の仕方を、我々は本当につくり変えられるのだ。大企業が社員の参加意欲を掻き立て、たゆみなくイノベーションを続け、高い適応力を持つことを――そして官僚主義とほぼ無縁になることを――阻む決まりはどこにもないのである。さらにすばらしいことに、職場で人間の精神を自由に羽ばたかせることは本当に可能なのだ。だから、もう言い訳の余地はない。今こそベルトを締め直して、経営の未来を生み出す作業を始めるべきときなのだ。

第Ⅲ部　経営の未来を思い描く

第7章　束縛から逃れる

ここで、あなたはこうおっしゃるかもしれない。「でも、ちょっと待ってくれ。私は白紙の状態から始めるわけではないし、CEOでもない。うちの会社はそこそこ歴史があって、ごく常識的な経営管理慣行ががっちり出来上がっている。新しい経営管理システムを一から築くという選択肢は私にはないんだ。それに、現在の経営管理慣行に疑問を持っている人間も、あたりにほとんど見当たらない。わが社がきわめて常識的な会社で、何十年もそれでやってきたのだとしたら、どうやって新しい動きをスタートさせることができよう」

あなたに必要なのは、まったく新しい経営管理の考え方を生み出すための方法論だ。イノベーションはまるまる台本を書いて進めていけるたぐいのものではないが、正しい要素を集めることで歓喜のときが訪れる確率を高めることはできる。経営管理イノベーションの場合、正しい要素は次のようなものだ。

・創造的思考を抑圧している経営管理の正統理論を掘り起こして検証する、秩序だったプロセス。
・新しい経営管理手法を浮かび上がらせる力を持つ新しい経営原理。

・「プラスの逸脱例」——風変わりだが効果的な経営管理慣行を持つ組織——の慣行から学んだ英知。

束縛を取り払った思考、新しい原理、非主流派から学んだ英知——これら三つの要素が、経営管理をつくり変える作業を体系的に進めていくための基盤である。本章とそれに続く二つの章では、創造力を高めるこれら三つの要素を一つずつ取り上げて、これらをどのように活用すれば経営管理イノベーションの炎を掻き立てられるかを説明する。

前例と戦う

スタートするためには、あなたはイノベーションの最強の敵と戦わなければならない。その敵とは、あなたやあなたの同僚を現在の経営管理慣行に縛りつけている、概してはっきりとは認識されていない、そしてたいていは検証されたことのない考えである。我々は皆、自明とされている考えに縛られている。ドグマと前例の要塞に閉じ込められた囚人である。それなのに自分が囚われの身であることをたいていは忘れているのである。

アウトサイダーの強み

一例を挙げると、医師たちは長年、胃潰瘍の原因は香辛料の強い食べ物やストレスやアルコールだと信じていた。その思い込みはきわめて強かったので、オーストラリアの二人の医師、バリー・

マーシャルとロビン・ウォーレンが、胃潰瘍の原因は下等なバクテリアであるという新しい説を打ち出したとき、医学界は高慢にもそれを信じなかった。胃の強い酸性環境の中ではどんな生物も生きられないというのが、当時の常識だったのである。マーシャルとウォーレンが権威ある研究施設ではなくロイヤル・パース病院に勤務していたことや、マーシャルがベテランの消化器専門医ではなく三〇代の内科医だったことも、信用を得るのに有利な材料ではなかった[1]。

マーシャルは子ども時代から一貫して、「やればできる」という精神を十二分に持ち合わせていた（彼はかつて、血液を詰めた試験管を天井の扇風機にくくりつけて即席の遠心分離機をつくったことがある）。熱意ある若手医師として、彼は自分の胃潰瘍患者に永続的な救いを与えられないことに悔しい思いをしていた。治療法を見つける糸口になったのは、ロイヤル・パース病院の病理医だったウォーレンが、患者の胃の内壁から採取した生検資料を彼に見せたことだった。ウォーレンは強力な顕微鏡を使って、そこにたくさんの小さならせん状のバクテリアを見つけていたのである。これが犯人かもしれない。そう考えた二人は、もっと証拠を集める作業にとりかかり、まもなく決定的な証拠を手に入れた。この奇妙なバクテリアは、マーシャルの胃潰瘍患者の事実上全員の胃に存在しており、他の病気の患者から採取された標本にはいなかったのだ。二人は早速この微生物を実験室で培養しようとしたが、成功できないまま数カ月が過ぎた。そのうちにイースターの長い週末が訪れ、マーシャルは二日置きに世話をしていた培養菌をたまたま六日間放置した。職場に戻った彼が目にしたのは、ペトリ皿いっぱいに増殖したバクテリアだった。培養したバクテリアを動物に投与して潰瘍を発生させる実験に失敗すると、この恐れを知らぬ研究者は三日間培養したバクテリアを自分で摂取した。七二時間後、彼は予想どおり、重症の胃炎のひどく不快な症状で目を覚ますこととなった。

自分の仮説が裏づけられたので、マーシャルは抗生物質とビスマス（広く知られている胃薬、ペプト・ビスモルの有効成分）を使った治療法の開発にとりかかった。数週間足らずのうちに、その治療法は彼の患者の大多数の胃潰瘍を完治させていた。そこでマーシャルは、ブリュッセルで開かれた微生物学者の会議に意気揚々と出席し、自分の研究成果を勇んで発表した。ところが、彼の予想に反して、出席者はこぞって猛反発した。なかには彼を「頭のおかしい人間」と決めつける者もいた。イギリスの『ランセット』誌とアメリカの『ニューイングランド・ジャーナル・オブ・メディスン』誌に研究結果を掲載してもらおうとしたときも、マーシャルはやはり拒絶される。これらの権威ある医学誌は、どちらも彼の風変わりな説を認めようとしなかったのだ。マーシャルとウォーレンの先駆的な研究が世界中の胃潰瘍の治療法を変えるまでには、何年もの歳月がかかることになる。二人の不屈の研究者は、彼らの最初の実験から二〇年以上たった二〇〇五年にようやく正当な評価を受け、ノーベル医学賞を授与されたのである。

多くのベテラン研究者が失敗していたことに、この意外な二人組が成功したのはなぜだろう。マーシャルは、こう語っている。「古い技術に思い入れのある人は、新しい技術を思いつきはしないものだ。技術を変えることに関心があるのはいつだって少し周辺部にいる人間、現状によって何も得をしない人間だ[2]」

あなたが何年も主流を歩んでいるとしたら、アウトサイダーのように考えるのはもちろん容易なことではない。たとえば、W・L・ゴアのことを一度も耳にしたことがなかったら、企業がすべての社員にどんな要請でも断る権利を与え、それでもなお業務の規律を維持できるということを、あなたは信じていただろうか。水に浸かっていない世界を想像できない魚のように、我々の大多数は、自分の経験の枠と一致しない経営管理慣行を想像できないのである。我々の言語さえ、我々のパラダイムの考えに縛られている。一例として、階層構造の概念が経営管理の用語にどれほど深く浸透しているかを考えてみよう。「指揮系統」「ピラミッド」「上司」「部下」「直属の部下」「組織のレベル」「トップダウン」「ボトムアップ」「カスケード（情報の段階的伝達）」――これらすべての用語が権力や権威の公式の階層を前提としている。実際、階層構造について語る言葉は、イヌイットの人びとの雪について語る言葉に劣らずたくさんある。今度は「格子構造」、すなわち「ネットワーク型組織」の特徴を言い表す言葉を思い出してみよう。どれだけの用語を思いつけるだろうか。そう、それが問題なのだ。言い表す言葉が存在しないものは、なかなか想像できないのである。

過去から受け継いだ考えに疑いを抱く

将軍は目の前の戦争ではなく一つ前の戦争を戦うという古いことわざがあるが、他の分野の専門家と同じく軍事指導者も、時代遅れの考えをなかなか追い払うことができない。一例を挙げると、火縄銃の発明からほぼ百年もの間、ヨーロッパの将軍たちは銃よりも槍や弓矢に適した陣形に歩兵を配置し続けていた。(3) 新しい、より適切な陣形が旧来の陣形に取って代わるまでに、二世代の指揮官が退場しなければならなかった。この史実は、支配的なパラダイムの二つの重要な特徴を浮き彫りにしている。一つは、それが通常、世代から世代へと受け継がれるということ。もう一つは、それによって利益を得る者たちは、往々にしてその起源やそれが新しい状況に適しているかどうかに疑いを抱くことなく、それを受け入れるということだ。

ここで考えてみていただきたい。どのようにすれば最もうまく組織を築けるか、意欲を掻き立てられるか、リーダーシップを示せるか、計画を立てられるか、資源を配分できるかという基本的な考えを、自分はどのようにして手に入れただろうかと。おそらくビジネススクールの講義や経営幹部養成プログラムで、またメンターからの指導や同僚との会話のなかで、感化されたり教え込まれたりしたはずだ。実をいうと、経営管理に関する私たちの考えは、ほとんどが他の人びとから受け継いだものなのだ。著名なＣＥＯや経営管理の権威や高名な教授――そのほとんどがずいぶん前に亡くなっているか、ずいぶん前に引退しているか、かなりの高齢になっているかである――から学んだものなのだ。今これほど大きな変化が起きているなかで、他人から受け継いだ考えを見直すときが来たのである。

一時的な真実

歴史を振り返ると、時間はしばしば旧来の常識の誤りを証明するということが、あらためて確認できる。本当は、太陽が地球の周りを回っているのではない。伝染病は体質によるものではない。また、世界は六日間で創造されたわけではない。古い考えにしつこくしがみついている頑迷な保守主義者を、未来は笑いものにすることができるのだ。これを心に留めておくことで、経営管理についての自分の考えをより広い視野から問い直すことができるだろう。

二〇世紀初めの管理職がモティベーションや報酬についてどれほど間違った考えを持っていたかを、少し考えてみよう。当時はほとんどの企業幹部が、労働者は衣食住を賄えるだけの賃金を稼ぐようになったら、もっと上を目指して努力しようとはしなくなると決めつけていた。この考えでいくと、生活の基本的な必要を満たすために必要な金額以上に賃金を上げたら、労働者はそれまでほど働かなくなるか、でなければ無駄遣いをするだけだ、ということになる。それを考えると、ヘンリー・フォードが一九一四年一月に現場労働者の賃金を二倍に——一日二・五〇ドルから五ドルに——引き上げたとき、競争相手たちがなぜ一斉に批判したのかが理解できる。だが、フォードの賃上げの結果は、批判者たちをうろたえさせた。フォードの従業員の離職率は、一九一三年にはひと月当たり三一・九パーセントだったのに、一九一五年にはひと月当たりわずか一・四パーセントに急減していたのである。ヘンリー・フォードの慧眼《けいがん》は、十分な賃金を支払われた労働者はアメリカの芽吹いたばかりの工業経済が生み出す財を買うことができ、それによって膨らむ消費欲を満たすために精力的に働くはずだと見抜いていたのである。

先人たちの間違った考えを笑うのはたやすいが、経営管理についての我々の考えも、一〇年後か二〇年後にそれと同じくらい古くさいとみなされるようになっているかもしれない。たとえば、二一世紀のほとんどの管理職が、経済的に自立していない従順な「従業員」という概念を、企業の営みの揺るぎない土台とみなしているようだが、南北戦争以前のほとんどのアメリカ人にとっては、一生他人のために働くというのは不可解なことであり、耐えがたいことにさえ思えたことだろう。

一九世紀のアメリカは、ロイ・ジャックがいみじくも言ったように「自営業者の国」だった。[4] 白人男性の一〇人に九人が自分で仕事をしており、センサスの分類による「製造業者」は、一般に三～四人しか雇っていなかった。[5] 皮なめし加工所やパン屋や鍛冶屋で働いていた人のほとんどが、いつの日か独立することを夢見ており、多くがやがて実際に独立したものだった。ヨーロッパの経済封建主義から逃れてきた一九世紀アメリカの職人や労働者は、何百万人もの子孫たちがいつの日か恒久的な「賃金奴隷」になることを知ったら、愕然としたことだろう。

実をいうと、「エンプロイー（従業員）」という概念は近代になって生み出されたもので、時代を超越した社会慣行ではない。強い意志を持つ人間を従順な従業員に変えるために、二〇世紀初頭にどれほど大規模な努力がなされ、それがどれほど成功したかを見ると、マルクス主義者でなくてもぞっとさせられる。近代工業化社会の職場が求めるものを満たすためには、人間の習慣や価値観を徹底的につくり変える必要があった。生産物ではなく時間を売ること、仕事のペースを時計に合わせること、厳密に定められた間隔で食事をし、睡眠をとること、同じ単純作業を一日中際限なく繰り返すこと――これらのどれ一つとして人間の自然な本能ではなかった（もちろん、今もそうではない）。したがって、「従業員」という概念が――また、近代経営管理の教義の他のどの概念であれ――永遠の真実という揺るぎないものに根ざしていると思い込むのは危険である。

広く共有されている考えを掘り起こす

常識を疑う姿勢と謙虚さは経営管理イノベーターの重要な属性だが、それだけでは十分とはいえない。経営管理イノベーションの余地をつくるためには、自分自身や同僚たちに新しい可能性を見えなくさせている経営管理の正統理論を秩序立てて解体していく必要がある。その作業をどうやって始めればよいか。まず、変革とか、イノベーションとか、社員参加といった経営管理の大きな問題を一つ選び、それから一〇人ないし二〇人の同僚を集めていただきたい。集まった同僚に自分が選んだ問題を示し、各人にその問題に関する正しい考えだと思うものを一〇個、書き出してもらうことにする。ポストイットを使って、一枚に一つずつ書き記してもらおう。それから、集めたポストイットを壁に貼って、似通った考えをグループにまとめていく。どのグループにも入らないと思われる考えは、当面、脇に置いておく。最も深く吟味する必要があるのは、多くの人が正しいと思っている考えだ。これらの考えは異論の余地がないように見えるので、検証されることはめったにないからだ。

あなたが選んだ問題が適応力だと仮定してみよう。あなたは同僚たちに、大企業における変革について、正しいと思う考えを一〇個、書き出してくれと頼んだ。集めたポストイットをグループ分けしてみると、多くの人が正しいと思っている考えのトップ3は次のものだった。

1　根本的な変革を起こすためには危機が必要だ。

2　変革を推進するためには強力なリーダーが必要である。
3　変革はトップから始まる。

あなたはこれらの考えにどのように疑問を投げかけるか。悩ましい問題は、それらが経験的に正しいように思われることだ。大企業を変革するためには通常は確かに危機が必要だし、成功する変革プログラムはたいていトップから、通常は新任のＣＥＯによって推進される。これらが正しいということは、誰でも知っている。これらは事実であって、思い込みではない。だから、あなたが同僚たちにこれらの金言は本当に正しいのかと尋ねたら、彼らはずいぶんとまどうだろう。重力は本当にあるのか、それともあるとされているだけなのか考えてくれといわれたような気分になるだろう。ある意味では、それこそあなたが彼らに求めていることなのだ。ここであなたは、彼らに次のことを伝える必要がある。

従来の思考の束縛から逃れるためには、世界は現在こうであるという考えと、世界は現在こうであり、永遠にこうであるはずだという考えを区別できなければならない。一九〇〇年に人間は空を飛べないと言うのは正しかったが、人間が空を飛ぶことはないと言ったとしたら、それは間違いだったということになる。人類をあれほど長い間、地上に縛りつけていたのは、重力の法則ではなく、発明の才の不足だった。経営管理についても同じことが言えるのだ。

我々の経営管理慣行で自然の法則に根ざしているものは、ほとんどない。管理職は人間が本来持っているあらゆる行動本能と戦わなければならないが、これは皆さんが思われるほど大きな束縛ではない。近代産業が農民や物売りや家事奉公人をどのようにして従業員に変えたかを思い起こしてみよう。変革のペースと範囲を制限しているのは、人間の本来の性質ではなく、我々の未検証の考えなのだ。これらのことを同僚に説明したら、次に進んでもよいだろう。

同僚たちに、変革についての彼らの考えのどれが疑う価値のあるものか――彼らが本当はこうであってほしくないと思っている現実を反映したものか――を尋ねよう。この問いについて熟考した結果、あなたのチームが、大企業を変革するためには危機が必要だという考えを検証することに決めたとしよう。根本的な変革が危機に対応するために実施されるよりも、危機に見舞われないうちに先行的に実施されるほうが、顧客や社員や株主は明らかに幸せだ。今度は同僚たちに、根本的な変革は危機によって推進されるという通例に対する反例を思いつけるかどうか尋ねてみよう。なんらかの瀕死の経験を経ることなく方向転換を果たした企業は存在するだろうか。数分経っても誰も反例を思いつかなかったら、次の問いに移っていただきたい。

「なぜ」に到達する

「では、根本的な変革を起こすには、なぜ危機が必要なのか。タイムリーな適応を阻む障害は何なのか」と、同僚たちに尋ねよう。一人が思い切って口を開いて「たいていは現実否認が元凶だ」と言う。この発言に何人かが「そのとおりだ」とうなずく。別のメンバーが割って入って「現実否認は人間の本性だ。我々の誰もがときに現実逃避することがある」と言う。これに対しても同意の声があがる。「それで決まりだ」と、五、六人がホッとしたようにイスの背にもたれかかる。「そう、それが原因だよ。人間は破壊的な変化に怖気づく。それだけのことだよ」と。だが、そうではない。

大きな視野で見ると、決してそれだけのことではない。正統理論を解体する作業が本当に始まるのはここからだ。その最初の反応、つまり現状に対する「それは仕方のないことだ」という解釈を引き出してから、本当の作業が始まるのである。

あなたの次の質問は、同僚たちにとって意外なものになる。「少量の汚染されたホウレン草から大腸菌が爆発的に広がるように、現実否認は伝染するのだろうか。自己欺瞞のウイルスは社内のすべての人間にとりつくのだろうか。それとも通常は、感染せずにすむ人間、現状にしがみつくことの危険性を熟知している人間が何人かいるのだろうか」。同僚たちは考え始める。しばらくすると誰かが突然声を上げる。「そうだよ。通常は危機の前兆に気づく人間がいるんだ。たいてい何人もね。だけど、誰も彼らの言うことに耳を傾けないんだ」。まもなく同僚たちは、耳を傾けられなかった預言者について、また避けられていたはずなのに避けられなかった惨事について、口々に語り出す。

議論が熱を帯びてくるにつれて、同僚たちが主導権を握り、彼ら自身の問いを投げかけるようになる。「預言者がたいてい殉教者になるのはなぜなのか」「未来への改革の志を持つ者たちが、経営陣が行動を起こすのをただ待っていなければいけないのはなぜなのか」「将来ビジョンを持つ人間が、新しいビジネス・モデルを生み出すために行動していなければいけないときに、まだ提案書やブログを書いているのはなぜなのか」というような問いである。

同僚たちに「なぜ」と問い続けさせたら、彼らはやがて、大きな変革のためには危機が必要である本当の理由にたどり着くだろう。少数の人間に権威が集中しすぎていることが問題なのだということに気づくだろう。権力がトップに集中していたら、少数の上級幹部に変革の意志や能力があるかどうかで組織が変革できるかどうかが決まってしまう。トップにいるベテランたちは、現在のビジネス・モデルを築いた人間か、それを練り上げることで昇進した人間だ。彼らのキャリアやスキルや思考パターンは現状と分かちがたく結びついており、現状に代わるものを思い描くことは彼らにはまずできない。驚くにはあたらないが、彼らは現在の戦略に疑問を投げかける情報をどうしても無視したり、軽視したりしがちである。

あなたと同僚たちは、これで社会システムに関する基本的な真実に到達したことになる。少数の上級リーダーの手に権力を集中させればさせるほど、システムは柔軟性を失うということだ（ある程度以上の年齢の方なら、旧ソ連を思い出されることだろう）。この発見に至ったことで、議論はさらに活気づく。「では、企業は五年か一〇年ごとに危機を経験しなければならないという決まりはないわけだ」と、一人が言う。「そのとおりだ。だが、痛みを伴う再建を避けたいのなら、戦略策定をトップ・マネジメントに独占させておいてはいけない」と、別の一人が言葉を挟む。これに刺激されてさらに別のメンバーが口を開く。「今日の世界では、戦略を常に新鮮に保ち続けるのは容易なことではない。トップ・マネジメントは重荷を分かち合うチャンスをむしろ歓迎するかもしれない」「では、我々は何をすればよいのか」と、誰かが問いかける。「現状を変えるにはどうすればよいか」「戦略策定プロセスを、よりボトムアップにするにはどうすればよいか」と。かくして経営管理イノベーションの旅が始まるのである。

議論が進んでいく過程で、その要点をまとめて社内ウェブサイトに掲載したり、電子メールで社内に配布したりしよう。このようにして議論の輪を広げれば、他の同僚たちも考え始めるはずだ。「わが社はなぜこのように運営されているのか」「なぜもっと効果的なやり方ができないのか」「現状に代わる新しい方法としてどのようなものが考えられるか」等々と。あまのじゃく精神が広がっていくにつれて、経営管理イノベーションを推進する潜在的な力が高まっていくのである。

正しい問いを立てる

ドグマを根絶できるかどうかは、正しい問いを——何度も繰り返し——立てられるか否かにかかっている。経営管理に関する長年信じられてきた考えを深く掘り下げるためには、次のような切り口が有効だ。

1　これは疑う価値のある考えか。これは組織を弱体化させるものか。これは我々が強化したいと思っている組織の重要な属性（戦略面の適応力など）を損なうものか。

2　この考えは普遍的に有効か。これに対する反例はあるか。あるとしたら、我々はそれらの反例から何を学べるか。

3　この考えはそれに固執している人びとの利益にどのように役立っているか。この考えから安心感を得ている人間はいないだろうか。

4　我々の選択や思い込みは、この考えが自己成就するのをどのように助けてきたか。この考えは、ただ単に我々がそれを真実にしたがゆえに真実なのか。そうだとしたら、我々はこれに代わるものを思い描くことができるか。

これらの問いはあなたのつるはしだ。根気強く振り下ろし続ければ、経営管理の正統理論の最も手ごわいものでさえ突き破ることができるはずだ。

これらの問いを別のドグマで検証してみよう。イノベーションを促進する必要性について上級幹部たちと話しているとき、私はよく次のような印象を受ける。彼らは社員に少し柔軟性をもって、もっと大胆に考え、もっと冒険してもらいたいと思っている一方で、社員が本当にそうしたら、効率や実行に対する集中がそがれてしまうのではないかと心配しているように見える。ほとんどの企業は、何年も費やしてビジネス・プロセスを練り上げ、無駄を排除し、業務の規律を高めてきている。社員に基本方針から逸脱したり、新しい手法を実験したり、新しいプロジェクトを生み出したりする自由を与えたら、苦労して築いたこれらの優位が一部失われてしまうのではないかと不安に思うのは無理もない。この不安がさまざまな形で表明されるのを、私は何度も耳にしてきた。「確かに我々は社員にイノベーションを生み出してもらいたいが、集中が失われてはならない」「イノベーションは結構なことだが、最終的には我々は成果を出さなければいけない」「皆がイノベーションに取り組んだら、誰が日々の仕事をするのか」。これらの言葉には、しつこく生き続けている経営管理の正統理論――「社員にイノベーションに取り組む自由を与えたら、規律が打撃を受ける」という考えが見え隠れする。数学的に表現すると、この考えは「自由+規律=定数」であり、一方を増やしたら必然的に他方が減ることになるのである。

正統理論を打ち破る問いの一つ目に戻ってみよう。「この考えは疑う価値があるか」という問いである。もちろんその価値がある。イノベーションを活発にし、同時に規律も高めることを望まない企業があるだろうか。それは誰かに、金持ちになり、同時に有名にもなりたいかと聞くようなものだ。

二つ目の問い、「自由と規律は両立しないという考えを否定する反例は存在するか」に移ろう。自由と規律の両方を実現する方法を編み出している企業は存在するだろうか。特定の場所（たとえば工場）では規律ある勤務が実現されており、別の場所（たとえばデザイン研究所）では自由な精神によるイノベーションが活発に行われているという企業はたくさんある。だが、これらの美点が同じ場所に同時に存在できるという証拠はあるだろうか。

ホールフーズ、ゴア、グーグルの例に戻って考えてみよう。社員に与えている自由という点で、あなたはこれらの企業をどのように評価するか。あなたの会社より上だと思うか。おそらくそうだろう。ほとんどの企業より上だと思うか。間違いなくそうだろう。実際、一見しただけでは、管理のゆるやかなこれらの企業がどうやって予算や納期を達成できているのか不思議である。自分たちで価格を決める現場の社員、週に一日は自分の好きなことに充てられる社員、リーダーを解任できる社員、五〇人を一人がみる緩やかな監督体制――これらすべてが、無秩序を生むこと間違いなしの処方のように思えるのである。

「何を」を「どのようにして」から切り離す

これらの企業がどのようにして社員に大きな権限を与え、しかも着実な成果を生んでいるのかを理解するためには、「何を実現する必要があるか」と「それをどのようにして実現するか」を区別することが必要だ。規律が望ましいものであることは誰も否定できない。それは必要不可欠な「何を」である。問題は「どのようにして」だ。

ほとんどの組織で、管理は標準化された業務手順、厳しい監督、細かく定められた役割規定、最小限に抑えられた自己管理の時間、それに上司による頻繁な評価を通じて行われる。これらのメカニズムは確かに人びとを服従させるのに役立つが、自発性や創造力や情熱を抑え込む働きもする。幸いなことに、規律を保つ方法はほかにもある。ほかの「どのようにして」が存在するのである。

一例を挙げると、ホールフーズの店舗内チームは、人員配置や価格設定や商品選定についてかなりの裁量権を持っている一方で、それぞれの部の収益について責任を負わされている。チームは月次収益目標に照らして評価され、その目標を達成したら、メンバーは次の給料日にボーナスを手にすることができる。チーム単位で褒賞が与えられるため、社員は自分の分担を果たさない同僚を大目に見たりはしない。すべてのチームの業績データが社内のすべての人間に入手可能であることも、懸命に働き、緊張感を維持するもう一つのインセンティブになっている。つまり、次の四つの条件が満たされていれば、トップダウンの規律はあまり必要ないのである。

1　現場の社員が結果に責任を負わされている。
2　社員がリアルタイムの業績データを入手できる。
3　業績に影響を及ぼす主要変数について社員が決定権を持っている。
4　結果、報酬、評価の間に密接な関連がある。

ゴアもまた、社員にきわめて大きな自由を与えている企業である。社員はどのチームで働くかを自分で選ぶことができる、要請を自由に断ることもできる。また、自分の「遊びの時間」を、自分の都合のよいように割り振ることができる。しかし彼らは、自分が毎年、年度末に二〇人以上の同僚から評価され、その評価で自分の報酬が決まるということを知っている。それに加えて、「本物、勝利、価値」という規律がある。ゴアは草の根のイノベーションを奨励しているが、会社から本格的な投資を引き出すためには、社員はその製品が事業として成り立つという堅固な主張を構築する必要がある。おまけに退職後の年金がゴアの株価に密接に連動していることを考えると、同社がなぜイノベーションが活発で、同時に規律も備えているのかが理解できるはずだ。

さらに、会社全体に反権威主義の雰囲気が満ちあふれているグーグルがある。グーグルの事業運営担当副社長、ショナ・ブラウンはこう語っている。「上からやってくれと頼まれたことより別のことのほうが重要だと思ったら、社員は自分の情熱に従うことができなくてはいけない[6]」。あなたの会社の副社長がそのような言葉を口にするのを想像できるだろうか。だが、グーグルの場合にも、やはり歯止めとなるメカニズムがある。「本物、勝利、価値」に相当するグーグルの方針は、「迅速に学び、迅速に失敗せよ」だ。社員は何人もの上司から承認印をもらわなくても新しいことを試すことができるが、ユーザーからある程度のプラスのフィードバックを集めるまでは、大量の資源を得ることはできない。さらに、活発な横のコミュニケーションがある。すべてのプロジェクトがそれぞれの社内ウェブサイトを持っているので、エンジニアリング・チームは同僚から大量のフィードバックをもらうことができる。この透明性は、ばかげたアイデアを取り除き、よいアイデアをさらによいものにして、公式のプロジェクト評価の必要性を減らすのに役立っている。おまけに、グーグルで信用を得るためには肩書きはあまり意味を持たない。尊敬される存在になりたいのなら、何百万人ものユーザーを引きつける製品を開発しなければならない。だから開発者は、現実世界の問題に的を絞ることになる。これらに加えて、創業者賞もある。巨額のボーナスを手にするためには、会社に利益をもたらすものを生み出さなくてはいけない。これらすべてのメカニズムが、社員をしっかり働かせるのに役立っているのである。

これらの事例のいずれにおいても、一見、怠け者のパラダイスに見えるものが、よく見るとそれと正反対であることがわかる。規律と自由は明らかに共存することができる。だが、鞭を使って社員に規律を維持させようとする場合には共存できなくなるのである。

規律のような組織に欠かせないものについて「何を」と「どのようにして」を明確に区別することは、経営管理のドグマを根絶やしにするための効果的な戦術になることがある。人びとが時代遅れの経営管理プロセスの「どのようにして」を擁護するのはたいてい、そのプロセスによって達成していることを別の方法で達成できるかもしれないという点を深く考えたことがないからにすぎない。彼らが「何を」と「どのようにして」を区別する手助けをし、彼らに考える時間を与えれば、新しい方法が生まれてくる可能性が十分あるのである。

自己利益を暴き出す

だが、強く信じられている考えを打ち壊すには、ときには一つの反例では――三つの反例でさえ――足りないことがある。あなたの同僚のなかには、自分の安心感を消し去る実例を前にすると、

「それはその会社ではうまくいっているかもしれないが、うちでは絶対にうまくいかない」と言い張る者がいるかもしれない。びくともしそうにない強固な考えに相対したときは、「この考えは誰の利益に役立っているか」と問うことが有効な場合がある。たとえば、社員に「過度の」自由を与えるのは危険であるという考えは、その考えを抱いている人たちの利益にどのように役立っているだろうか。その人たちが管理職なら、答えは明白だ。自由の増大は監督の減少を意味し、監督の減少は権威の低下を、そしておそらくは管理職の減少を意味するのである。

当然ながら、ほとんどの管理職が、管理職なしで組織を運営管理するのは不可能だと思っている。実のところ、この考えは経営管理のあらゆる正統理論の源泉かもしれない。だが、この考えに表れている露骨な自己利益にもかかわらず、監督者や管理者のいない世界をなかなか想像できない人を、私はあっさり許すことができる。ある意味で、私も彼らと同じだからだ。なにしろ私は経営学の教授である。野心満々の管理職に教えるのでないとしたら、いったい誰に教えるというのだろう。この点について、ロイ・ジャックは次のように述べている。「(管理職のいない世界では) 組織に関する学者の知識は支持者層を失うだろう。なぜなら、それは『管理職』と呼ばれるあの特別な集団を訓練するために存在しており、その集団の視点から語られることが最も多く、従業員について管理職に教えるために組み立てられているからだ。経営管理に関する現在の会話や議論では、管理職イコール組織であり、従業員は臨時の資源ニーズにすぎないのである(7)」

ジャックはそれからあえてこう問いかけている。「自己管理する社員についての知識を誰に対して説くのだろう。管理職に対してか」。参りましたというしかない。社員が本当に自己管理しているのなら、管理職は——少なくともこれほど多くの管理職は要らないはずなのだ。

強固な考えが、同じく強固な組織内集団の利益にどのように役立っているかに人びとの関心を向けようとしたら、新しい友人はできないかもしれない。だが、企業のパフォーマンスを制約している考えを永続させがちな政治的インセンティブを暴き出すことは、有益な作業である。人びとが現状を守りたいと思うのなら、それはそれで構わないが、それは自己利益以外の理由によるものでなければならない。

選択とその結果を区別する

ある考えが特定の集団の利益に役立っているからといって、それだけではその考えが間違いであるということにはならない。政治的動機を暴き出すことは重要ではあるが、特定のドグマが自然の法則なのか、それとも我々が組織を構築・運営するために選んできた方法の産物なのかを見きわめるためには、もっと深く掘り下げる必要がある。そこで、最後の問いに移ることにしよう。「自由と規律は両立しないという考えを、我々の選択はどのように助長してきたか」「この考えが真実であるのは、我々がそれを真実にしてきたからにすぎないのではないか」「そうだとすれば、我々はこちら立てればあちらが立たずのトレードオフから我々を解放してくれる新しいやり方を想像できるだろうか」

我々が「管理職」を必要とするのは、もしかしたら「従業員」がいるからかもしれない（辛抱強く先を読んでいただきたい。これは一見そう見えるほど類語反復的な陳述ではない）。コンピューターがソフトウエアにどのように依存しているかを考えてみよう。パソコンは自分自身の動作指示書を書けるほど賢くはなく、ユーザーが作動させるまでまったく動かない。従業員にも同じことが言えるのではあるまいか。

先ほど「従業員」という概念の誕生について述べたが、二〇世紀初頭のその過程で、具体的に何が起きたのだろう。個人が自分の農地や作業所を離れて大規模な組織に吸収されていく過程で、労働の営みはどのように変化したのだろう。我々は従業員をつくり出す過程で、同時に管理職の必要性もつくり出したのだろうか。私はそうだと思う。これがどのように生じたのかを理解すれば、我々は管理職なしで——少なくとも現在よりはるかに少ない管理職で——経営管理を行う方法の手がかりをつかむことができるだろう。

工業化以前は、農民や職人は顧客と密接なつながりを持っていた。常連客から日々与えられるフィードバックは、タイムリーで間に人を介さないものだった。だが、産業組織の規模が拡大していくなかで、何百万人もの従業員が最終顧客とのつながりを失っていった。直接的なフィードバックを奪われた彼らは、顧客により近いところにいる人びとに、自分の努力の有効性を測定してもらい、どのようにすれば顧客をより満足させられるかを教えてもらわなければならなくなったのである。

企業が部門や職能グループに分かれていくなかで、従業員は最終製品からも切り離されていった。仕事がより狭くなり、より専門化されたため、最終製品との感情的つながりを失ったのである。その結果、製品の品質や効能に対する責任感は低下した。労働者は誇りある職人ではなくなり、自分たちの力ではほとんど制御できない産業マシンの歯車と化した。

規模の拡大は従業員を仲間の労働者からも切り離した。それぞれが半ば孤立した部門で働いているため、彼らはもはや生産プロセス全体を見渡すことはできなくなった。そのシステムが最適ではなくても、それを知るすべも、是正するすべもなくなったのである。

工業化は労働者と事業主の隔たりも拡大した。一九世紀の見習い工は自分の考えを事業主に聞いてもらえただろうが、二〇世紀のほとんどの従業員は低レベルの監督者に報告するだけとなった。組織の規模が拡大したことで、何十年もそこで働いているのに、重要な方針決定を行う権限を持つ誰かと一対一で話したことは一度もないという下っ端社員も見受けられるようになった。

そのうえ、業務の複雑さが増したことで、従業員が入手できる情報は細切れになった。小さな事業所では、財務記録は単純かつリアルタイムで、会社の業績についてわからないことはほとんどなかった。工業化時代の大企業では、従業員に与えられるデータは部分的なものになった。そこからは自分自身の業績は把握できるが、会社全体の業績はほとんど読み取れない。会社の財務モデルを節穴から覗くことしかできなくなり、結果に対して負わされる責任がきわめて小さくなったことから、従業員が会社の業績について心から責任を感じるのは難しくなった。

最後の、そして最悪の点として、工業化は従業員をおのれの創造力から切り離した。工業化された世界では、作業の方法や手順は専門家が決めるようになり、いったん決められたら簡単には変えられなくなった。従業員がどれほど創造力豊かだろうと、その能力を発揮する範囲は厳しく制限されたのである。

簡単に言うと、規模や効率の追求は、労働者を工業化以前には彼らが（ほぼ）自己管理できていた基本的な情報から切り離し、そうすることで管理職クラスの拡大を不可避にしたのである。

従業員に管理職が必要なのは、一三歳の子どもに親が必要なのとほぼ同じ理由からだ。つまり、自己管理できないからなのだ。成長ホルモンのために頭が混乱し、おまけに限られた人生経験しかない少年期の子どもは、一貫して賢明な選択を行うだけの認識力に欠けている。だから賢明な父母が彼らの自由を制限するわけだ。それに対し従業員は、知恵や経験は不足してはいないが、えてして顧客や同僚、最終製品や事業主や財務の全体図から切り離されているので、情報と背景知識は間違いなく不足している。自ら管理する力を奪われているがゆえに、上からの管理を受け入れなければならないのである。その結果は、意欲の喪失である。そしてついには、一三歳の、あるいはそれ以下の子どものように扱われるのを喜ぶようになるのである。

古びた考えを表に引き出すために、経営管理イノベーターは考古学者の役割を果たさねばならないこともある。つるはしとシャベルを使って、経営管理に関する現在の考えや慣行を不可避にしたはるか昔の選択を掘り起こすのである。それらの選択の結果が不可避であるとしても、選択そのものはおそらく不可避ではなかったはずだからだ。二〇世紀にはあまたの企業幹部が、官僚的な指揮系統を軸に企業を組織することを選択した。これは官僚組織と同じ多層的な管理構造とイノベーションを抑圧する作用をもたらした選択だった。それに対しビル・ゴアは、自分の会社を格子のような組織にすることを選択した。そして、その選択の結果は、今日、ゴアの風変わりではあるが効果的な経営管理モデルにはっきり表れているのである。

意欲のない社員。抑圧されているイノベーション。柔軟性のない組織。新しい世紀になったにもかかわらず、我々は依然として、ほぼ一〇〇年前に生み出された経営管理モデルの副作用に悩まされている。だが、歴史は変えられない定めである必要はない。過去にさかのぼって、他の多くの人が今なお何の疑いも持っていない遠い昔の選択を評価し直す気があるなら、間違いなく変えられるのだ。我々は後知恵の利点を活かして、次のような問いを立てることができる。「環境はどのように変わったか」「新しい方法は可能か」「我々は過去の足かせに縛られ続けなければいけないのか」。これらはあらゆる経営管理イノベーターにとって必須の問いである。

粘り強さの価値

経営管理の正統理論の固いマントルを深く掘り下げれば掘り下げるほど、大胆なイノベーションが実現できる公算は高くなる。これは二つの理由から言えることだ。第一に、深く掘り下げたら、何十年も、あるいは何世代も検証されてこなかった考え――他の誰も疑わなかった、あるいは疑おうとしなかった考え――を表に引き出せる可能性がある。それができれば、あなたは経営管理イノベーターとして大きく前進することができる。管理者が事実上一人もいないボランティア・コミュニティで複雑なソフトウエアを開発することがいつの日か可能になると、数年前にいったい誰が信じることができただろう。オープンソース・プロセスを開発したハッカーたちは、どうやら管理者なしでは管理できないということを知らない「おばかさん」だったようだ。

第二に、深く掘り下げることは、従来の経営管理慣行をつくり変えるために必要なことについて、細部にわたる理解を築く助けになる。たとえば、うちの会社はなぜ管理職なしでやっていけないのだろうと、疑問に思うだけでは不十分だ。公式に任命された管理職にさほど依存しない経営管理システムを生み出すためには、管理職が長年、必要不可欠とみなされてきたのはなぜなのかを、正確に理解しなければならないのである。こうした深い理解は、経営管理の基本的な挑戦課題に——たとえば、社員を顧客や他の社員に、また自己管理するために必要な情報に再び結びつけるというような課題に——自分のイノベーション努力を集中させる助けになる。簡単に言うと、自分や自分の同僚が今信じている考えを信じているのはなぜなのかを深く徹底的に理解すればするほど、あなたのイノベーションはよりすばらしい、より強靭なものになるのである。だから、どんどん掘り下げよう。

中核的な経営原理に反旗を翻す

二三歳のリカルド・セムラーが一九八二年に父親からブラジルの小さな製造会社を受け継いだとき、彼の前にあったのはもちろん白紙ではなかった。にもかかわらず、セムラーがセムコの新社長として最初にとった行動は、同社の上級管理職の三分の二を解雇することだった。以来一貫して、彼は社員の自己管理に関して世界でもまれに見る大胆な実験を行ってきた。一例を挙げると、セムコの八〇〇〇人の事業部門に管理職がたった一人しかいない時期があった。今日、セムコは「だいたい」一〇種類の事業を擁しており（正確な数は知らないと、セムラーは述べている）、一九八二年には九〇人だった社員は三〇〇〇人を超えるまでになっている。同社の事業はエンジニアリング・サービスと高級工業製品を軸に展開されている。セムコの経営管理モデルはゴアやグーグルのそれよりさらに大胆だと言えるだろう。セムラーによれば、それは同社が強く否定している従来の経営管理慣行のすべてを反面教師にして築かれている。いくつか例を挙げてみよう。

・単なる象徴的な動きを超えるものとして、同社は先ごろ本社ビルを取り壊した。本社は今では空港のエグゼクティブ・ラウンジのような――しょっちゅう人が出入りするが、永続的にそこに配置されている者は一人もいない――小さな施設になっている。

・組立ライン労働者を含むすべての労働者が、自分の労働時間を――いつ働くかだけでなく、どれだけ働くかも――自分で選ぶことができる。

・セムコには社内監査スタッフがいない。支出報告のダブルチェックは誰も行わないのである。その代わり、同社は社員の中に強い道義心と信頼感を育てるために努力している。また、社員は利益の分け前にあずかるので、不正行為を根絶することは社員にとっても利益になることだ。

・社員のかなりの割合の者が自分の給与を自分で決めている。その際、彼らは他社の相対的な給与データを与えられるとともに、自社の給与データも入手することができる。法外な給与を要求したら、同僚たちからそれに見合う特大の貢献を期待されるし、会社の利益が減ることにもなるということを、彼らはよく心得ている。

・社員の出張を規制するルールはない。宿泊するホテルについても、利用する航空会社についても制約は一切ない。

セムラーの次のような言葉から、彼の大胆なビジョンの輪郭が浮かび上がってくるはずだ。

・セムコには公式の組織構造はなく、組織図もない。事業計画や企業戦略もないし、二カ年計画とか五カ年計画もない。目標やミッション・ステートメントもないし、長期予算もない(8)。

・受け入れるべき第一の原理は、社員が製品やプロジェクトに関心を持っていなければ、その事業は成功しないということだ。労働者はあまり関心のない仕事をやらされることが多いが、それはその会社や製品が決して卓越したものにならないことを保証しているも同然だ(9)。

・どんな社員にも彼らのやりたくないことをやらせたくないという基本的な考えがあるので、わが社のミーティングはすべて自主参加である。つまり、ミーティングが告知されると、関心を持つ者が誰でも参加できるし、実際に参加する。そして、関心がなくなったら退席することになる(10)。

・企業が卓越するためには、会社の利益ではなく自分の利益が社員の最優先の目標だということを、会社が認めていなければならない。セムコでは、これはある種の目標の一致とみなされている。これがなかったら、企業は社員を働かせるために圧力をかけたり、はっぱをかけたり、強制したりするプログラムを設けなければならない(11)。

・社員のリーダーを選ぶ作業になぜ当の社員が参加できないのか。社員が自分で自分を管理してはなぜいけないのか。社員が声を上げてはなぜいけないのか。公然と異議を唱え、疑義を呈し、情報を伝えてはなぜいけないのか(12)。

イメージをつかんでいただけたことと思う。セコムは社員に、自分の労働生活を自分で管理する他に類のない大きな自由を与えており、個人の誠実さや仲間からの圧力、金銭的な自己利益や情報に対する自由なアクセスに頼って、その自由を賢明に行使させている。子どものように扱われる社員は、ここには一人もいない。そしてマネジャーの層は、リカルド・セムラーが父親の側近たちを追い出して以来一貫して、きわめて薄い。実は、セムコには管理職のする仕事があまりないのである。セムコはすこぶる働きやすい職場のようだと感じられるとしたら、それは当たっている。定年退職者を除くと、セムコの社員の離職率は一パーセントにも満たないのである。

セムコは経営管理イノベーションのひときわ目立つ広告塔である。また、我々がどれだけ多くの古びた正統理論を、まるで神の戒律のように後生大事に守り続けているかを気づかせてくれる存在でもある。

セムラーによれば、セムコは七六校のビジネススクールでケーススタディとして使われている。これが本当なら、なぜもっと多くの企業がセムコのように――あるいはグーグルのように、あるいはゴアのように――なっていないのだろう。このような例がなぜまれなのだろう。それは、本章の初めに述べたように、ほとんどの管理職が、自分の信じている経営管理の正統理論を手間ひまかけて解体する作業を一度もしたことがないからだ。

それに加えて管理職は、特異で、しかも複雑な経営管理システムに脅威を感じがちだ。ゴアやセムコのような経営管理システムを築くには、どこから始めればよいのだろう。これらの型破りの経営管理システムを構築するには何十年もの歳月がかかったということを、我々はつい忘れがちになる。経営管理イノベーションは半年で終えられるような事業ではない。それは人間の能力を解き放ち、拡大するよりよい方法を求める果てしない旅なのだ。そしてそれは、あらゆる問いのなかで最も単純な問い、「なぜ」から始まるのである。

長らく受け継いできた経営管理の正統理論を捨て始める時期が早ければ早いほど、あなたの会社は未来に本当に適した会社に早く脱皮することができる。これまで見てきたように、経営管理の時代遅れの荷物を二〇世紀にごっそり置き去りにして、すでに光速で突き進んでいる企業は数えるほどしかない。結局のところ、選択肢は限られている。明日の経営管理の異端者があなたの会社から正統理論を追い払うのをただ待っているか、それとも自らそれを追い出す作業を今すぐ始めるかの二つに一つなのだ。

第8章　新しい原理を見つける

二一世紀の経営をつくり出すためには、新しい経営原理――伝統に縛られたプロセスや慣行に劇的な変化を引き起こす力のある重要なアイデア――を見つける必要がある。ロードアイランド州ミドルタウンの新興ソフトウエア会社、ライトソリューションズのCEO、ジム・ラボアがそのような原理に出くわしたのは、車を運転していたときだった。

新しい原理の力

話は一九九九年にさかのぼる。ラボアはこの年、新規企業を立ち上げるために、ストックオプションをカネに換えて大手国防企業を退職した。ラボアの長年の同僚、ジョー・マリノもこれに加わった。二人はともに副社長にまで昇進していたが、何がなんでもルールに従わせようとする大勢の「妨害者」から発明家を守れないことに、はがゆい思いをしていた。ライトソリューションズと名づけた自分たちの新しい会社では、まったく別のやり方をしようと、彼らは心に誓っていた。新しいアイデアが常に歓迎され、すべての者にイノベーションを生み出すチャンスがある会社をつくろうとしていたのである。

それからの五年間で、ライトソリューションズは従業員数一五〇人、年間売上二〇〇〇万ドル超の企業に成長する。だが、この成功に伴い、ラボアとマリノの頭を悩ませる新しい問題が生まれた。ライトソリューションズが、成長してもなお、活力に満ちた革新的なコミュニティであり続けるようにするにはどうすればよいか、という問題である。

ブレークスルーは二〇〇四年一〇月に訪れた。車を走らせながらその日の金融ニュースのまとめを聞いていたラボアは、ふとこう思った。「そうだ。株式市場が革新的な企業を築くためのいい手本になるかもしれない」。株式市場は誰にでも開かれており（誰でも投資できる）、楽しんで参加でき（ほとんどの投資家が自分のポートフォリオの進展を夢中になって追いかけている）、そのうえ権限を持たせてくれる（個人に対して、どこに投資せよと指示するスーパー投資家はいない）。この発見に勢いづいたラボアは、水平思考の得意な何人かの同僚をただちに招集して、ライトソリューションズの中に市場ベースのイノベーション・プロセスを築く方法を見つけるよう指示した。新しいシステムがついに誕生したとき、そこには三つの市場が含まれていた。まったく新しい事業や技術に焦点を定めたリスクの高いアイデアの市場「スパズダック」、会社の現在の製品や能力に「隣接する」アイデアの市場「バウ・ジョーンズ」、そして短期的な業務改善のためのアイデア「セイビングズ・ボンド」の市場である。

ラボアにとって嬉しいことに、株式市場の概念は、明らかにこの構想の遊び心あふれる用語のおかげもあって、またたく間に社内に広まった。開始から一三カ月の間に、三〇人の社内開発者が四四件の「ＩＰＯ（新規株式公開）」を行った。つまり、自分が思いついたアイデアを公開して投資家を募ったのである。この新しいイノベーション・システムは、導入初年度に、ライトソリューションズの売上を一〇パーセント増大させ、同社の新規事業の成長の五〇パーセントを生み出した。これらの市場の仕組みを説明しよう。ＩＰＯを行うためには、未来の起業家は、新しいアイデアの価値創造の潜在力を説明した、プロスペクタス（目論見書）ならぬ「エクスペクタス（ExpectUs、我々に期待してください）」を作成する。新規公開株はすべて一〇ドルでデビューし、起業家は公開前に経営陣の承認を得る必要はない。

ＩＰＯには必ず、起業家によって作成された、バジェット（予算書）ならぬ「バッジット（Budge-It、ちょっと前進させよう）」が添付される。この文書には、そのアイデアを前進させるために必要な短期的な措置が列挙されている。ボランティアが参加しやすいようにすることを目的としたもので、そのためバッジットの作業は、どれもみな半日かそれ以下の時間で完了できるように組み立てられている。すべての社員が、三つの市場のどこにでも投資できる空想上のカネを一人一万ドルずつ与えられる。投資家、つまり社員は、それぞれ自分のミューチュアル・ファンド（投資信託）ならぬ「ミューチュアル・ファン（Mutual Fun　相互の楽しみ）」を運用し、好きなときに好きな株式を売買することができる。

上場された株式についてはそれぞれスレッド掲示板が開設され、そこでの議論が投資家に新たな情報を与えてくれる。これらの掲示板では誰でも意見を述べたり――好意的な意見であれ、批判的な意見であれ――、質問したりでき、投資家はそれを読むことで、どのアイデアが人気を得ており、どのアイデアが苦戦しているかを見定めることができる。ミューチュアル・ファンの資金は、自主的な協力者を引き寄せていて、商品化に向けて着実に前進しているアイデアに流れ込む。毎週、「マーケットメーカー」――現在は大手IT企業の元CTO（最高技術責任者）がこの役目を果たしている――が、完了された「バッジット」の作業の数、「ミューチュアル・ファン」の資金の流入と流出、およびその株式の掲示板に書かれた意見に基づいて、各株式の評価の見直しを行う。公開された株式が勢いを得て「高値トップ20」に入ったら、ライトソリューションズのベンチャーキャピタリストならぬ「アドベンチャー・キャピタリスト」、つまりラボアとマリノが、そのアイデアに本物の資金を与えることで「バッジット」の作業のペースを加速させる。アイデアがついに実現されて会社の利益創出やコスト削減に役立った場合には、そのアイデアに自分の時間を投入した者たちは、ボーナスや本物の株式のストックオプションという形で利益の分け前を手にすることになる。

これまでのところ、バウ・ジョーンズの株式で時価総額が最も大きいのは「ライトアウェイ」（銘柄コード――AWAY）である。これはかかってきた電話のそれぞれに最も適切なITエンジニアを対応させる自動ヘルプデスク・サービスだ。女性エンジニアが上場したこの株式は、またたく間に社内の至るところから才能と時間を投資したいという人を引き寄せた。株式が十分な関心を得られない場合には、マーケットメーカーがやがてその株式を上場廃止にする。しかし、バウのダメ株でさえ、ちょっとしたうま味を与えてくれる。新株を上場した者は誰でも、会社の年次社員評価でそれを評価してもらえるのである。

ラボアはミューチュアル・ファンについて、これは頭のよい連中に刺激を与えて、会社を成長させるにはどうすればよいかを日々考えさせるための「オピニオン・ゲーム」だと言う。株式市場は、あらゆる社員に会社の戦略設定について発言する権利を与えている。「株式市場のおかげで、我々はすべての社員の集合的英知を利用することができる。それによって、よくある難しい戦略的決定がはるかに下しやすくなることがある」と、ラボアは言う。

ライトソリューションズのイノベーションの市場は、従来の経営管理慣行のレンズを通して見ると風変わりに見えるかもしれないが、新しい原理――市場ベースのイノベーション――が、業績を急速に高めるのにどれほど役立つかを実証している。

残念ながら、経営管理のこのような飛躍的前進はきわめてまれである。ほとんどの企業で幅を利かせている経営管理慣行は、依然として産業革命の黎明期に起源を持つ古びた原理に基づいている。だが、人間の活動の他の分野について言えることは、経営管理にも当てはまる。新しい問題や慢性的な問題を化石のような原理で解決することはできないということだ。一八世紀の民主主義の提唱者たちは、自己統治を基盤とする自由社会を築くために、世襲統治権という古くからの原理を破棄せねばならなかった。ダーウィンは、生命の進化の過程を解明するために、従来の見方を捨てて自然選択という原理に基づく新しい理論を紡ぎ出さねばならなかった。また、亜原子の世界の変則性を理解しようとした物理学者たちは、ニュートンの精密な法則を超えたところに目をやって、量子力学の原理を見つけ出さねばならなかった。我々もまた、経営管理の歴史の同じような転換期にいると私は思う。はっきり言って、二〇世紀の経営管理の教えに基づいて組織の明日の重要な能力を築くことはできない。経営管理の新しいS字曲線に乗るためには、新しい経営原理が必要なのだ。

経営管理のゲノムを解読する

経営管理に関する自分の考えの基盤をなす最も根本的な原理は何かと、考えてみたことがおありだろうか。おそらくないのではあるまいか。私の経験から言うと、組織をどのように築けばよいかとか、部下をどのように管理すればよいかといった問題に関して、自分の考えの根底にある基本原理について考えたことのある企業幹部はほとんどいない。その意味で、ほとんどの企業幹部は、自分の生物学的なＤＮＡを意識していないのと同様、自分の経営管理のＤＮＡも意識していないのである。だから、新しい経営原理を探す作業を始める前に少し時間をとって、我々の現在の経営管理のゲノムを構成している原理と、それらの原理が組織のパフォーマンスをどのように制限している可能性があるかを理解する必要がある。

近代経営管理の慣行とプロセスは、少数の中核的な原理を軸に築かれてきた。標準化、専門化、階層組織、目標の一致、計画・管理、そして人間の行動を形づくるために外的報酬を用いるという手法である（表８－１参照）。

これらの原理は二〇世紀初頭に少数の先駆的な経営思想家――アンリ・ファヨール、リンダール・アーウィック、ルーサー・ガリック、マックス・ウェーバーのような人びと――によって打ち

表8-1　近代経営管理の原理

原理	応用	目的
標準化	インプット、アウトプット、および作業方法に関して、標準との差異を最小限にする	規模の経済性、製造効率、信頼性、および品質を高める
(作業や職能の)専門化	類似した活動をグループにまとめて、組織の構成単位とする	複雑さを減らし、学習の速度を速める
目標の一致	下位の目標や測定基準をトップから段階的に伝達することにより、明確な目標を定める	個人の努力をトップダウンで設定された目標と調和させる
階層組織	管理の範囲を限定することを基本に、権限のピラミッドを築く	幅広い業務範囲に対して管理を維持する
計画・管理	需要を予測し、予算を立て、作業スケジュールを定める。その後、計画からの逸脱を追跡・修正する	秩序立った、予測可能な形で業務を遂行できるようにする。計画に従った遂行を確保する
外的報酬	指定された結果を達成したことに対し、個人やチームに金銭的報酬を与える	努力する動機を与え、方針や標準の遵守を確保する

出されたものだ。これらの思想家は、近代経営管理の思想的基盤については、それぞれ少しずつ異なる見方をしていたが、この表に記した原理については意見が一致していた。この一致は当然だろう。彼らは皆、同じ問題――大規模組織で業務の効率と信頼性を最大化するにはどうすればよいかという問題――に注目していたのだから。一〇〇年近く経った今も、これは依然として近代経営管理が十分に対処できるただ一つの問題である。

これら工業化時代の原理がたゆみなく応用されてきたことは、経済の繁栄にとっては間違いなくありがたいことだった。だが、きわめて適応力のある、十分に人間的な組織を築こうとする場合には、これらの原理は力量不足であり、えてして有害だ。専門化は、多くの利点はあるものの、画期的なアイデアを生み出す部門・職能横断的な学習を制限するきらいがある。おまけに、偏狭な部署意識や有害な縄張り争いにつながることもある。標準化をどこまでも追求する姿勢は、抑制されずにそのまま放置されたら、ルールや手順に対する病的なまでの偏愛に転化するおそれがあり、そうなると新しいものや風変わりなものはすべて危険な逸脱とみなされる。目標の一致が重視されすぎると、個人が「職務範囲外の」機会を追求しにくくなり、新しい戦略を見つけにくくなる。緻密に作成された計画・管理のデータは、幹部に環境が実際より予測しやすいものであるかのように錯覚させ、彼らが前例のない不連続に気づくのを遅らせることがある。また、金銭的報酬の有効性を盲目的に信じていたら、個人の努力を引き出すメカニズムとしての目的や情熱の力が見えなくなることがある。

これらの古びた経営原理には、もう一つ、もっと全般的な限界がある。これらの原理は表向きは業務の有効性という目的に役立っているようだが、実は経営陣にとって感情的にはもっと大切なニーズ――予測が立てられること――に役立っているのである。近代経営管理の発展は、気まぐれで勝手な従業員をはじめとして、不ぞろいなものを均一化しようとする果てしない努力と表現しても、あながち間違いではない。（標準、管理、計画、手順を通じて達成される）均一性は、経営管理の仕事をやりやすくしてくれる。逸脱が発生したとき幹部がそれを見つけて修正するのを容易にしてくれる。リーダーが予測を立てて、その予測どおりに進んでいくことを可能にしてくれる。中間管理職が上司に無能さを見破られる可能性を小さくしてくれる。つまり均一性は、管理層の人びとが、すべてを制御しているという自己慰撫的な幻想を維持するのに役立つのである。近代経営管理の聖書では、「予想外のことはあってはならない」が、第一の戒律なのだ。

　だが、我々を取り巻く世界はますます不均一になっており、型破りの人たちが型破りの手段を使って型破りの利益を生む型破りの製品を生産している。たとえば、厳しい規律に縛られた製品開発プロセスから、アップルの象徴的な音楽プレーヤー、アイポッドの延長線上にある新製品が生み出されることは想像できても、硬直した機械的な開発プロセスからアイポッドそのものが生み出されていたとは思えない。二一世紀には、均一性は優れたパフォーマンスにはつながらないのである。

　スティーブ・ジョブズは、現在はディズニーの傘下にある、世界で最も成功しているアニメーション・スタジオ、ピクサーの会長を務めていたとき、毛色の変わった人間をよく採用していた。その一人が、『ザ・シンプソンズ』をヒットさせたことで有名な元ディズニーのアニメ作家、ブラッド・バードである。ピクサーに入らないかという誘いを受けたとき、バードはこう言われたという。「我々が恐れているのはただ一つ、自己満足に陥ることだ。我々が緊張感を持ち続けられるよう、外部の人に入ってもらう必要があるんだ」。標準から外れたものを求めるピクサーの貪欲さに惹かれて、バードは入社を決めた。それからほどなく、彼は自分がピクサーに呼ばれた理由をジャーナリストに次のように語った。「私はある程度の破壊を引き起こすためにここに呼ばれたんだ。破壊的であることを理由にクビにされたことは何度かあるが、それを理由に採用されたのは初めてだ(1)」

　ピクサーは例外である。ほとんどの企業は逸脱を嫌い、均一さを讃える経営管理のDNAを持っている。標準から外れたものを組織から追い出そうとする幹部であふれている。もちろん標準からの逸脱は、たとえば製品の品質を損なう場合のように価値を破壊することもある。だが、ひたすら均一性を崇拝する組織は、価値を破壊する逸脱と価値を創造する逸脱を、おそらく区別できないだろう。そのため、目標の一致と一貫性を高めるために築かれた経営管理システムが、よい逸脱も悪い逸脱もひっくるめて、あらゆる種類の逸脱を排除してしまうおそれがある。厳密さと不変性が並み以上のリターンを生む力を急速に失っているなかで、企業はこの先、標準から外れたものを大事にすることを学ぶ必要があるだろう。実際問題としては、これは――ジム・ラボアがライトソリューションズで行ったように――正統から外れた新しい原理を軸に経営管理システムを築くということだ。

経営管理のゲノムをつくり変える

では、経営管理のゲノムをつくり変える作業をどこから始めればよいのだろう。あなたの会社が二一世紀の新しい挑戦課題に応えるのに役立つ新しい経営原理を、どこで探せばよいのだろう。答えは簡単だ。あなたが自分の組織に採り入れたいと思っている最先端の特質をすでに示しているもの――つまり、適応力があり、革新的で、人びとを参加させるもの――のDNAを分析することから始めればよいのである。本章の目的を考慮して、ここでは適応力に焦点を絞ることにする。変化のスピードがますます加速している世界において、適応力ほど競争上の成功にとって重要な要件はないからだ。適応力を持つためには、企業はもちろん革新的でなければならないし、社員を参加させることも必要だ。したがって、適応力の原理を解明すれば、きわめて創造的で、社員に大きな権限を与える組織を築くための必要条件についてもヒントが得られるはずだ。

では、どのようなものが、適応力のベンチマークになるだろう。私が挙げるとすれば、生命、市場、民主主義、宗教的信仰、そして世界の最も活気ある都市である。これらのものは皆、大企業よりはるかに適応力がある。では、これらの適応力の模範に分け入って、我々がそこから何を学べるかを見ていこう。

生命——多様性を生み出す

生命は地球上で最も適応力のあるものだ。隕石の衝突や火山の噴火、気候の激変や地殻の変動にもかかわらず、生命は単に生き延びてきただけでなく、繁栄もしてきたのである。その過程で、生命はますます複雑になり、高い能力を持つようになってきた。標準的な進化モデルでは、生命のCEO、つまり進化のコースを指示する外部の力は存在しないにもかかわらずだ。生命は予測することも、先を読んで行動することも、未来の準備をすることもできないが、適応することはでき、今なお適応している。一例を挙げると、密猟の危険にさらされるなかで、オスのアジア象には生まれつき鼻のない個体の割合が次第に増えているという(2)。

生命の適応能力はきわめて複雑な生化学的プロセスに支えられているが、進化の「前進」の設計原理は比較的単純だ。多様性と選択である。生命は突然変異や有性生殖によって遺伝的多様性をコンスタントに生み出している。さらに、「遺伝子のフロー」——二つの異なる個体群が入り混じるときに生じる遺伝子の混じり合い――によっても、多様性が生み出される。生命は多様性というかたちで、予期せぬものに備えて保険をかけているのである。過去四〇〇万年の間に地球は何度か予期せぬかたちで変化してきたが、そうした変化が生命の適応能力を上回るペースで起きたことは一度もない。とにかくこれまでのところはそうだ。生命は数累代にわたって、細胞分裂の際のＤＮＡの完璧に近い記述をはじめとする永続メカニズムと、突然変異や生殖などの多様性誘発メカニズムの間で、驚異的なほどうまくバランスをとってきたのである。

地質学的データが示すところでは、進化は安定したペースの漸進的なプロセスではなかった。環境ストレスが強い期間には、進化は速度を速め、気まぐれな突然変異とその後の自然選択だけでは説明しきれない速さで前進することが多い。この現象の説明として打ち出されているのが、進化はときとして生物に一見不必要に見える生殖的に中立な特徴を備えさせ、環境条件が変化したとき、それらの特徴がまったく偶然に生き残りに役立つのだという説である。これは事前適応と呼ばれており、たとえば鳥類の羽は、飛行に使われるようになるずっと前から備わっていて、暑さ、寒さを防ぐ働きをしていたのかもしれない。事前適応があったと考えないかぎり、一部の生物が地質学的記録に示されているような急速な能力の向上をどのようにして成し遂げたのか、説明がつかないのである。

種は生息環境の変化にタイムリーに適応できなければ絶滅してしまう。個体数が少なく近親交配が続いている場合には、この危険性は高くなる。一例を挙げると、世界の商用リンゴの木の約九〇パーセントは、元をたどれば一組の親木に行き着く。遺伝的多様性がほとんどないため、リンゴの木は環境ストレスに対処できるような適応特性をなかなか生み出すことができず、黒星病、火傷病、うどん粉病など、さまざまな病害に感染しやすい。要するに、遺伝子的に同質の集団には、進化の前進のための「原料」がわずかしかないということであり、そのため環境のマイナス変化によって種全体が危険にさらされることがあるのである(3)。

では、生命は経営管理イノベーションを目指す人びとにどのような教訓を与えてくれるだろう。二一世紀の組織にとって、多様性と選択が持つ意味合いは何だろう。おそらくあなたはすでに教訓を引き出しておられるだろうが、とくに重要と思われるものをいくつか説明させていただきたい。

実験は計画に勝る　人間が未来を制御したいと思うのは自然なことだ。我々の誰もが、未来が自分の計画に従って展開することを望んでいる。だが、現在が未来への手引きとしてますます信頼できないものになっている世界では、競争に勝ち残れるか否かは、次に来ると思われるものに備えて計画することより、むしろ次に来る可能性があるものを絶え間なく実験することにかかっている。確かなことは一つ、未来は予想外の展開になるということだ。それらの予想外の展開があなたの会社にとって吉と出るか凶と出るかは、あなたの会社が――破壊的な技術を実験する、新しい販売方法を探る、新しい種類の顧客に手を伸ばすなど――現状に代わるものを探す作業にどの程度先行的に投資しているかに大きく左右される。どのような展開になっても生き残るためには、企業はおおまかに台本の書かれた事前適応をたくさん行う必要がある。これこそが、ゴアの遊びの時間やグーグルの二〇パーセント規定――変化が起きてから対応するのではなく事前に適応するチャンスを社員に与えている措置――を支えている論理である。ほとんどの企業で、実施される変革の多くが、すでに差し迫っている問題に対応するためのものであり、じっくり取り組む余裕もなければ自由な発想を受け入れる余地もなく、すぐには役に立たないプロジェクトを擁護する手だてもない。きわめて多くの企業が変革曲線に乗り遅れるはめになるのはそのためだ。経営管理イノベーターとしてのあなたの役目は、自分の会社の経営管理システムが戦略の事前適応を促進するものになるようにすることだ。

すべての突然変異はミスである

ほとんどの企業が、業務の完璧さを目指して努力している。だが、もしも自然が完璧だったら、もしもDNAの記述が常に何のミスもなく行われたら、進化のプロセスは停止してしまうだろう。経営管理イノベーターにとっての教訓は明白だ。企業は戦略の実験の範囲を拡大しなければならないだけでなく、物事を「うまくいくはずがない」とか、「ばかげている」とか、「論外だ」などと早々と決めつけることも慎まなければならないのである。イノベーションの研究者なら誰でも知っているように、斬新なアイデアは必ず最初は不信感を掻き立てるものだ。だから、経営管理イノベーターは次のように問う必要がある。「私の会社の経営管理プロセスは、何をもって『まとも』とするかという狭い定義をどのように補強しているか」「それらのプロセスは、社員が非凡なアイデアを打ち出すのをどのように阻んでいるか」。もちろん、「本当にばかげた」アイデア（たとえばコーヒーをオンラインで販売するという案）と、「賢いばかげた」アイデア（たとえばスターバックスでキャラメルマキアートを一杯四ドルで売るという案）には違いがある。問題は、時代遅れの業界の定説を選別基準として使っていたのでは、この二つを識別できないことだ。狭く定義された実現可能性テストに合格しないアイデアを片っ端から排除する評価プロセスを使い続けていたら、あなたの会社の適応力は低下する一方になるだろう。有名なベンチャーキャピタリストのスティーブ・ジャーベソンが述べているように、「本当に正しいときが何度かあれば、ほとんどのときに間違っていてもかまわない[4]」のである。

エラーやミスが事実上ゼロの会社を築くことはできる。きわめて適応力の高い会社を築くことはできる。だが、両方を備えた会社を築くことはできない。この意味で、完璧さは進歩の敵なのだ。

自然選択は上級副社長を必要としない　どのアイデアに資金を与え、どのアイデアを却下するかを選定する作業に関しては、ほとんどの企業の選定プロセスが「自然な」選択とはかけ離れたものだ。生物の進化の選択では、どの遺伝子が選ばれてゲノムに組み込まれるかを決める単一の基準がある。生殖の成功である。切り捨てられることになる遺伝子には、擁護してくれる者はいない。カーニバリゼーション（共食い）の危険性を心配してくれる者はいない。だが、ほとんどの企業には、どのアイデアが選ばれて予算に組み込まれ、どのアイデアが排除されるかを決定するあらゆる種類の政治的バイアスがある。

この事実は、経営管理イノベーターにもう一つの重要な目標を指し示す。意思決定の脱政治化である。これは実際には、新しいアイデアが一人の幹部や事業部長によってその運命を決められるのではなく、支援を得るためにオープンに競争するチャンスを与えられなければいけないということだ。それと同時に、幹部の「お気に入りのプロジェクト」について普通の社員が意見を表明できる仕組みが存在していなければならない。ゴアやグーグルで同僚からのフィードバックが重視されている理由はここにある。簡単に言うと、あなたの会社が生き残る可能性を高めたいのなら、上級副社長の選択ではなく「自然」選択によって、どのアイデアが推進され、どのアイデアが捨てられるかが決定されるようにする必要があるということだ。

遺伝子のプールは大きければ大きいほどよい　経営幹部はいいとこと結婚することが多い。もちろん、文字通りいいとこと結婚するということではなく、自分と似通った人生経験を持つ人と付き合うということだ。考えてみていただきたいのだが、エンジニアでも会計士でもＭＢＡでもなく、業界の大ベテランでもない人物で、あなたの会社の上級幹部の座にある人が何人いるだろう。

システムの適応力は、そのシステムの多様性によって決定される。考えやスキル、姿勢や能力の多様性が大きければ、適応の選択肢の幅もそれだけ大きくなる。急速に変化している世界で気をつけなければならないのは、企業が特定の生態的地位に過剰適応することだ。企業は、焦点を絞ってそれだけを追求していくなかで、同じタイプの人間を採用したり、イノベーション努力の範囲を狭くしたり、一つのビジネス・モデルだけに依存したり、新しい業務モデルの実験を怠ったりして、適応力を弱めてしまうことがある。変化のペースが加速している今、多様性に投資することは贅沢ではない。それは生き残り戦略なのだ。

多様性はもちろん肌の色や性別だけをいうのではない。本当に重要なのは人生経験の総体である。

企業は口では多様性を唱えながら、実際には、会社にフレッシュなアイデアを引き入れることより、社員に「ただ一つの最善の方法」を植え付ける訓練プログラムを通じて多様性を排除することに力を入れるきらいがある。注目に値する例外はＩＢＭだ。ＩＢＭは二〇〇六年六月にオンライン・ブレーンストーミング「イノベーション・ジャム」を実施して、一〇万人を超える人びと——顧客、社外コンサルタント、社員の家族——に参加を呼びかけた。参加登録をした人びとは、交通、医療、環境、金融、商取引などの未来についてアイデアを出し合い、議論する機会を与えられた。ＩＢＭは議論を刺激するために、参考資料として同社の最も魅力的な技術に関するビデオクリップやバーチャル見学や背景情報をこのサイトにたっぷり提供した。イノベーション・ジャムは、戦略創造に対する本当に「オープンソース」の取り組みとは言えなかったものの、ＩＢＭに社内のブレーンストーミングとは比べ物にならない多様な視点を知る機会を与えてくれた。その意味で、これは企業が一般に戦略創造のために使っている外部から隔絶されたプロセスに代わる斬新な試みだった。

未来に進んでいくにつれて、自社のコア戦略をハイペースで進化させるすべを学んだ企業が生き残り、適応力の劣る企業は排除される競争環境にますますなっていくだろう。あなたの目標は、あなたの会社が競争相手の進化のサイクルより速く進化できるようにすることだ。生命がなんらかのヒントになるとしたら、これは実験の範囲を広げ、戦略決定から政治的要素を排除し、遺伝子のプールを拡大するように、経営管理プロセスをつくり変えるということだ。これらは二一世紀の経営管理モデルの重要な設計仕様である。

市場——資源を柔軟に配分する

進化は「よい」突然変異を広め、「悪い」突然変異を抑制する仕分けメカニズムである。それに対し、うまく機能している市場は、資源を低価値の用途から高価値の用途に振り向ける経路制御メカニズムである。ゆるやかに規制されている市場は資源配分の効率性を達成する最も効果的な手段であるという点で、エコノミストの意見はずいぶん前から一致している。公開された市場の体制では、慢性的に業績の振るわない企業は顧客や投資家を失い、それによって資本や社員を失う。市場はその後それらの資源を、もっと生産的に利用できる企業に再配分する。市場が機能しているときは、どんな企業も社会の資源を永遠に乱用し続けることはできないのである。国の経済の適応力が、うまく機能する市場の有無に決定的に左右されるのはそのためだ。

市場は何千人、ときには何百万人もの経済主体を包含しており、当然ながら分権的だ。だが、市場は、多くの異なる出所からデータを集め、その情報を価格というかたちで要約するのがすこぶるうまい。この意味で市場は、ジェームズ・スロウィッキーのわかりやすい表現を借りるならば「みんなの意見」[5]を言い当てるのだ。「みんなはこの株式にどれだけの価値があると思っているか」「みんなはこのデザイナー・ジーンズがどれくらいの値段で売られるべきだと思っているか」を見抜くのである。価格が幅広い人びとの意見や感覚を反映しているとき、売り手と買い手は価格の「公正さ」を信頼する。だが、大企業では少数の意見に信頼が置かれすぎている。新しい戦略構想の潜在的価値に「値段をつける」となると、なおさらその傾向が強くなる。

市場はきわめて複雑な配分の問題を解決することができる。たとえば、八〇〇〇万人以上の人口を抱える大都市、ニューヨークには、いつの時点でも三日分足らずの食糧しかない。ある意味でこの大都市は常に飢餓の一歩手前にあると言える。ニューヨークの市長は、食糧長官を任命して十分な食糧を常に確保させておくこともできるだろうが、そのような案は明らかにばかげている。レストランや屋台の食べ物屋や普通の買い物客の需要にほとんど即時に対応するさまざまな市場――野菜や肉や飲料などの市場――の効率性のおかげで、ニューヨーク市民は飢えることはないのである。事実、ノーベル賞経済学者のアマルティア・センによれば、市場経済の民主主義国が深刻な飢餓を経験したことは一度もない。

シリコンバレーもまた、適切な資源を適切な人に適切なときに届けるのがきわめてうまい。直近の五年間に、シリコンバレーのベンチャーキャピタリストは四二〇億ドル以上の資金を集め、そのカネを四六二四の案件に投資した(6)。だが、シリコンバレー株式会社のCEOが存在するわけではないし、資源の配分を決定する投資委員会が存在するわけでもない。ナノテクノロジーやバイオテクノロジーや携帯ウェブに、それぞれいくら投資するべきかを決定する中央の権威者は存在しないのである。

ベンチャーキャピタリストは本質的には、新事業のアイデアの市場、資本の市場、人材の市場という三つの市場の交差するところで価値を創造するために競争している、独立した仲介者である。中規模のベンチャーキャピタル会社が一年間に受け取って審査するビジネス・プランの数は、平均的な年で五〇〇〇件以上にのぼる。大規模な会社の場合には、その四、五倍になることもある。ベンチャーキャピタル会社は、資金を引き寄せるために、また、その資金を投じるのに最適の新規企業を見つけるために競争している。未来の起業家たちは資金を得るために競争している。新しいビジネス・プランは一般に一〇社以上のベンチャーキャピタル会社に送られ、たいていはいくつものベンチャーキャピタル会社に断られたのち、ようやくスポンサーを見つけることができる。設立された新会社は、次のシスコやイーベイやグーグルに入社したいと思っている優秀なエンジニアや営業要員や上級幹部を採用するために競争することになる。市場がどの程度うまく機能するかは、参加者が関連情報をどの程度入手できるかにかかっている。シリコンバレーの地理的な狭さと互いに絡まりあった密度の高い社会的ネットワークは、この点で大きな恵みになっている。互いの社会的な隔たりがきわめて小さいので、バレーのベンチャーキャピタリストや起業家やエンジニアは、交渉の席で比較的簡単に互いを値踏みすることができる。こうしたことのすべてが、シリコンバレーを世界屈指の経済的活力に満ちた場所にしているのである。

ニーズと解決策が互いに相手を見つけられる場を築くことによって、市場は買い手にとっても供給側にとっても――それがスポンサーを探している未来の起業家であれ、擬似恋愛を求めている孤独な大人であれ――等しく選択の幅を拡大する。数年前『ニューヨークタイムズ』に出会い系サイト市場の急成長を取り上げた記事があったが、[7] クレイグズリスト、アダルトフレンド・ファインダーなどのこうしたサイトは、短期間の親密な「関係」の市場を途方もなく大きく拡大してきた。何十万件もの個人広告を集めているのだから、これらのオンライン市場はその主要な競争相手――近隣の酒場――よりはるかに効率的だ。酒場と違って、オンライン市場は二四時間営業していて、パートナーになってくれる可能性のある相手を幅広く取り揃えているし、こちらの意図が誤解されるリスクも小さい。テクノロジーのおかげで買い手と供給側が互いに相手を見つけやすくなると、市場は――ときには幾何級数的に――拡大するのである。

では、経営管理イノベーターは市場から何を学べるか。何よりも、資源（資本と人材）は最高の収益を自由に追求できなくてはいけないということだ。適応力を持つためには資源配分の柔軟性が必要であり、歴史が示すところでは、これはある種の市場メカニズムによって最もうまく達成される。より具体的に説明しよう。

市場は政治的思惑とは無縁である　過去五〇年にわたり、ニューヨーク証券取引所は、そこに上場されている企業の大多数より高い業績をあげてきた。なぜかというと、市場は階層組織より資源の配分がうまいからだ。階層組織は資源を応用すること――計画を立て、計画に沿って活動し、期限に間に合わせること――はきわめて得意だが、資源を配分すること――より具体的には、古い戦略から新しい戦略に資源を再配分すること――は不得手である。

一例を挙げると、コダックがフィルム写真事業の末期に近い衰退をようやく認めて三〇億ドルの再編計画を打ち出したのは、二〇〇四年のことだった。驚くにはあたらないが、この再編計画をまとめるためには新しいCEOが必要だった。再編への動きがこれほど遅れたという事実は、コダックの古参幹部たちがレガシー事業への投資をなかなかやめる気になれなかったことを物語っている。

大企業――ほとんどがニューヨーク証券取引所やシリコンバレーよりも旧ソ連に近い組織構成になっている――とは異なり、市場は第3章で述べた資源配分の硬直性に悩まされることはない。市場は政治的思惑とは無縁であり、感情に左右されることもない。どこかのブローカーなりファンドマネジャーなりが、「みんな」に無理やり低業績の資産に投資させ続けることは不可能だ。それに対しほとんどの企業では、現状を生きながらえさせることが幹部の個人的な利益にかなうことが多い。そしてそこに問題があるわけだ。重要な資金配分の決定が守旧派によって牛耳られているとき、企業が前衛にいるのは難しいのである。

市場を築けば人は集まってくる　二〇〇六年八月の時点で、イーベイの登録ユーザーは二億人を超えていた。二〇〇五年には、同社は一九億件を超える出品を受け付け、四四〇億ドル以上の商品の販売を手助けした。イーベイでの取引は簡単にできるので、ここで初めてオンライン取引を体験したというユーザーが何百万人も生まれている。さてここで、平均的なベンチャーキャピタル会社に送られてくる年に五〇〇〇件のビジネス・プランのことを考えてみよう。もしもシリコンバレーが存在していなかったら、送られてきた電子メールに熱心に目を通して次のヤフーやユーチューブを見つけようとする何百社ものベンチャーキャピタル会社が存在していなかったら、これらのビジネス・プランは生み出されていただろうか。大学生たちは、次のトム・アンダーソン――マイスペースの共同創業者で、大学では英語学を専攻していた――になることを夢見ているだろうか。どちらの問いについても、答えはおそらく「ノー」だろう。市場は新しいビジネス・モデルや新しい製品を生み出すことはできないが、個人が新しいものを考案するための強力なインセンティブを生み出すことができるわけだ。

この理屈をあなたの会社の新しいアイデアの「市場」に当てはめてみよう。政治的力のない現場の社員が、小規模な実験のために資金を出してもらいたいと思ったとき、その社員にはどのような選択肢があるだろう。ほとんどの企業で、選択肢は一つしかない。そのアイデアを上に上げて、公式の計画策定プロセスの一環として検討してもらえるところまでなんとか行き着かせることだ。この場合、成功するためには次の四つがそろっていなければならない。そのアイデアを突飛だとか職務範囲外だなどとして独断的に却下しない上司。確実に上級幹部の関心を引く、一目で「大きい」とわかるアイデア。まだ不完全なアイデアを応援し、そのアイデアに既存のプログラムから資金を回してもよいと思ってくれる幹部。そして、これらすべてを生じさせるために必要な洞察力とカリスマ性と政治的駆け引きの才。この四つがそろわなければならないとなると、勝算はきわめて薄い。社内イノベーション市場のこうした弱点を考えると、大企業で画期的なアイデアがなかなか生まれないのは無理もない。

ほとんどの企業が、シリコンバレーのイノベーション市場に相当する仕組みを社内に備えてはいない。経営幹部のもとに年に何千件もの新しいビジネス・プランが送られてはいないし、何百人もの投資家が次の大きなアイデアに出資するために競争してもいない。さらに、重要ではあるがつまらないプロジェクトを捨てて、もっと大きな潜在力を持つプロジェクトに取り組む自由が、優秀なエンジニアに与えられてもいない。プロクター・アンド・ギャンブルのように、社外からイノベーションを調達するのがうまくなっている企業はいくつかあるが、社内に公開のイノベーション市場を築いている企業はほとんどないのである。

業務効率イコール戦略効率ではない　企業は業務効率を測定する方法はたくさん持っているが、戦略効率を評価するとなると、ほとんどの企業がお手上げになる。新しいプロジェクトの案をどんどん生み出して検討するプロセスがないとしたら、現在のプロジェクト構成が人材や資本の最も効率的な使い方であると、企業のリーダーはどのようにして確信できるのか。資本や人材がより有望なプロジェクトに自由に移動できないとしたら、適切な資源が適切な機会に配分されていると、どのようにして確信できるのか。答えは簡単で、できないのである。

戦略の新しい選択肢が十分生み出されていない場合、あるいは人材や資金が既存の事業に「固定」されている場合には、事業部門の幹部は資源を割引価格で入手することができる。いくつもの新しい代替案と資源をめぐって競争する必要がないからだ(8)。すべてのプロジェクトにそれぞれの資本コストを賄うだけの利益を生み出すことを義務づけたとしても、この矛盾が是正されるわけではない。プロジェクトのＥＶＡ（経済付加価値）がプラスであっても、そこに資源を投じることは資源の最適利用ではないということは十分にありうる。企業の戦略効率を高める唯一の方法は、市場原理に基づく資源配分プロセスを築くことだ。

市場の資源配分の柔軟性は、素早く動く企業を築くための設計原理を、さらにいくつか指し示している。第一に、新しいプロジェクトを評価し、「値段をつける」プロセスは、分権化される必要がある。過去に愛着を持つ少数の幹部に、新しい自由な発想のアイデアを破壊させてはならないのである。第二に、イノベーターが実験資金を出してもらいたいと要請できる先――新しいビジネス・プランに出資する機会を探しているバレーの多くのベンチャーキャピタル会社やエンゼル投資家に相当するもの――は、複数存在していなければならない。どんな大企業にも、新しいアイデアに小額の実験的な賭けができる人間が、何百人、何千人と存在しているべきなのだ。そして第三に、アイデアや人材や資本の市場が効率的であればあるほど――つまり、社内イノベーターと社内投資家が互いを見つけるのが容易であればあるほど、そして社内の資源再配分に対する制約が少なければ少ないほど――企業は高い適応力を持つのである。

民主主義――積極的な参加を可能にする

一党支配の国や独裁体制の国が偉大な民主主義国の適応力に劣らぬ適応力を発揮したことは、過去二〇〇年の間に一度もない。今日では、世界の国家の三分の二が民主主義国か民主主義に移行中の国であり、その割合は第二次世界大戦終了時の二倍に達している。[9] 多くの開発専門家の思い込みに反して、民主主義は第三世界の国々にとっても、第一世界諸国にとってと同様、大きな恵みである。モートン・ハルペリン、ジョセフ・シーグル、マイケル・ワインスタインの三人は、綿密な調査に基づく著書『The Democracy Advantage（民主主義の優位）』[10]で、世界の最も貧しい地域においてさえ、民主主義国は独裁体制より優れたパフォーマンスを発揮していると主張している。開発途上国同士を比較すると、民主主義国は深刻な景気収縮や人道上の緊急事態を経験する確率が独裁体制の国よりはるかに小さいのである。[11]「民主主義国は、独裁国のように崖から転げ落ちて谷底まで行くことはない」[12]と、マイケル・ワインスタインは述べている。

それなのに、人びとは強力なＣＥＯが民主主義の適応優位性を否定するのを容認することがある。

民主的プロセスは、広く知られているように時間がかかるし面倒だ。めまぐるしく変化する世界で必要な迅速な決定を下す権限をリーダーが持てるのは独裁体制だけだという主張は、確かに成り立つだろう。独裁者は時間をかけてコンセンサスを築く必要はないし、権力のレバー（軍やメディアや行政機関）を握っているのだから、ただちに行動することができる。

だが、問題は、独裁体制では意思決定の質がただ一人の人間の英知、もしくは少数の上級リーダーの英知に大きく左右されることだ。あらゆる企業がリー・クアンユーのようなCEOに率いられているのなら、それは問題ではないだろう。長年シンガポールの首相を務めたリー・クアンユーは、独裁に近い権力を行使して、旧植民地をアジアの経済発展のすばらしい手本へと変貌させた。しかし、政治の分野でもそうだが、ビジネスの分野でも、リー・クアンユーのようなリーダーはまれである。でなければ、独裁体制が一貫して民主主義国よりパフォーマンスが低いということはないはずだ。

独裁体制には、ボトムアップの変革のメカニズムはほとんどない。そのため、変革は革命や反乱による時期遅れの突発的な大変動というかたちで訪れる。民主主義国では、変革は通常草の根から始まり、利益集団や政治活動家が各自の政策に対する支持を集めるにつれて、上に広がっていく。変革が下から絶えず湧き出しているので、民主主義国は、独裁体制下の政治の営みの特徴である断続的な反乱を免れることができる。残念ながら、ほとんどの大企業ではそうではない。リーダー陣の姿勢の変化や戦略の転換を起こすためには、通常、財務危機や株主の反乱が必要なのだ。

実際、大企業はその変革モデルを、まともな統治が行われていない第三世界の独裁体制から拝借しているかに見えることがある。独裁体制の下では、政策を変更する唯一の方法は暴君を権力の座から追い落とすことだ。だが、取締役会主導のクーデターは、通常、企業が勢いや資金をずいぶん失ってからでなければ起きないので、企業の方向を変える方法としては、すこぶる効率が悪い。それでも、民主的改革がないとしたら、戦略の方向を変えるにはこの野蛮で高くつく方法しかない。経営管理イノベーターが民主主義の再生力の秘訣を理解する必要があるのはそのためだ。

統治される側の人びとに対する説明責任　フランシス・フクヤマは民主主義とは「一連の説明責任のメカニズム」だという。フクヤマによれば、「すべての政治体制がある程度の説明責任を備えているが、その程度は体制の種類によって異なり、説明責任が大きい体制ほど適応力が高い[13]」。民主主義社会では、政治エリートは民衆に手足を縛られている。どれほど頑固だろうと、どれほど利己的だろうと、あらゆる政治家が、究極的には有権者の意志に応えなければいけないということを知っている。

民主主義社会では、権力は上に向かい、説明責任は下に向かう。政治家は自分の選挙区の有権者によって選ばれ、彼らに対して説明責任を負う。そのため、彼らはさまざまな視点を考慮に入れなければならない。企業の世界では、このパターンが逆になっている。社員は上に対して説明責任を負い、その一方で権限は取締役会から下にしたたり落ちる。トップ・マネジメントが説明責任を負っているのは、株主に対してのみだ。問題は、取締役会は価値を創造しないということだ。どれだけの価値が創造されるかは、社員の英知と想像力、それに彼らの戦略がどの程度、尊重されるかによって決まるのである。

アメリカ最大手のＤＩＹチェーン、ホームデポの会長兼ＣＥＯを解任される少し前、ロバート・ナルデッリはテレビのインタビューで「私ほど株主と目標が一致している者はいないだろう[14]」と語っていた。確かにナルデッリは株主と目標が一致していた。彼はホームデポの株価が上がった場合にのみ大儲けできる大量のストックオプションを与えられていたのである（もっとも、多くの他のＣＥＯと同様、株価が横ばいのときにも驚くほど多額の報酬を得ていたのだが）。だが、株主の利益はナルデッリが社員や顧客と目標を一致させていたほうが、おそらくもっとかなえられていただろう。ＣＥＯが第一に説明責任を負うべきは、株主に対してではなく、株主価値を創造する、あるいは破壊する最大の力を持つ人びとに対してだと、私には思われる。

企業のリーダーがこのような説明責任の意識を示す方法としては、どのようなことが考えられるだろう。最下層の社員との――彼らの尻を叩くことではなく彼らから学ぶことを目的とする――対話に費やす時間をぐんと増やすこと。本社の上級幹部ではなく現場の社員に、彼らの仕事に影響を及ぼす経営管理プロセスを設計する責任を負わせること。あらゆる重要な決定に組織のあらゆる層、あらゆる部署の人間を参加させる公式の協議メカニズムを築くこと。グーグルで人びとを結びつけているような、ウェブを使った自由な議論の場を設けること。そして、彼らに本当に勇気があるなら、上層部と一般社員の給与の格差を縮めることだ。要するに、社員に対して本当に説明責任を感じている経営幹部は、そうでない幹部より幅広く協議し、熱心に耳を傾けるのである。その見返りは、経営陣の利己的で時代遅れの考えによって変革が阻まれる危険性が減ることだ。

異議を唱える権利　民主主義社会では、政治指導者は批判にきちんと向き合わなければならない。タウンホール・ミーティングから大統領の記者会見に至るまで、選挙で選ばれた指導者は、最も耳障りな中傷に対しても公の場で対応しなければならない。独裁体制では概して無視されたり抑圧されたりするたぐいの批判やいまいましい情報を、日々直視しなければならない。だが、公然と、しかも活発に表明されるこうした異議は、間違いなく決定の質を高め、悪い政策の見直しや修正がより迅速に行われるようにしてくれる。

大声で率直な異議を唱えることは、階層型組織ではたやすいことではない。私はコンサルタントとして、若手チームが論議を呼ぶアイデアをＣＥＯの前に差し出すさまを何度も目撃してきた。準備会議では彼らは例外なく熱意にあふれ、断固たる姿勢を示している。ところがＣＥＯの前に出ると、これらの大胆な異端者たちはたいてい、ぺこぺこ頭を下げる哀願者に変わってしまう。ＣＥＯにとんでもないという表情をされ、懐疑的な質問をされると、後ずさりして出口を探してしまうのだ。適応力を持つためには現状の代替案が必要であり、代替案を得るためには異議を唱える人間が必要だ。だから、経営管理イノベーターは「私の会社の経営管理プロセスは異議を促しているか」と、自問しなければならない。そして、促していないとしたら、「この現状を変えるためには何をすればよいか」と、問わなければならないのである。

分散されたリーダーシップ　アメリカは、バカ者によって運営されることを前提に、天才によってつくられたと言った人がいる。もちろん、これはすべての立憲民主主義国について言えることだ。

言い回しは軽薄だが、この言葉は重要な真実を伝えている。アメリカの適応力は――ありがたいことに――ホワイトハウスの主となる人間の資質によって決まるわけではないということだ。歴代アメリカ大統領のうち何人かは偉大なリーダーで熱意ある政治家だったが、ほとんどはさほどでもない人物だった。民主主義国が大企業より適応力があるとすれば、それはリーダーが優れているからではないのである。

民主主義社会では、権力の座にいる人びとのビジョンや道義的勇気が変革のペースに及ぼす影響はごくわずかである。社会運動家や業界団体、シンクタンクや一般市民など、すべての主体が立法議題を提案し、政治的優先課題に影響を及ぼすチャンスを持っている。民主主義がこうした活動主体に与えている正当性は、参加する意欲のあるすべての市民に政策イノベーターになる権利があるという考えに基づいている。また、有権者は支持を求めて常に競い合っている多くの政策選択肢のなかから賢明に選択することができるという、有権者の能力に対する深い信頼にも支えられている。しかし、企業がこの種の信頼を一般社員にまで拡大することはめったにない。企業は、組織の成功はCEOと上級幹部チームのリーダーシップの質に大きく左右されるという考えにしがみついているのである。

取締役会や経営幹部リクルーターは、完全無欠なCEO――大きな夢を描いているが堅実で、大胆だが慎重で、自信はあるが謙虚で、断固としているが柔軟で、厳しいが思いやりのある人物――を探す作業に、毎年膨大な時間を費やしている。問題は、これらのすばらしい、だが相反する資質をなにもかも十二分に備えている人物は、大勢はいないことだ。民主主義を生み出した人びとはその点を認識しており、「普通の」市民のごく当たり前の英知を活用する政治プロセスを築くことによって、それを補ったのだ。だとすると、真の課題は偉大なリーダーを採用するとか育成するとかいうことではなく、完全無欠とは言いがたいリーダーの下でも繁栄できる企業を築くことだ。

もちろん、民主主義にも問題はある。民主主義は競合する利益の板ばさみになって身動きできなくなることがあるし、大きく膨れ上がった対応の鈍い官僚組織を生み出すことが多い。だが、民主主義の適応し、進化する能力の中に、我々は二一世紀の企業の設計原理をさらにいくつか見出すことができる。リーダーは現場に対してとことん説明責任を負わなければならない。社員は異議を唱える権利を自由に行使できなければならない。政策決定はできるかぎり分権化されなければならない。積極的な参加が奨励され、尊重されなければならない。あなたの会社の経営管理システムにこれらの原理を組み入れたら、あなたの会社の適応力は今よりはるかに高くなるはずだ。

宗教的信仰——意味の中に勇気を見いだす

学者たちは三〇〇年以上前から、宗教的信仰の終わりを予言してきた。オーギュスト・コントからリチャード・ドーキンスに至るまで、科学の確実性が高まるにつれて信仰は必然的に崩壊すると主張してきた。だが、神聖なる存在に対する畏敬の念は、今なお人類の大きな共通項の一つであり続けている。宗教心がどの程度明白に表れているかは社会によって異なるものの、人類の大多数は人間を超越した存在に対する畏敬の念を共通して持っているのである。

科学がいつの日か宗教に取って代わるという考えは、宗教的信仰は基本的には自然界の仕組みについての神秘主義的な誤った推論であるという、間違った決めつけに基づいている。だから、科学的発見という太陽の光が無知という暗闇に差し込んでくるにつれて、これらの原始的な迷信は夏の太陽を浴びた朝露のように消え失せると主張される。だが、宗教的信仰は、自然現象のｗｈａｔ（内容）やｈｏｗ（仕組み）やｗｈｅｎ（時期）に対する関心に主として基づくものではない。むしろ、存在の「ｗｈｙ（理由）」に対する関心に基づいているのである。そして、「なぜ存在しているのか」という問いは答えを見つけられない問いであり、したがって追求する価値はないと主張する科学者がいるとしても、彼らはまだ人類の残りの人びとに意味の追求をやめさせるほど説得力のある主張を打ち出してはいない。

精神的信仰の核にあるのは契約である。信仰者は、ともすると不便な道徳的義務を軸に自分の生活を組み立てることを約束する見返りに、無限の広がりを持つ時間と空間の中での人間の選択の重要性を説く教えを与えられる。「あなたは原形質以上の存在だ。美しいけれど何の意図もなく並べられている星屑以上の存在だ。あなたの存在には目的があるのだから」というメッセージを伝えてくれる教えである。人間の信仰の基盤を研究してきた社会学者、ロドニー・スタークとロジャー・フィンクは、これを次のように簡潔に述べている。「……宗教的説明は人生の根本的な意味を明確にしてくれる。我々はなぜここにおり、（どこかに行くとすれば）どこに行くのかを[15]」。つまり、「なぜ存在しているのか」という永遠の問いに対する答えを与えてくれるのである。

もちろん何に対して信仰を捧げるのかは重要な意味を持つ。二〇世紀ヨーロッパの二つの重要な政治的信仰、ファシズムと共産主義は、人類にとって大きな災厄だった。死と報復を唱える狂信的集団に信仰を捧げている過激派イスラム教徒も、歴史は容赦してはくれないだろう。人間は永遠に大義の中に――高邁な大義であれ、卑劣な大義であれ――方向性と意味を求め続けるだろう。幸いなことに、歴史を眺めてみると、人生を肯定する穏やかな信仰に導かれて善行を積んだり、人のために尽くしたり、破綻した人生を立て直したりした人の例が無数にある。学者たちの調査でも、宗教的信仰が自尊心を高め、肉体的健康を増進し、人生の苦しみに対処する能力を拡大することが、繰り返し確認されている(16)。

信仰には、我々が適応力について学べる点がある。それは信仰自体が生き残っているからではなく、信仰が人間に意味の意識を与えることによって人間が適応する手助けをしてくれるからだ。長い歴史の中で何百万人もの人生が、深く根づいているあらゆる信仰体系が信者に与える意味の意識によって変えられてきた。預言者や開祖や聖人たちは、おのれの神聖な目的の中に、窮乏や悲劇に耐える勇気や、非凡な業績を成し遂げる力を見いだしてきたのである。ハードカバーの本としては出版史上最高のベストセラーになったのが、リック・ウォーレンの『The Purpose-Driven Life(目的に導かれた人生)』であることは、驚くにはあたらないにしても、注目に値する。混乱の時代には人間は適応力を必要とし、適応するためには定めという意識――我々を前進させてくれる目標、周囲のすべてのものが変化しているとき方向を維持させてくれる北極星――が必要だ。ドラマと意味をもたらす物語がなければ、我々は気力をなくし、方向が定まらなくなるのである。意味が適応力のある組織を築くための重要な設計原理であるのはそのためだ。より具体的に説明しよう。

使命に重要な意義がある　心臓ペースメーカーと埋め込み式除細動器の世界最大のメーカー、メドトロニックは、ビル・ジョージが会長兼CEOを務めていた間に、年率で平均三二パーセントという驚異的な株主リターンを生み出した。このような並外れた業績を達成できた理由として、ジョージは「人びとに充実した生活と健康を取り戻させる」[17]という同社の使命が持つ、人を変える力を挙げる。ジョージは次のように語っている。「メドトロニックを訪れた人に何よりも強い印象を与えるのは、その使命だ。あらゆるところに使命があるんだ。あらゆる建物で壁に掲げられているし、カードに記されて社員の財布の中にも入っているし、机の上にも置かれている。使命の隣には患者の写真がある。あらゆる職業、あらゆる年齢、あらゆる国の人びとで、みんなメドトロニックの製品を埋め込んでいて、幸せそうだし、健康そうだ[18]」

あなたの会社には、どのような高い目的が役立つだろう。あなたの答えが「株主の富」ではないことを期待したい。ほとんどの企業で、株価の上昇はもっぱらトップにいる人たちに利益をもたらす。ビル・ジョージはこう語る。「短期的な（株主）価値に焦点を定めることの真の問題点は、多数の社員に意欲を起こさせて非凡な業績を達成させることができない点にある」

確かに、（少なくとも一部の）人びとに金銭だけで意欲を起こさせることは可能である。だが、エンロンの株主たちが思い知らされたように、貪欲さが志の高い目標をしのぐ場合には、それは危険である。善なる目的がなければ、倫理的限度を踏み越えてでも個人的利益を追求したいという衝動が抗いがたいものになることがある。定めという意識がなければ、CEOをはじめとする幹部たちは、金儲けを最優先したいという誘惑にかられ、未来のために重要な能力を築くことより株価を押し上げることに夢中になるかもしれない。株主の利益を十分かなえるためには、企業は現状を超える企業になる道を永遠に歩んでいかなければならない。過去の引力に打ち克ち、個人の変革を促すだけの魅力的な使命を持っていなければならないのである。

人は自分が大切に思うもののためなら自己変革する　突き詰めていうなら、適応力のある組織というものは存在せず、適応力のある人間が存在するだけだ。企業の経営管理プロセスが適応を阻む場合であれ、促す場合であれ、究極のところで重要なのは、人びとの変わろうとする意志である。変革に関するほとんどの本が、人びとは変革に反射的に抵抗するものであり、したがって巧みに操ったり、脅したり、おだてたりして、現状の平穏を捨てさせる必要がある、という前提からスタートしている。私の見方は違う。私はほとんどの人間が変革を歓迎すると思っている。保守的な性向をたくさん持ってはいるものの、人間は常に新しい実験や新しい挑戦を探しているのである。

習慣の深い轍《わだち》を何も考えずになぞるだけで日々を過ごしている人間も確かにいるが、そうした人たちでさえ変わる能力は持っている。彼らはただ、そのためになら変わってもよいと思えるものを見つけていないだけなのだ。移り変わりの激しい世界では、自己変革の努力に値するものを見つけるのは容易ではない。だが、それは可能であるし、そのために新しい宗教を生み出す必要もない。メドトロニックで働いている人びとは、人間の健康を取り戻させることに意味を見いだしている。グーグルの社員たちは、知識を民主化できることに喜びを感じている。ホールフーズの社員たちは、ヘルシーで栄養価の高い料理の価値を信じている。

信仰は、献身の見返りに本物の意味と重要性が与えられるというような魅力的な契約がある場合には、自己変革の力を与えてくれる。月曜の朝が来るたびに重い足を引きずって会社に出てくるあなたの同僚たちにとって、その契約はどのように感じられているのだろう。意欲を奮い立たせてくれるものだろうか、それとも何のおもしろみもないものだろうか。

あなたが近いうちに社是を書き換えるチャンスを与えられることはおそらくないだろう。しかし、それは会社のより高次元の目的について同僚たちに考え始めさせることができないということではない。自分の会社の経営管理プロセス――予算検討会議や計画策定会議、研修行事やブレーンストーミング――を、目的について考えさせる問いを持ち出す機会とみなしていただきたい。臆することなく同僚たちに次のような問いをぶつけていただきたい。「我々は世界にどのような変化をもたらしたいのか」「どのような目的なら、個人的なリスクをとってでも取り組む価値があると思うか」「どのようなことを達成できたら、わが社で当たり前のようになっている一日一〇時間労働、週末も出勤という働き方に納得できるか」「まじめに働いていることと株主を金持ちにしていることのほかに、自分は毎日何をしていると、子どもたちに伝えたいか」。残念ながら、ほとんどの企業でこのような問いはめったに持ち出されない。経営管理イノベーターとして、あなたはそれを変えなければならないのである。

都市――幸運な発見の確率を高める

都市は高い適応力を持っている。アテネ、イスタンブール、ロンドン、東京、ニューヨーク、上海、サンフランシスコ――これらの大都市は不滅に近いように思われる。これらの都市は、人類の歴史という激流の中のいつまでも消えない波である。大都市は文化の万華鏡であり、予期せぬものに出くわす可能性があらゆるところに潜んでいる。馴染みのない界隈の散策、美術館のオープニング、新しい芝居、最新のインディーズ・バンド、人気のクラブ、コンサート、講演――都市は知性のためのアミューズメント・パークである。ニューヨークのグリニッチ・ビレッジやロンドンのウエストエンドをぶらついているとき、街の営みが企業の営みよりはるかにおもしろく、活力を与えてくれるのはなぜだろうと、私はよく思う。大都市を活気に満ちた魅力的な場所にしている要素を特定できれば、我々は企業の営みをもう少しおもしろく活気あるものに――メインストリートというよりソーホーやノッティングヒルに近いものに――間違いなくできるはずだ。

従来は、有名な都市は必ず、港のそばにあるとか交易ルートに面しているといった地理的優位を保持していた。だが、戦略的立地は、もう大都市を生む十分な条件ではなくなっている。今日では、最も適応力のある都市は、「クリエイティブ・クラス」――想像力と創意でクリエイティブ・エコノミー（創造経済）を推進するライター、テクノロジスト、アーティスト、映画制作者、出版関係者、ビデオゲーム開発者、ファッションデザイナーなど――を引き寄せている都市である。

クリエイティビティ（創造性）の地理学は、社会学者、リチャード・フロリダによって詳しく研究されてきた。フロリダは、都市の経済的・文化的繁栄と創造資本を引き寄せる力の間には強い相関関係があると考えている。[19] 好奇心旺盛で因習にとらわれない人びとは経済成長の触媒であるから、クリエイティブ・クラスを大勢引き寄せる都市は必ず、そうでない都市より繁栄することになる。都市計画を作成する人びとにとって、これが意味するところは「すばらしい『ビジネス環境』を築くことより、すばらしい『人間環境』を築くことを考えろ」である。

「新しい都市計画学者」であるフロリダは、都市のバイタリティの秘密を解明しようとしてきた建築家や学者や都市計画者の拡大しつつあるネットワークの一員になっている。この運動の守護聖人はジェーン・ジェイコブスだ。彼女の一九六一年の名著『アメリカ大都市の死と生』は、当時の著名な都市設計者たちの威圧的な都市計画に真っ向から全面攻撃をしかけたものだった。ジェイコブスは都市を「経済的に有益な新しい貯水池」を生み出すために不可欠なものとみなし、このような貯水池は、多様な人びとが交流して情報や財やアイデアを交換する機会を見つけるチャンスを与えられるとき形成されると考えていた。ジェイコブスの考えでは、都市「再開発」の従来の構成要素——広い大通り、大きな広場、高層住宅、隔離されたビジネス地区、高架式のフリーウエー——は、経済的・文化的価値を創造するたぐいの親密で気軽な交流を促すどころか、損なうためにつくられているようだった[20]。二〇〇六年に亡くなったジェイコブスと同じく、新しい都市計画学者たちも、トップダウンで精密に作成される都市計画に疑問を感じている。その代わりに彼らが重視しているのは、いくつかの単純な原理——都市のバイタリティの真の基盤であることが歴史によって証明されている原理——である。

多様性は創造性を生み出す　都市では、イノベーションの炎を掻き立てるのは、文化、視点、スキル、産業、建築様式、町並みなどの多様性である。同じような者同士が出会っても創造の火花は生まれないが、異質なものが出会ったら小さなひらめきの稲妻が生まれることが多い。都市が郊外よりイノベーションをたくさん生み出しているとすれば、それは都市のほうが多様性に富んでいるからだ。都市には人間の想像力を作動させる原料がたくさんあるのである。

フロリダはその都市と創造性の研究で、アメリカの都市を地元経済に占めるハイテク部門の大きさと文化的多様性の程度という二つのモノサシでランクづけした。二つのランキングを比較したところ、トップ10のハイテクセンターはすべて、文化的多様性の高い都市ランキングの18位までに入っていた。彼の結論は「多様性は、ハイテク・イノベーションを生み出すたぐいの創造資本を引き寄せる(21)」であった。

驚くにはあたらないが、異端者や反逆者は、自分の突飛な言動を大目に見てくれる都市に強く引き寄せられる。ニューヨークやロンドンのような少数の都市が長年にわたって人間の創造性の溶鉱炉になってきたのは、一つにはそのためだ。これらの都市の多様性が、新参者のコンスタントな流入とあいまって、発見や発明の継続的な連鎖反応を促進しているのである。

サムスンは多様性の大切さを理解している。かつては骨の髄まで韓国企業だったサムスンは、デザイン力で名を馳せる企業になるために、ロンドン、ロサンゼルス、サンフランシスコ、東京、上海にデザインセンターを設立した。それに加えて、自社のデザイナーをフランクフルト、フィレンツェ、アテネ、北京といった都市での研修休暇に定期的に送り出している。サムスンが多様性に身を浸していくにつれて、同社のデザイン力の評価は急上昇してきた。二〇〇四年には、同社はIDEA賞をアメリカやヨーロッパのどの企業よりも多数受賞して、この偉業を達成したアジア初の企業となった[22]。

多様性はもはや単なるスローガンであってはならない。独特なものや奇妙なもの、風変わりなものやいかれたもの、変化に富んだものや突飛なものを求める積極的な活動にならなければいけない。ジェイコブスはその代表的著作の結論部分で、次のような反語的問いを投げかけている。「現実の人生で、今日我々を悩ませている大きな問いに対する答えが同質な社会から生まれてくると思う者がいるだろうか[23]」。この問いは次のように言い換えてもよいだろう。「画期的なイノベーションが知的に同質な企業から生まれてくると思う者がいるだろうか」。経営管理イノベーターは、あらゆる経営管理プロセスについて、「これをどのように利用すれば、同僚たちに新しい姿勢や斬新な視点を身につけさせることができるだろう」と、問わなければならないのである。

組織の構成の仕方によって幸運な発見を促進することができる　都市のレイアウトの仕方によって、イノベーションを生み出す幸運な出会いが促進されることもあれば、妨げられることもある。ジェイコブスは、二一世紀の組織にとって特に重要と思われる、価値を創造する偶然の出会いの確率を高める戦略を三つ提案した[24]。それぞれを簡単に眺めて、その企業バージョンを想像できるかどうか検討してみよう。一つ目は次のような戦略である。

地区は、またその内部のできるかぎり多くの部分も、二つ以上、できれば三つ以上の主要機能を果たさなければならない。複数の機能があることで、異なるスケジュールで街に出て、異なる目的のためにその場にいるが、多くの施設をともに利用することができる人びとの存在が保証されなければならない。

ジェイコブスがここで目指しているのは――異なるニーズや目的を持つ人びとが互いに出くわす場を築くことによって――さまざまな種類の人びとが交流する機会を最大化することだ。グーグルを訪れてみると、複数の目的に役立つと思われる多くのパブリック・スペースがあることに気づくはずだ。私はあるとき、グランドピアノとビリヤード台と数枚の大きなホワイトボード、それにサンドイッチ売り場が、すべて互いに数メートルしか離れていないところに置かれている光景を目にした。無味乾燥な整然と配置された小部屋がずらりと並んだオフィスを見慣れている人には、これは奇妙な光景だろう。だが、この調度品の折衷主義は、偶然の交流の機会を生み出すための意識的な努力だったのである。

幸運な出会いを促進するためのジェイコブスの二つ目の設計原理に移ろう。

ほとんどのブロックは短くなければならない。すなわち、角を曲がる通りや機会がたくさん存在していなければならない。

ブロックを短くし、交差点を増やすことで、A地点からB地点に行くルートが増え、隣接する通りの住人が歩道上で出会う確率が高くなる。

企業がここから学べるのは、プロジェクトの設計についてである。硬直的な報告系統と狭い職務範囲のために、人びとが何カ月もの間ずっと同じ少数の同僚と働かなければならないとしたら、幸運な出会いのチャンスはほとんどない。短期間のチームをいくつもつくって、個人がたびたびチームを移れるようにすることは、「ブロックを短く」する一方法だ。

三つ目のルールは次のとおりである。

地区には、築年数や状態がさまざまに異なる建物が混在していなければならない。とくに、生み出さねばならない収益に差異があるように、古い建物がかなりの割合で含まれていなければならない。この混在はかなりきめ細かいものでなければならない。

異なる種類の建物――オフィスタワー、店舗、改装された倉庫、住宅、ホテル、レストラン――は、異なる種類の活動をサポートし、異なる種類の利用者を引き寄せる。したがって、同じタイプの建物ばかりが集まっている地区では、異なる種類の人びとが交流する機会は限られている。

数年前、私の知っているあるビジネススクールが、教授陣を学部ごとに物理的に分離することにした。広大な敷地の中で、それぞれの学部――マーケティング学、経済学、財政学、戦略学、労働経済学――が、その学部専用のフロアを与えられた。皮肉なことに、このビジネススクールは同時に、より学際的な協働を促進しようともしていたのである。企業はえてしてこれと同じ間違いを犯す。現場集団と本社機能を担当する集団を物理的に分離することで、専門化がもたらす幸運な出会いを制限する作用を、緩和するどころか悪化させるのである。

しかし、ジェイコブスの主張はさらに奥に踏み込んでいる。建物はその賃貸料によってランクづけすることができる。新規企業や非営利組織は概して多額の家賃を払う余裕がないため、一般に都市の周縁部に追いやられる。その結果生まれるのは、中心部が無味乾燥でおもしろみのない都市である。この点については、ジェイコブスの言葉をさらに引用する価値があるだろう。

種類を問わず本当に新しいアイデアについていうと――その一部が最終的にどれほど利益を

生む可能性があっても、あるいは他のかたちで成功する可能性があっても――新しい建物の高い家賃を負担しなければならない状況では、そのような不確かな試行錯誤や実験を行う余裕がない。古いアイデアはときに新しい建物を使ってもよいが、新しいアイデアは古い建物を使わなければならない。

都市のどの場所においてであれ多様性が栄えるということは、大きな利益を生む事業体、中くらいの利益の事業体、低い利益の事業体、まったく利益を生まない事業体が混在しているということだ(25)。

企業においても同じことが言える。新しいアイデアは古いアイデアを少しばかり拡大したアイデアと同じ間接費を負担することはできないし、同じリスク・ハードルを満たすこともできない。また、同じ短い期間で投下資本を回収することもできない。この点を認識していない経営管理システムや間接費配分ルールは、イノベーションを抑圧することになる。これに劣らず重要な点として、最先端のアイデアに取り組んでいる人たちは、同じものをたくさん生み出すことを担っている人たちと日々触れ合う必要があり、後者もまた前者と日々触れ合う必要がある。都市の場合と同様、新しいものや奇抜なものが、時の試練を経たものや、まともなものと隣り合っていれば、誰もが得をするのである。

人を小さな枠に閉じ込めない　大都市が自らをつくり変えることができるのは、一つには都市が個人の自己変革を容易にするからだ。小さな町の息苦しい因習から逃れてきた人がうようよしているのだから、都市は風変わりなものを気に留めない。世界のクリエイティブ・センターには、独立独歩で成功した人たち――ラッセル・シモンズ、孫正義、ドナルド・トランプ、オプラ・ウィンフリー、ラクシュミー・ミッタル、スティーブ・ジョブズ、ラリー・エリソンのような人たち――がうようよしている。進歩的な都市では、出自より才能がものをいい、今日のドロップアウトやはみ出し者や役立たずが、明日のメディアの旗手や不動産王や文化的偶像になるかもしれないのだ。都市には、富と栄光のすべりやすい坂道をよじのぼったり、転げ落ちたりしている途中の人があふれている。都市の匿名性がさまざまな価値体系を試すことや自分の風変わりな情熱を追求することを可能にしてくれることに、新参者もすぐに気づく。都市では、融通のきく社会慣習とすき間だらけのヒエラルキーが、個人の成長と変革の余地を生み出しているのである。

先駆的な社会学者、ロバート・パークは、八〇年以上前にこれを次のように言い表した。「小さなコミュニティでは、最も成功する可能性が高いのは、普通の人間、奇矯なところや非凡な才能を持たない人間である。小さなコミュニティは概して奇矯さを大目に見るが、都市はそれどころか、奇矯さに褒美を与えるのだ(26)」。簡単に言うと、大都市は都会の冒険者たちに自分の能力の限界を探るチャンスを、村落にはとうていできないかたちで与えるのである。

あなたの会社の文化で主流となっている行動や付き合い、言葉や服装の慣習について考えてみよう。それらの慣習は奇矯さに褒美を与えるだろうか、それともそれを窒息させるだろうか。人びとは彼らが加える価値によって尊敬されているだろうか、それとも彼らが持つ肩書きや資格によって尊敬されているだろうか。採用プロセスはユニークな人生経験を持つ人に割増点をつけているだろ

生命　→　多様性
実験は計画に勝る。
すべての突然変異はミスである。
自然選択は上級副社長を必要としない。
遺伝子のプールは大きければ大きいほどよい。

市場　→　柔軟性
市場は階層組織よりダイナミックである。
市場を築けばイノベーターが集まってくる。
業務効率イコール戦略効率ではない。

民主主義　→　積極的な参加
リーダーは統治される側の人びとに対して説明責任を負っている。
すべての人に異議を唱える権利がある。
リーダーシップが分散されている。

信仰　→　意味
使命には重要な意義がある。
人は自分が大切に思うもののためなら自己変革する。

都市　→　幸運な出会い
多様性は創造性を生み出す。
組織の構成の仕方によって幸運な出会いを促進することができる。
巣箱（小さく仕切られたスペース）は、鳥のためのものであって、人間のためのものではない。

うか、それとも型にすんなりおさまる人に照準を絞っているだろうか。経営管理イノベーターとして、あなたは自分の会社の経営管理システムが、適応力のある組織を築くうえで重要なたぐいの社会的移動性と個人の成長を阻まないようにする必要がある。

ここで少し立ち止まって、二一世紀の経営原理を簡単におさらいしてみよう。未来に本当に適した企業を築くための重要な設計原理だと私が思っているものを五つ挙げてきた。これこそが、あなたの会社の経営管理プロセスや経営管理慣行に注入しなければならない新しいDNAなのだ。

これらの原理は時代を超越していると同時にタイムリーでもある。これらは、現在の経営管理のゲノムを構成している過去から受け継いだ原理と際立った対照をなしている。二〇世紀の管理志向の原理と二一世紀の適応力を高める原理の間に健全な緊張を生み出して維持していくのは、容易ではないだろう。実際、適応力を高める要素について知れば知るほど、人は近代経営管理の理論の基盤そのものに異議を唱えたい気分になる。なにしろ大企業と比べると、地球上で最も適応力のあるものはほとんど管理されていないか、まったく管理されていないのだから。

だが、近代経営管理とポスト近代経営管理の対照的な信条は、本当は一つの会社に共存できると判断する理由がいくつもある。結局のところ、グーグルの経営管理システムが半ば無秩序のように見えても、同社の巨大なコンピューティング・センターは依然として、二四時間、三六五日、まったく故障なしで検索結果をナノ秒で送り届けているのである。同様に、ゴアの民主的原理の重視は、ナイキやP&Gのような要求の厳しい顧客のニーズを満たす能力を妨げてはいない。それに、ホールフーズのコミュニティの精神は、同社が他社の羨むような四半期利益を上げ続けるのを阻んではいない。経営管理のゲノムを増やすのは容易ではないだろうが、それは間違いなく可能なのだ。

原理を実行に移す

二一世紀の経営原理を、あなたはどのようにして実行に移すだろう。おそらくすでにいくつかの方法を想像できるだろうが、できない場合には次に記す提案を参考にしていただきたい。まず、三〇～四〇人の同僚を集めて、彼らを四つか五つのグループに分ける。それぞれのチームに、そのチームが焦点を当てる重要な経営管理プロセスを選ばせる（このエクササイズにとくに適したプロセスは、計画策定、予算編成、採用、訓練である）。次に、それぞれのグループに、自分たちが選んだプロセスの主な特徴を書き出してくれと頼む。具体的には、各チームは次のような点を検討する必要がある。

- このプロセスの主体は誰か。それを変える権限を持っているのは誰か。
- このプロセスはどのような目的に役立っているか。会社の業績にどのような貢献をするとされているか。
- このプロセスには誰が参加できるか。どのような声が耳を傾けてもらえるか。
- このプロセスのインプットは何か。どのようなデータが検討されるか。
- 誰の意見が最も重視されるか。誰が最終的な意思決定の権限を持っているか。
- どのような意思決定ツールが用いられるか。どんな種類の分析が行われるか。
- 意思決定の基準は何か。決定はどのようにして正当化されるか。
- どのような出来事や節目がこのプロセスを前進させるか。これはカレンダーに従って進んでいくプロセスか、リアルタイムのプロセスか。
- このプロセスの「顧客」は誰か。このプロセスは誰の作業に最も直接的に影響を及ぼすか。

目的は、各チームが選んだプロセスの現状のかなり詳細な記述を作成することにある。特徴を書き出す作業が終わったら、本章で挙げられた新しい経営原理を反映するように、そのプロセスをつくり変えるにはどうすればよいかと、チームに尋ねよう。彼らが大胆なプロセス・イノベーションをなかなか思いつかない場合は、いくつかの問いを投げかけることで、彼らの思考を刺激することができる。

- **生命・多様性**　このプロセスに、もっと多様なデータや視点や意見を持ち込むためには、どうすればよいか。このプロセスが新しい戦略選択肢の継続的な開発を阻むのではなく促進し、たゆみない実験を促すようにするには、このプロセスをどのようにつくり変えればよいか。
- **市場・柔軟性**　このプロセスが専門家の英知だけでなく市場の英知を利用するようにするには、このプロセスをどのようにつくり変えればよいか。このプロセスは既存のプログラムから新しいプロジェクトへの資源の再配分を速めるために、どのように利用できる可能性があるか。アイデアを前進させるために必要な資源をイノベーターがもっと獲得しやすくなるようにするには、どうすればよいか。
- **民主主義・積極的な参加**　このプロセスが異論を抑制するのではなく促すようにするには、このプロセスをどのように変えればよいか。このプロセスを現場の社員のニーズや懸念により素早く対応できるものにするにはどうすればよいか。方針や戦略の策定に関して現場の社員にもっと大きな発言権を与えるにはどうすればよいか。
- **信仰・意味**　わが社が目指している（もしくは目指すべき）、より高次元の目的に関心を集中させるために、このプロセスをどのように利用できるか。このプロセスは、社員が個人としての大切な目的を見つけ、その目的とつながりを築くのをどのように手助けできるか。
- **都市・幸運な出会い**　わが社がより一層エキサイティングで活気ある職場になり、クリエイティブな人材を引き寄せる企業になる助けになるように、このプロセスをつくり変えるにはどうすればよいか。このプロセスは新しいアイデアの出会いを促進するために、どのように利用できるか。

チームに何時間か時間を与えて、これらの問いについて考えさせよう。それから、彼らが自分たちの選んだ経営管理プロセスに加えたいと思う変更の詳細なメニューを発表させよう。次に、これらの案を社内ウェブサイトに掲載して、社内の他の人びとに追加のアイデアを出すよう求めよう。

私は世界各地のさまざまな経営管理チームにこの種のエクササイズをさせてきた。そしてそのたびに、長年大切にされてきた経営管理慣行の基盤となっている考えに、人びとがどれほど積極的に異議を唱えるかに驚かされてきた。それに劣らず心強いのが、提案される修正案の多くが概してきわめて革命的だということだ。

それでもやはり、あなたは議論が進展するのを辛抱強く待つ必要があるだろう。GEやデュポンやフォードのような企業が工業化時代の重要な経営原理を本格的に作動させるためには、何十年もの歳月がかかったことを忘れてはならない。二一世紀のために経営管理をつくり直す作業も、やはり時間がかかるだろう。だが、あなたがまずできること、そしてしなければならないことは、あなたの会社の経営管理のDNAをつくり変える機会について同僚たちに考えさせ、議論させることである。

第9章　周縁から学ぶ

ここまで来たら、あなたはもう過去から受け継いだ考えのいくつかを捨てて、自分の経営管理のDNAを改造する作業にとりかかっておられるだろう。だとすれば、自分の経営管理イノベーションの挑戦課題に焦点を絞っておられるはずだ。それでもなお、明日のビジネスの成否を決める課題に取り組むなかで自分の会社に大きな優位を持たせるためには、自分のアイデアはまだ大胆さが足りないのではないかとか、十分的が絞られていないのではないかなどと感じておられるかもしれない。では、これまで述べてきたことのほかに、どこでヒントを探せばよいのだろう。あなたの会社が経営管理の真の優位を築く助けになる手本や類比を、どこで見つければよいのだろう。私の提案を申し上げよう。一風変わった場所、「ベストプラクティス」の範囲をはるかに超えた意外な場所に目を向けていただきたい。なぜなら、月並みでないアイデアは通常、月並みでないところから生まれるからだ。

新しい視点、新しい見方

議論の余地はあるものの、二〇世紀の最も先見の明のあった経営思想家といえるメアリー・パーカー・フォレットを例にとってみよう。マサチューセッツ州クインシーで一八六八年に生まれたフォレットは、南北戦争と大恐慌に挟まれた時代を生きた。フレデリック・ウィンスロー・テイラーの同時代人でありながら、経営管理についての彼女の考えは、明らかにポスト工業化時代のそれだった。一九二四年に出版された著書『Creative Experience（創造的経験）』で彼女が主張していることを、いくつか眺めてみよう。

- リーダーシップを定義する要素は権力の行使ではなく、リードされる側の人びととの力の意識を高める能力である。リーダーの最も重要な仕事は、リーダーを生み出すことだ。
- 敵対的な「ウィン＝ルーズ」の決定（勝者と敗者をつくる決定）は、すべての関係者の力を低下させる。意見の対立がある問題を解決するには、他のすべての意見を犠牲にしてただ一つの意見を押しつけようとするのではなく、すべての関係者の多様な視点を統合した、より高次の解決策を見つけようとするのがベストである。
- 大きな組織は小さなコミュニティが寄り集まったものだ。個人や組織の成長は、これらのコミュニティが可能なかぎり自己統治的であるとき最大化される(1)。

奉仕するリーダーシップ、多様性の力、自己組織化するチーム。リーダーシップについてのフォレットのこれらの鋭い洞察は、二〇世紀初頭の経営管理慣行の調査から引き出されたわけではない。ボストンのロックスベリー地区でコミュニティ・センターを設立した彼女自身の体験から生まれたものだ。公式の権限をほとんど持たずに気難しい関係集団間の利害を調整するという難題に立ち向かうなかで、フォレットは当時の主流の考えとは完全に対立する経営管理理論を生み出したのである。企業で働いた経験はなかったにもかかわらず、フォレットは今日、経営管理の最も偉大な賢人の一人とみなされている。彼女の経験からは現代の経営管理イノベーターにとって重要な教訓を読み取ることができる。主流にいる人間は概して未来が見えないという教訓である。

正の逸脱

経営管理の未来を垣間見るためには、「正の逸脱」、つまり従来の標準的な慣行に反旗を翻している組織や社会システムを探さなければならない。科学の分野と同じく、経営管理の分野でも、新しい真実を教えてくれるのは変則例だ。だが、変則例は当然、既存の知的カテゴリーにおさまらないので、変則例を変則例としてとらえるのは難しいことが多い。通常の教育を受けた医師が民間治療者の英知をえてして無視するように、現代の経営管理者は概して、自分たちの会社とは毛色の違う組織から学べることはないと決めつけているのである。

変則例は従来の理論を否定する。変則例がたいてい無視されたり、大した問題ではないとして切り捨てられたりするのはそのためだ。W・L・ゴアの風変わりだが効果的な組織をどう解釈するのかときかれたら、近視眼的なＣＥＯはおそらくこう答えるだろう。「まあ、ゴアは非公開企業だからね」。その一つの事実だけが、ゴアが経営管理の通常の法則をすべて否定できている理由であるかのように、である。グーグルもまた、あっさり切り捨てられるだろう。「わが社と違って、グーグルは何十億ドルもの資本を工場に固定しておく必要がないからね」と、慣習を好むＣＥＯは言い放つかもしれない。戦略変更を阻んでいるのは固定された考え方ではなく固定された資本であるかのように、である。

変則例は不快感を生じさせる。変則例の存在そのものが、従来の英知にとって屈辱だ。しかしイノベーターであるあなたは、何かと理屈をつけて変則例を切り捨てたいという誘惑に屈してはならない。だからここで、一風変わった組織の営みの例を探す旅に出かけよう。

最初の立ち寄り先は、グラミン銀行発祥の地、バングラデシュのジョブラ村だ。グラミン銀行は一九七六年の設立以来、マイクロクレジット（貧困者向けの無担保小額融資）のパイオニアとして目覚ましい成果をあげてきた。深刻な貧困にあえぐ人びとに融資の手を差し伸べるというこの銀行の使命は、貧しい人びとが貧しいのは、スキルがないためではなく資本がないためだという考えに基づいている。この考えに従って、グラミン銀行は貧困者に、担保を要求せずに、また各種書類への記入もほとんど求めずに（その代わり、借り手五人による互助グループがつくられ、それぞれが他の四人の返済に責任を負うことになっている）、小額の融資を行っている。借り手の九五パーセントが女性で、彼女たちは借りたカネを使って竹細工、刺繍、養鶏などの小さな事業を始めている。マイクロクレジットはこれらのマイクロ規模の起業家たちに、家族の幸福を増進し、自分自身の社会的地位を高めるチャンスを与えているのである。グラミン銀行は、資本の九四パーセントを借り手が所有しているので、本質的には協同組合である。二〇〇六年の時点では、この銀行の支店数は二一八五店、借り手の数は六四〇万人だった。創業からこれまでに総額五六億ドルを貸し付けており、常識破りの貸し付け慣行にもかかわらず、返済率は九八パーセントを超えている。

さて、この風変わりな銀行からあなたは何を思うだろう。自分の会社の物事のやり方を見直す必要があると感じるだろうか。そう感じてしかるべきだ。なにしろ、開発途上国のどうしようもなく貧しい女性のほうが、新しいアイデアを試す資金をあなたの会社の最下層の社員より簡単に手にできるのだから。グラミン銀行が、銀行取引の経験がまったくない個人に、各種書類への記入もほとんど求めずに何百万件もの無担保融資を行えるのであれば、あなたの会社は普通の社員の斬新なアイデアに資金を出す方法を見つけてしかるべきだろう。後ほど見ていくように、世界には、従来どおりの経営管理をよく言って古風に、厳しい言い方をするならひどく時代遅れに感じさせる斬新な経営手法をとっている型破りの組織がたくさんあるのだから。

周縁を見つける

経営管理の突然変異を探す際には、それなりのサーチ戦略が必要だ。まず、あなたの取り組みたい経営管理の難問を特定し、それからその問題について斬新な解決策を編み出している組織、もしくは有効な類比を与えてくれる組織を探していただきたい。私は第3章で二一世紀の企業が直面する三つの課題を紹介し、それからそれぞれを三つのサブ課題――適応力があり、革新的で、社員を参加させる企業になるのを阻む三つの具体的な病理――に分解した。本章の目的を考慮して、ここではこれらのサブ課題のうち六つを取り上げることにする。それぞれを要約したのち、周縁からの有益な教訓を探す作業に入りたい。

問題1 ほとんどの企業で、社員が組織の下位に位置していればいるほど、もしくは彼らの考えが斬新であればあるほど、彼らが耳を傾けてもらうのは難しい。これは往々にしてトップの現実否認をつのらせる。

課題1 すべての社員の声に耳が傾けられ、アイデアがその実力だけで競争する組織を築くにはどうすればよいか。アイデアの民主主義を築くにはどうすればよいか。

問題2 ほとんどの企業は、「創造力についての偏見」のせいもあって、社員の想像力のごく一部しか活用していない。

課題2 普通の社員を非凡なイノベーターに変えるにはどうすればよいか。人間の想像力を拡大するにはどうすればよいか。

問題3 資源配分の硬直性が、企業が未来に資金を投じるのをしばしば阻んでいる。これは戦略変更の動きを抑制することになる。

課題3 資本や人材の再配分のペースを速めるにはどうすればよいか。資源をダイナミックに再配分するにはどうすればよいか。

問題4 異なる意見が支持を求めて競争しているとき、ポジションで優劣を判断したり、関心を払わなかったりしたら、トップでなされる決定はどうしてもお粗末なものになる。

課題4　組織の集合的英知を十分反映した決定がなされるようにするためにはどうすればよいか。集合的英知を集約するにはどうすればよいか。

問題5　経営幹部の知識や能力は、概して経営管理システムの力や影響力より速いペースで低下して、不幸な結果をもたらすことが多い。

課題5　経営幹部の時代遅れの考えが戦略変更を妨げることがないようにするにはどうすればよいか。古いメンタル・モデルの足かせを最小限に抑えるにはどうすればよいか。

問題6　多すぎる管理と少なすぎる自由は社員の自主性を奪い、イノベーションに充てる時間やエネルギーがほとんど残らないようにする。

課題6　徴兵された兵士の集団をボランティアのコミュニティに変えるにはどうすればよいか。すべての社員に参加する機会を与えるにはどうすればよいか。

これら二一世紀の経営管理の課題について検討する際には、自分の思考を広げてくれたり、解決策のヒントを与えてくれたりする具体例や類比を思いつけるかどうか考えてみよう。検討作業を始める助けになるアイデアを、いくつか紹介しよう。

課題1　アイデアの民主主義を築く

自分の会社を見回してみよう。会社のヒエラルキーの中で個人が占めている位置と最も強い相関関係があるのは何だろう。給与だろうか。勤続年数だろうか。それとも権限や特権だろうか。これらは皆、組織内でのランクに比例して変わるものだ。だが、英知や先見の明や想像力はどうだろう。これらの特質は執行権の階層とほとんど相関していない。それなのになぜ、上級幹部の見方が中位や低位の社員の考えより高い信頼係数を与えられることが多いのか。顧客から最も遠いところにおり、感情資本のほとんどを過去につぎ込んでいる人たちの見方を重視しすぎることは、適応力のある組織を築く方法とはとうてい言えない。

アイデアの民主主義を築くとしたら、その姿かたちはどのようなものになるかを簡単に描き出してみよう。社員はどれほど政治的動機で動いていようと、自分の考えや意見を自由に表明することができる。誰であれ、ただ一人の人間がアイデアを潰したり、その普及を制限したりすることはできない。新しいアイデアは、上級幹部によって推進するか没にするかの判定が下される前に、支持を集めるチャンスを与えられる。戦略や方向性や基本方針についての社内の議論はオープンかつ活発に行われ、検閲されることはない。私の描いたこの絵は救いがたいほど非現実的に感じられるかもしれないが、このような「ソートクラシー」、つまり考えによる統治はすでに存在している。ただし、どこかの大企業の中にではなく、ウェブ上に存在しているのである。

インターネットは何を公表し、誰の意見を採り上げるかを決定するエリートの力を決定的に破壊した。その結果はというと、オンライン上の意見やコメント、アドバイスや識見の爆発的な増加である。ここ三年の間に、ブログ検索サイト、テクノラティによってトラッキングされているブログの数は、数十万サイトから五〇〇〇万サイト以上へと急増した。本書を執筆している間にも、日に一七万五〇〇〇サイトの新しいブログが生まれ、一六〇万件の新しいポストが既存のブログに追加されている。ブログの世界が拡大するにつれて、ブログの体系化も進んでいる。今では特定の話題に焦点を当てたブログや特定の内容を含んだブログを検索することができる。テクノラティはテーマカテゴリー・トップ一〇〇のリアルタイムのリストを表示して、どの話題が新しいポストを最も大量に生み出しているかが一目でわかるようにしている。さらに興味深い点として、他のブログに引用された回数に基づいて各ブログに「オーソリティ（権威、影響力）」得点をつけている。ブログの世界では、「オーソリティ」は上から来るものではなく、多額の宣伝費を使って買えるものでもない。オンライン上で信用を得る唯一の方法は、多くの人が読みたがる記事を書くことなのだ。

残念ながら、「市民のメディア」が爆発的に成長しているのに対し、ほとんどの大企業のアイデアの市場には、それに匹敵するような変化は起きていない。多くの企業が社内ウェブサイトの提案ボックスを通じてアイデアを募ったり、知識の共有を促すオンライン・ディスカッション掲示板を運営したりしているが、手厳しい社内ブログの作成を社員に促したり、重要な決定について全社員が参加できるオンライン・ディスカッションを主催したりしている企業はほとんどない。だが、ウェブのソートクラシーと大企業の若干専制的な世界との真の違いは、テクノロジーの利用の仕方によるものではなく、価値観の相違によるものだ。ウェブが公開性の原理の上に築かれているのに対し、経営幹部の間で最も重視されている価値は管理のようだ。ほとんどの企業が、ニューズレター、ＣＥＯのブログ、ウェブキャスト、ブロードキャストメールなど、トップダウンのコミュニケーションのための手の込んだプログラムを備えている。だが、重要な問題について草の根の意見を自由に発信させている企業は、仮にあるとしてもきわめて少ないのである。

たとえば、次に挙げる事象のいずれが自分の会社で実際に起きるのを、あなたは想像できるだろうか。

- CEOが社内ディスカッション掲示板を使って、新しい最高マーケティング責任者には誰がなるべきかについてアドバイスを求める。
- 開発が発売予定日に間に合わないことがなぜこれほどよくあるのかとか、なぜ新製品が販売目標をクリアできなかったのかといった問題について議論するため、製品開発部門のトップがオンライン・フォーラムを開設する。
- 幹部の給与とか経営陣の強みや弱みといった問題に関して、取締役会がオンライン・ディスカッションを主催する。
- 事業部のプランが社内ウェブサイトで公開され、全社の社員がそれについて論評するよう求められる。

新しいアイデアは、現行の秩序から利益を得ている人びとにとってはとくに危険である。旧ソ連で当局がコピー機の使用を制限していたのはそのためだし、多くの国で政府がウェブを検閲しているのはそのためだ。また、開かれた意見市場という概念が企業幹部をピリピリさせるのも、やはりそのためだ。幹部にとって、自分が議論の流れを決められないとしたら、「管理者」であることに何の意味があろう。自分の考えが他のみんなの考えと競争しなければならないとしたら、「責任者」であることに何の意味があろう。自分の考えや決定はもちろん、自分のＩＱさえも誰でも公然と非難できるとしたら、「上司」であることに何の意味があろう。

ほとんどの企業幹部は、信頼している部下のアドバイスを非公式に求めることにはやぶさかではない。なかにはタウンホール・ミーティングを積極的に開いている幹部もいる。社員からの電子メールでの質問には多くの幹部が対応するだろう。だが、これらすべてのケースで、交わされるやりとりは依然として制限されている。部下との一対一のやりとりでは、異論を抑え込むのはたやすいことだ。バーチャルではない物理的な会場でのタウンホール・ミーティングは、その場にいる人間しか参加できないし、時間的にも限られている。どの電子メールに公式に回答し、どれを無視するかを選択する権限のあるＣＥＯは、偏向した問題や厄介な問題は避けたいという誘惑にかられるだろう。つまり、現場の社員と対話したり、現場の社員からの質問に答えたりしているとき、幹部たちは安心していられるのである。だが、現場の社員が一斉に（いわば）マイクをつかんで、他の社員たちに語りかけるとなったら、心穏やかではいられない。一人から大勢へのコミュニケーションは問題ないし、大勢から一人へのコミュニケーションは容認できる。だが、大勢から大勢へのコミュニケーションはどうか。反乱はまさにそのようにして始まるのである。

ディスカッション掲示板やブログが大きな力を持っている理由は、もちろんここにある。それらは個人の考えが合体して強さを増すことを可能にしてくれるのだ。オンライン・フォーラムでは、一人の人間の勇気ある異議申し立てが、他の人びとが自由に抗議したり反対したりできるムードを生み出し、それがなかったら声を上げるのを恐れていたかもしれない大勢の人の勇気を奮い立たせる。こうした人たちが議論に参加してくるにつれて、異議の雪だるまはどんどん膨れ上がっていく。これこそ経営陣の恐れていることだ。異議を持つ社員に一度に一人ずつ対応したり、制御された状況の中で相対したりするのではなく、ある日突然、不満を抱く社員の集団に向き合わねばならなくなるのである。多くのビジネスリーダーにとって、それはきわめて不快な想像だが、アイデアの民主主義が平穏なものだとは誰も言ってはいない。

自分の会社の対話や決定の質を劇的に高めたいと思うなら、あなたはグローバルに考えなければならない。あなたの会社が、社員に批判的な社内ブログを書くよう奨励したら（しかも、匿名を希望する者は匿名でそうできるようにしたら）、どうなるだろう。社員にそれらのブログを読んで感想を書くよう勧めたら、どうなるだろう。それぞれのポストに寄せられた感想の数（つまり「オーソリティ指数」）をトラッキングして、それから上級幹部に、最もたくさんコメントが寄せられたポストに感想を書くよう求めたら、どうなるだろう。思慮に富んだ貢献や愉快な貢献、あるいは勇気ある貢献をした社員を讃える一方法として、社員を審査員にして、毎月、最もすばらしいポストに賞品を与えたら、どうなるだろう。確かにマイナス面はあるだろう。批判が個人攻撃になったり、内輪の恥がさらけ出されたり、社内批判が外部に漏れたりすることもあるだろう。だが、異論が地下に押し込められたり、重要な決定の質を高める機会が無駄にされたり、重要な問題について発言できないと感じる社員が関心をなくしたりしたら、会社はどれだけの代償を払うことになるか。マイナス面はその代償に照らして評価されなければならないのである。

社内で発言権を与えられていないと感じる社員は、往々にして会社の外で発言するものだ。二〇〇六年初めにマイクロソフトが、すでに大幅に遅れていたウィンドウズのアップデート版、ビスタの発売をさらに延期すると発表したとき、同社の苦境に対する最も鋭い（そして最も激しい）批判は、世界の主要ビジネス誌のどこかに掲載されたわけではなかった。マイクロソフトの社員を名乗る人物によって管理されているブログ、ミニマイクロソフトに登場したのである。二〇〇六年三月、「Who da'Punk」（これがそのブロガーの名前である）は、「ビスタ二〇〇七。リーダー陣を今すぐ解任せよ」と題した短い文章をポスティングした。このポストにはわずか数日間で五〇〇を超えるコメントが寄せられたが、その多くがマイクロソフト社員からのものだった。個々の幹部に対する怒りに満ちた批判もいくつかあったものの、それよるはるかに多かったのが、同社の製品開発プロセスや経営管理システムについての思慮に富んだ詳細な論評だった。これらのコメントは、マイクロソフトを全速力で進ませるためのマニュアルではなかったとしても、包括的な診断結果だった。ミニマイクロソフトを訪れてみると、次のようなコメントをたくさん目にすることになるはずだ。「なにはさておき、あなたは仲間の社員たちにとって貴重な役割を果たしてくれている。あなたのフォーラムがなかったら、個々の社員が感じていることがまともかどうかを確認するすべがないのだから」「あなたのブログはこれまで不可能だった意見交換の方法を与えてくれた」「このブログは、そもそも匿名だからすばらしい。報復される心配なしに投稿できるのだから」。正確を期すために言っておくと、私はマイクロソフトが他の大企業に比べて、異議申し立てをする社員にとくに冷淡だとは思わない。しかし、本当に開かれたアイデアの市場を築くためには、他の大企業と同じく、まだ道のりは遠いのである。

課題2　人間の想像力を拡大する

人間は創造せずにはいられない生き物だ。それは性の衝動よりほんの少し弱いだけの原始的な衝動である。庭の設計であれ、レシピづくりであれ、部屋の模様替えであれ、ピアノを弾くことであれ、詩を書くことであれ、他のどんな種にもできないこと――頭を使って楽しみながら創造すること――をしているとき、人間は最も幸せなのだ。我々は創造活動を通じて自分の人間性や個性を表現するのである。この点を考えると、この新しい千年紀の初めに生きている我々は、大いに喜ぶべきだろう。というのも、人間が自分の創造の情熱に身を任せることがこれほどたやすくできる時代はかつてなかったからだ。

自分の創造の情熱を追求する経済的手段を持っていたのは、歴史を通じて人類のごく一部にすぎなかった。絵具やキャンバス、羊皮紙やペン、石や彫刻刀、楽器や教本や練習場――これらは一九世紀になるまでは高価な贅沢品だった。才能に恵まれた少数の芸術家は幸運にもパトロンを見つけることができたが、ほとんどはそうではなかった。何世紀もの間に、どれだけの創造的才能が活かされることなく墓場に消えていったかは推測することしかできない。幸いなことに、我々の時代は違う。

デジタル技術が創造のツールを急速に民主化し、人間の想像力を自由に羽ばたかせている。フォトショップ、タイプパッド、ガレージバンド、ファイナルカットエクスプレス、プロツールズ、ビデオスタジオ、ホームデザイナー・プロなど、創造力を増進する何千ものアプリケーションソフトのおかげで、創造のビジョンと創造の表現の間に立ちはだかるものはますます少なくなっている。

新技術は人間の想像力を自由に羽ばたかせているだけでなく、それを拡大してもいる。ソフトウェアの無限の適応力のおかげで、人間は今日、デジタル音楽回路のミキシング、ハイ・ダイナミックレンジ画像の制作、ビデオゲームの新しいキャラクターやシナリオの創作、マッシュアップによる新しいウェブサービスの創造など、一〇年前でさえ不可能だったことがたくさんできるようになっている。我々は「人間を制約するものはその想像力だけだ」と本当に言える、史上初めての世代なのだ。

考えてみていただきたい。現在、毎月二〇〇万本近いビデオクリップがユーチューブにアップロードされており、毎日一億本以上のクリップがこのサイトを訪れる人びとに視聴されている。過去六〇日の間に一六〇万人以上の人が、ほとんどまるまるその住人によって築かれた仮想世界、セカンドライフの六万五〇〇〇エーカーの空間を動き回った。世界各地で何万人ものビデオゲーム・オタクが、高度な編集ツールを使って「アンリアル・トーナメント」「ワールド・オブ・ウォークラフト」などの人気ゲームの新しいキャラクターや舞台を作り出している。何万人もの写真家が、フリッカーにアップロードした写真について貴重なフィードバックを受け取っている。何百組ものインディーズ・バンドが、マイスペースで口コミによる評判を築いている。何千人もの個人が、グーグルのマッピング・ソフトと衛星画像を使って新しいアプリケーションを構築している。

あなたの会社にはビデオブロガーやミキサーやハッカー、マッシュアッパーやチューナーやポッドキャスターが、間違いなくうようよしている。自分の創造の情熱を追求するにあたって、彼らは無限に近いツールや資源を利用することができる。そこで質問だ。あなたの会社は、これらの創造の才に富む人びとが十分権限を与えられたビジネス・イノベーターになる手助けをするために、どのようなことを行ってきたか。あらゆる社員が各種ビジネス・イノベーション・ツールを何でも利用できるような体制を築いているか。社員は顧客情報やライバル情報のグローバルなデータベースにアクセスできるか。価格、プロモーション支出、人員配置などの変数の変化が収益にどのような影響を及ぼすかを調べるために、詳しい財務データをダウンロードできるか。作業の流れを改善する機会を分析するために、主要ビジネス・プロセスの包括的な図にオンラインでアクセスできるか。社員がCADソフトを使って新製品の設計を行うのは簡単か。個人が自分の独創的なアイデアについてフィードバックを得る助けになる社内ウェブサイトが存在しているか。誓ってもいいが、あなたの会社の社員は必ずどこかで自分の創造力を発揮している。ただ、その場所が職場ではないかもしれないというだけだ。

創造のツールが広まるにつれて、「プロ」と「アマチュア」の境が急速に消えていっている。誰かがユーチューブにビデオクリップをアップロードするとき、その人が映画学校の卒業者か、それとも独学で学んだビデオ制作者かを尋ねる人間はいない。誰かがブログを書くとき、その人がジャーナリズムの学位を持っているか、単に鋭い知性の持ち主なのかを尋ねる人間はいない。創造の世界では、人の評価は才能で決まるのであり、資格やコネや経験年数で決まるわけではない。だが、多くの企業で、専門や階層の区分けが依然として何千人もの社員から、製品開発、ビジネスモデル・イノベーション、プロモーション・デザイン、その他多くの「創造的な」作業に参加する権利を奪っている。適切なツールと貢献するチャンスを与えられたら、あなたの会社のすべての社員が「クリエイティブ・クラス」の一員になる可能性があるのである。

課題3　資源をダイナミックに再配分する

企業が未来を犠牲にして、過去に過剰投資する傾向を是正するにはどうすればよいだろう。大企業の中で資源が自由に動けるようにする方法が何かないだろうか。どのようにすれば「すぐそこにある」アイデアを実験のための小額の資本と結びつける市場を築けるだろうか。これらはなかなかの難問だ。だが、この場合もやはり、周縁から得られる実例が、答えになる可能性があるものを指し示してくれる。

すべてのCEOが「未来に投資する」必要があることは知っている。四半期ごとの収益成長を求める圧力のせいで、現場の幹部が長期的には勝算のあるプロジェクトや資本回収に時間のかかるプロジェクトを応援することに慎重になるということも、ほとんどのCEOが認識している。それを避けるために、多くの企業がベンチャー基金、インキュベーター・プログラム、CEO特別基金などを設立して、新しい不確実なプロジェクトに資金を送り込もうとしている。このような中央で運用されるイノベーション基金は、正しい方向への一歩ではあるが、シリコンバレーに存在しているような実験のための資本の活気ある市場には、依然としてほど遠い。

未来の起業家にとって、複数の潜在的出資者にアクセスできることには、いくつかの利点がある。第一に、出資者間の競争が資金コストを押し下げる。ベンチャーキャピタリストがあまりにも大きい株式保有比率を要求する場合には、創業者は別の出資者を探すことができる。第二に、資金調達の選択肢が多いということは、ビジネス・プランについて説明する機会が増えるということであり、したがって起業家がまだ生まれたばかりのビジネスモデルを調整し、練り上げる機会が増えるということだ。第三に、資金調達先の多様性は、創業後にも賢明なアドバイスを提供できるだけの専門知識を備えた出資者に、起業家が巡り合う可能性を高めてくれる。

シリコンバレーは一つの参考例になるが、もう一つの参考例はゾーパである。イーベイに出資したベンチャーキャピタル会社などから出資を受けているこのイギリス企業は、資金を貸したい人と借りたい人をオンラインで引き合わせている。銀行員のいない銀行と思ってもらえばよい。あなたが投資資金を五〇〇〇ポンド持っているとしよう。あなたはそのカネを旧来の銀行の預金口座に入れることもできるが、銀行は多額の間接費をカバーするために大きな利ざやを必要とするので、あなたは提示される金利におそらく胸をはずませはしないだろう。そこであなたは、ゾーパのサイトに登録して、五〇〇〇ポンドを貸し付ける手助けをしてもらうことにする。ゾーパでは、貸し手は自分の望む金利と貸付期間を――一二カ月とか二四カ月とか、あるいはもっと長い期間とか――指定することができる。また、Aクラスの借り手に貸すか、Bクラスの借り手に貸すかも選ぶことができる。借り手の側は、登録する際にコンピューターによる信用調査を受ける。ゾーパは踏み倒し常習者をふるい落として、他のすべての借入希望者を信用度によって二つのリスク・カテゴリーに分類する。一般に、貸し手はBクラスの借り手に貸すほうが高い金利を得ることができる。借り入れ希望者もまた、希望する金利と返済期間を選ぶことができる。価格設定を容易にするために、借り手も貸し手も最近成約した融資契約の条件を閲覧することができる。オファーとビッドが出されたら、ゾーパの賢いソフトウエアが作動して供給と需要をマッチングする。ゾーパ（Zopa）、つまり「Zone of Possible Agreement（融資契約を取り持つ場所）」という名前はそこから来ているわけだ。

創業初年度に、ゾーパの貸し手は投資した資金に対して平均六・七五パーセントの収益を得た。これはイギリスの一流銀行に預金した場合の金利より二パーセントポイントほど高い。また、借り手が支払った金利は、従来の金融機関で借りた場合の金利より数パーセントポイント低かった。

第一世代のソーシャル・レンディング（個人間金融）の市場であるゾーパの成功は、決して保証されているわけではない。それでも、個人から個人へという新しい融資モデルはすでに生み出されている。このアイデアを成功させるのがゾーパではなかったとしても、どこか別の新規企業が必ず成功させるだろう。

ゾーパの個人から個人への融資モデルと、大企業で人材や資源をダイナミックに再配分するという問題とのつながりは、読者にはもうおわかりだろう。企業には年間一〇万ドル以上の裁量予算を管理している個人が、企業の規模によって数十人から数千人いるはずだ。これらの個人は、ある程度の制約の範囲内で、その資金を使って人員を増やすか、プロモーション予算を増額するか、資本財を取得するか、それとも年末ボーナスのプール資金を増やすかを選ぶことができる。これらの予算管理者が、その資金の最高二パーセントまでを、自分が魅力的だと思う新しいアイデアに部門の垣根を超えて投資する許可を与えられたと想像してみよう。投資は資金を提供するというかたちでも、スタッフの時間を少しずつ投入するというかたちでも行えるものとする。これで、全社的なエンゼル投資家のネットワークが生まれたことになる。

ばかげた考えに聞こえるだろうか。そうでないことを期待する。多くの企業が売上の五〜一〇パーセントを研究開発に投じている。公式の予算作成プロセスに組み入れるにはタイミングの悪い時期や不適切な場所で生まれたアイデアのために、裁量予算のごく一部を取りよけておいてはどうだろう。私の予想では、企業全体に広がっている何百人もの中間管理職のコミュニティのほうが、新規事業推進部門の少数の人間より優れた投資決定をすると思う。もちろん、すべての市場と同様、いくつかの基本ルールは必要だろう。

資金を提供してもらう資格を得るためには、イノベーターは目論見書を作成して、それを同僚による審査委員会で審査してもらわなければならない。そのアイデアが論理と実現可能性の点で基本的な審査をパスしたら、イノベーターは会社のエンゼル投資家たちに出資を要請することができる。アイデアは簡単な売り込みビデオクリップとともに、社内ウェブサイトに掲載される。それに加えて、社内起業家たちが裁量予算を持つ聴衆に自分のアイデアを売り込むことができるアイデア・コンテストが、毎月、開催される。イノベーターは集めた資金を使って、自分自身を現在の職務から解放してアイデアの実験に専念することもできるし、社内の他の人びとに短期ベースで実験を手伝ってもらうこともできる。プロジェクトの成功によって経費が節減されたり、利益が上がったりした場合には、その一部が出資者の管理する予算に返還され、他の新しいアイデアを応援するために使われる。したがって、成功するプロジェクトを応援した出資者は、その後はより多くの資金を投資できることになる。出資者は何人かでシンジケートを組んで、より大規模なプロジェクトやよりリスクの高いプロジェクトに出資することもできる。さらに、起業家は、プロジェクトが当初の目的を達成したら追加の出資を要請することもできる。このようなシステムを築いたら、近視眼的な幹部やカーニバリゼーション（共食い）を恐れる管理職、あるいはリスクを嫌う上司が、優れたアイデアを潰すことは不可能になるはずだ。

課題4　集合知を集約する

多数の人間のほうが少数の人間よりたいていの場合、賢いということは、周知の事実である。我々のほとんどが独裁社会より民主主義社会で暮らすことを選び、中央計画経済より開かれた市場を好むのはそのためだ。だが、大企業で決定がどのように下されているかを見ると、企業幹部は独裁体制や統制経済を偏愛していると思う人がいたとしても少しも不思議ではない。この評価が厳しすぎると思われるなら、あなたの会社が過去一〇年間に行った重要な決定――大型買収、新製品開発プログラム、幹部の任命等々――を振り返っていただきたい。そして、それぞれの決定について自問していただきたい。「この決定を下すにあたって、組織の集合知がどの程度、利用されたか。何人の人間に参加するチャンスがあったか」と。どちらの問いに対する答えも「十分ではなかった」となるはずだ。

集合知を活用することに、なぜこれほど多くの企業幹部が消極的なのだろう。それは、そんなことをしたら自分たちの高い給与の根拠が損なわれると思っているためかもしれない。なにしろ、彼らは重要な決定を下すために多額の給与を支払われているのだから。あるいは、ＣＥＯは絶対君主であるという神話——往々にしてビジネス・メディアによって植えつけられる戯画的なCEOのイメージ——を信じ込んでいるためかもしれない。もしかしたら、幸運にも過去にいくつか見事な決定を下したことがあって、自分の成功を幸運のおかげではなく優れた判断力のおかげだと思っているためかもしれない。そうではなくて、ただ単に、民主主義と自由市場の原理を戦略的意思決定にどのように応用すればよいかを一度も考えたことがないためかもしれない。原因が何であれ、重要な決定が大勢の人間の集合知に支えられていない場合には、企業は往々にして「無知の税」を払うことになる。

ある大規模な調査によると、企業幹部は自分のこれまでの決定の四分の一近くが間違いだったと思っている(2)（独立の監査機関が評価したら、この数字はおそらくもっと高くなるだろう）。別の調査では、見当違いの自信を持っているCEOは、買収に対して妥当な金額よりかなり高い金額を払ってしまうことが多いという結果が出ている(3)。要するに、複雑な戦略的決定のコストと便益を少数の幹部が正確に算定することは事実上不可能なのだ。一例として、中国での一〇億ドルの投資のリターンを予測する作業を想像してみよう。この場合、為替レート、中国の経済成長のペース、政府の政策、競合他社の動き、消費者の行動、その他多くの変数について想定を行う必要がある。これはまさしく、「多数」が通常「少数」より優れた結果を出すタイプの評価問題である。これについても、企業の世界の外から例をとってみよう。

ゴルフ・トーナメントほど予想の難しいものはあまりないだろう。タイガー・ウッズはプロに転向後、四大メジャー大会で三割の勝率をおさめているが、彼が次のタイトルをいつ、どこで獲得するかを予想するのは難しい。彼ほど才能に恵まれていないプレーヤーについてオッズ（配当率）を決めるのは、さらに難しい。だが、イギリスの大手ブックメーカー（賭け屋）、ウィリアム・ヒルは、これから先のゴルフ・トーナメントについて喜んで賭けを受け付けている。現時点では、タイガー・ウッズが今年（二〇〇七年）の全英オープンを制する可能性について、このブックメーカーは三・五対一というオッズをつけている。あなたがタイガーに一ポンド賭けて、彼が優勝した場合、あなたは四・五ポンド受け取ることになる。賭け金の一ポンドと三・五ポンドの配当である。タイガーが負けるほうに賭けて、彼が負けた場合、あなたが受け取る額は、賭け金の一ポンド、プラス三八ペンスになる。フィル・ミケルソンのオッズはタイガーより高く、一一対一となっている。イギリスのトッププレーヤー、ルーク・ドナルドが優勝した場合には、彼に賭けた顧客は賭け金一ポンドにつき三三五ポンドもの配当を手にすることになる。これらのオッズは、そのブックメーカーで働いている「オッズ作成者」の専門的意見と、顧客が行う実際の賭けに表れる市場データという二種類のデータに基づく予想確率である。ブックメーカーは、個々の結果について当初価格を設定し、顧客からの賭けが行われて人びとの意見が明らかになるにつれてオッズを更新していく。

要するに、平均的なスポーツベット（賭け）には、典型的な企業の投資決定より多くの英知が詰め込まれているのである。このような投資決定のあり方はおかしいと私は思う。株価が五人のアナリストによって決められているとしたら、人びとは株を買う気にはならないだろう。それなのに、企業は往々にして一〇人足らずの上級幹部の考えに基づいて、大きな財務的賭けを行うのである。解決策は、未来のプロジェクトの成功のオッズを判定するにあたって部門横断的な幅広い社員の英知を利用する社内の「判断の市場」である。

それはどのような仕組みのものになるだろう。提案されているプロジェクトの投資収益率がどうなるかという自分の予測に従って社員が契約を売買できる市場を、あなたの会社がつくったと仮定しよう。あなたの会社は小売業界におり、上海に中国での一号店となる店舗を開くことを検討している。この計画について一年間、現地調査を行ったチームが、このほど彼らの見解と詳細な財務予想を発表した。この新店舗と、それから一年半の間に出店される予定の他の六店舗を併せると、五年間の投資収益率は年平均一五パーセントになると、彼らは見ている。社員であるあなたは、プロジェクトがこの目標を達成したら一〇〇ドル受け取れるが、達成しなかったら一銭も受け取れないという契約を、買おうと思えば買うことができる。当然ながら、この計画が成功すると見ていればいるほど、あなたはその契約に喜んでカネを払うだろう。それに対し、この計画について悲観的な見方をしている場合には、あなたはその契約を売る側に回ることができる。しかし、どちらの場合にも、あなたは取引の相手方になる人物を見つけなければならない。営業開始前の上海契約の平均取引価格が三五ドルだと仮定しよう。これはつまりは、このプロジェクトが一五パーセントという目標を超える可能性が三五パーセントあると見ている投資家一人ひとりについて、その目標を達成しない確率が六五パーセントあると見ている投資家が一人いるということだ。話を単純にするために、ここでは市場に二人の投資家しかいないと仮定しよう。あなたと同僚のスーザンである。あなたはこのプロジェクトが成功すると確信しているので、買いに回る。スーザンはさほど楽観的ではないので、売りに回る。プロジェクトが成功したら、あなたは一〇〇ドル——自分の三五ドルに加えてスーザンの六五ドル——受け取ることになる。プロジェクトが失敗したら、スーザンが自分の出したカネに加えてあなたの三五ドルを受け取ることになる。

このような市場は、新しいプロジェクトの計画期間中のどの時点でも開くことができる。ただし、関連データがすべての社員に入手可能になっていなければならない。プロジェクトのメンバーも契約を自由に売り買いできるが、彼らの取引は公表される必要がある。契約は五年間のプロジェクト期間を通じて継続的に取引される。仮に一号店が大成功を収めたとすると、契約の価格は上昇する。その場合、三五ドルで買った契約に今では七〇ドルの値がついているということもあるかもしれない。あなたは契約を売って利益を確定することもできるし、五年間保有し続けることもできる。

このような市場の目的は、経営陣から意思決定の権限を奪うことではなく、彼らにより多くの情報を提供することにある。中国での営業開始が六カ月後に迫った時点で上海契約が一五ドルで取引されているとしたら、ほとんどの社員がこの事業は失敗すると見ているのは明白だ。もちろん、経営陣はそれでも計画を進めることはできるが、計画の内容を見直したほうが賢明だろう。なぜなら、もしもプロジェクトが最終的に失敗に終わったら、取締役会は経営陣がなぜ市場の声を無視することにしたのかを知りたがるはずだからだ（プロジェクトが中断された場合には、契約保有者は一銭も受け取れない）。

今日では、まもなく封切予定の映画の初日興行収入から、来《きた》る議会選挙の地区ごとの結果やイスラエルとパレスチナの和平が壊れる可能性まで、あらゆることについてオンライン予想市場が存在している。集合知の力のおかげで、これらの市場のなかには並外れた予想能力を発揮してきたものもある。たとえば、ダブリンに本社のある予想市場のパイオニア、イントレードは、二〇〇四年のアメリカ中間選挙での上院当選者を三四人中三三人まで正しく予想した。市場の英知がつまずいたのは、取引高が少なかったアラスカにおいてのみだった。

企業は新製品、新しい広告キャンペーン、新工場、大型合併など、リスクを伴う計画に日々何百万ドルも賭けている。歴史が示すところによると、これらのプロジェクトの多くが予想どおりの収益を生み出すことはできない。皮肉なことに多くの企業が、周縁から中央にデータを送るITシステムに何百万ドルも投資してきた。より多くのデータが入手できることで経営陣がよりよい決定を下せるようになることが期待されているわけだが、残念ながらデータと知識の間には大きな違いがある。ITマネジャーは、全知の経営陣という神話を永続させるために仕事をするのではなく、組織のあちこちに分散している英知を集めて互いを関連づける方法を探すべきだ。トップにいる人びとがもう少し謙虚になり、今よりはるかに多くの草の根の知識が集約されたら、あなたの会社が払わねばならない「無知の税」はぐんと低くなるはずだ。ブックメーカーが経営管理イノベーションのヒントを与えてくれるなんて、いったい誰が予想していただろう。

課題5　古いメンタルモデルの足かせを最小限にする

私は先に、経営陣の知的資本がその権威より速く減衰する場合には、企業は未来をつかみそこなうと述べた。事実、権力と知的明晰さとの乖離は、企業が戦略の適応に失敗する最も一般的な、そして最も致命的な原因だと私は思う。変化に取り残された企業を分析してみると、それは例外なく、経営幹部が影響力は持ち続けているが洞察力は失っている組織のはずだ。

一例を挙げると、二〇〇〇年代初めにサムスンが携帯電話事業で目覚ましい躍進を遂げたのは、少なくとも一つには、サムスンが積極的に製造していた折りたたみ式携帯電話をノキアがなかなかつくろうとしなかったためだった。一九九〇年代には、ノキアのスマートなキャンディーバー型の携帯電話は誰もが欲しがるライフスタイル・アクセサリーとなり、同社に数々のデザイン賞をもたらした。だが、ノキアの携帯電話は、そのコンパクトな製品アーキテクチャーゆえに、全体の寸法を大幅に拡大しないかぎりディスプレイのサイズを拡大するのは難しかった。最初のうちは、これはたいした問題ではなかったが、人びとが携帯電話でメールを送ったり、写真をとったり、ウェブサーフィンをしたりするようになると、小さくて息が詰まりそうな画面の限界が次第に明白になった。サムスンの解決策は、折りたたみ式にして、使わないときはディスプレイがキーボードの上に覆いかぶさっているデザインにすることだった。アジアの顧客にとって、折りたたみ式携帯電話は画期的というわけではないものの便利なイノベーションだった。それに対し、ノキアの製品デザイン部門のトップは、折りたたみ式携帯電話をデザインの異端とみなしていた。スティック型携帯電話の発明にかかわっていた彼は頑固にその長所を擁護し続け、顧客に人気のあるサムソンのデザインに対抗できる製品をつくってくれという、ノキアのアジア市場担当者からの要請を繰り返しはねつけた。やがてノキアも折りたたみ式携帯電話を発売することになるのだが、それまでに何百万ドルもの売上をサムスンに譲り渡していた。ノキアの将来は、この硬直的な態度を文字通り柔軟に「折りたためる」かどうかにかかっていたのである。

理想的な経営管理システムは、環境の変化によって幹部の知識や能力の価値が低下したら、権力が自動的に再配分されるシステムである。二つの要因がこれを阻む働きをする。第一に、階層組織では、権限は上から与えられ、上からしか取り消すことはできない。無理もないが、企業のリーダーは概して自分が採用ミスをしたことを認めたがらず、そのためなかなか是正措置をとらないことがある。第二に、権力の配分はオール・オア・ナッシングの二者択一になりがちで、幹部は解任されるその瞬間まで全権を掌握している。重要な職責にいる人物を解任したら費用もかかるし、業務も混乱するため、管理監督する権限の再配分は、その人物の能力が低下してもすぐには行われない傾向がある。

権威が流動的なもので、価値を加えるリーダーのほうに自然に流れ寄り、価値を加えない人間からは離れていく組織——そのような組織を想像することは、ほとんどの人にとって容易ではないだろう。だが、ウェブはすでにそうなっているのである。オンラインの世界では、権威や影響力は事実上のリーダーシップから生まれるものであり、正式にリーダーに任命された誰かに与えられるわけではない。ヒエラルキーはトップダウンではなくボトムアップで築かれ、その意味で公式に定められたものではなく自然なものだ。

一例を挙げると、オープンソース・ソフトウエアのコミュニティには、ピラミッドに近似したものが見受けられる。トップに座っているのは、のちにリナックス・オペレーティングシステムへと発展したものの中核部分を書いたフィンランドのプログラマー、リーナス・トーバルズである。この氷山の残りの部分については、オープンソース現象の熱心な研究者、スティーブ・ウエバーが次のように的確に言い表している。

トーバルズの大きな助けになっているのが、多くのプログラマーから「インナーサークル（内輪）」と呼ばれているグループを構成する副官たちだ。彼らはサブシステムやコンポーネントについて基本的に責任を委任されている中核的な開発者である。副官のなかには、さらにエリアオーナー（「メンテナー」と呼ばれることもある）に、より狭い範囲の責任を委任している者もいる。その結果生まれている構造は、意思決定のヒエラルキーのような姿をしており、そのように機能する。……トーバルズは、下のレベルでは解決できない意見の相違を調整する最終責任を負う優しい独裁者として、ピラミッドの頂点に座っている。リナックスの決定のヒエラルキーは、それでもやはり重要な意味で非公式だ。プログラマーたちは概してインナーサークルの重要性を認識しているとはいえ、誰が実際にその中にいるのかが文書や組織図で示されたことは一度もない(4)。

どのコンピュータ・コードがリナックスに組み込まれ、どれが組み込まれないかを最終的に決定するのは、このヒエラルキーである。見事なソフトウェアを作成したという自信のある開発者は、そのコードをトーバルズの「メンテナー」の一人に提出して審査を受けることができる。メンテナーは、提出されたコードについて幅広い意見を集めたのち、それをリナックス本体に組み込むべきかどうかについて判断を下す。そのコードを採用するべきか否かについて重大な意見の相違がある場合には、決定はトーバルズの長年の副官の一人に委ねられ、必要な場合はトーバルズ本人に委ねられる。

リナックス・コミュニティにはトップにヒエラルキーの層が二つあるとはいえ、トーバルズをCEOのようなものとしてイメージするとしたら、それは間違いだ。彼の権力は彼の代理人たちや多数のリナックス・プログラマーの支持に百パーセント依拠しているからだ。真のコミュニティには必ず言えることだが、オープンソース・コミュニティにおいても、リーダーのほうが「信奉者」に頼っているのである。何百万行ものコードを含むリナックスのコードベースの事実上すべてが、ボランティアによって書かれてきた。リナックスのゴッドファーザーであるトーバルズは、それらの貢献者が彼に頼るよりもはるかに大きく彼らに頼っているのである。決定的な点として、トーバルズはリナックスのプログラマーたちを管理する権限を持ってはいない。プログラマーに指示を与える人間はどこにもおらず、彼らは自分が最もおもしろいと思うバグやパッチやフィーチャーに自由に取り組むのである。

そのうえ、リナックスのすべてのボランティアに「コードを分岐させる」権利がある。自分の作成したコードをリナックス本体に組み込んでもらえなかったプログラマーは、新しいオープンソース・プロジェクトを立ち上げて、他の人びとに協力を呼びかけることができる。つまり、審査官たちの決定を甘受する必要はないのである。この意味で、リナックスのヒエラルキーは完全に上下が逆になっている。トーバルズがオープンソース運動の同志たちに真摯に対応するのを止めた瞬間に、彼の権力は衰え始めるだろう。

従来型のピラミッドでは、幹部は自分の決定を最下層の者たちに対して弁明する義務はない。だが、トーバルズの場合は違う。ごくまれに彼が決定を下さざるをえないときには、彼は自分の決定の理由をリナックス・コミュニティ全体に対して説明する労を惜しまない。また、事態の進展によって以前の決定に疑問が生じたときは、迅速に誤りを認めてきた。仲間が集まったコミュニティでは、人びとは権力に対してではなく、能力やコミットメントや先見の明に対して敬意を払うということを、トーバルズは理解している。トーバルズが何の公式の権限もないまま一〇年以上にわたりリナックス・コミュニティの中心の座を保持してきた事実から、彼は二一世紀の野心的なリーダーにとって優れたロールモデルになる。

組織づくりの手段としてのヒエラルキーの価値は、今後は低下するだろうが、決して消えうせることはない。特定のときに特定の問題について、一部の人が他の人たちより大きな権威を行使することは常にあるだろう。だが、この平凡な事実には、いくつかのきわめて重要な問いが隠れている。「その権威はどのようにして獲得されるのか」「それはどのような状況下で失われる可能性があるか」「その行使の仕方を制限するものは何か」という問いである。リナックス・コミュニティの中では、権力は下から与えられ、公式のポジションや肩書きによって支えられてはいない。そして、権力は簡単に失われる。それはコミュニティのメンバーが脱退したり、コードを分岐したりするたびに生じていることだ。こうした決定はトーバルズによっても他の誰によっても覆すことはできない。最後の点として、権威の行使は、協議と透明性が求められることで制約されている。奉仕するリーダーは、気まぐれな決定を下すことは許されず、善意の個人やもっともなアイデアのすべてに対して「デュープロセス（適正な手続き）」を適用しなければならない。同僚から権力を与えられるW・L・ゴアのリーダーシップ・システムと同様、オープンソースの開発モデルは、権力と付加される価値を固く結びつけているのである。ゴアやリナックスの中では、時代遅れのメンタルモデルを持つ者もすぐに権力の座から追い落とされるだろう。これは適応力にとって、きわめて大きな恵みである。経営管理イノベーターとしてのあなたの目標は、自分の会社についても同じことが言えるようにすることだ。

課題6 すべての人に参加するチャンスを与える

二〇世紀の経営幹部の頭にこびりついていた問いが一つあるとすれば、それは「どのようにすれば我々は社員からより多く引き出せるか」であった。この問いはある意味では何の害もないものとも言える。人間の生産性を高めるという目標に誰が反対することができよう。だが、これは工業化時代の思考があふれんばかりに詰め込まれた問いでもある。どのようにすれば、我々は（つまり「経営陣は」）社員から（つまり「我々の命令に従う義務を負う人びとから」）より多く（つまり「より多くの時間当たり生産量を」）引き出せるか、という問いなのだから。皮肉なことに、この問いに代表される経営管理モデルは、会社が社員から最高のものは決して引き出せないようにしているのである。奴隷や徴兵された兵士は勤勉には働くかもしれないが、自ら進んで働きはしない。これはきわめて重要な違いである。なぜなら、繁栄が創造力にかかっている世界では、情熱を持っている労働者のほうが勤勉なだけの労働者より一貫して高い成果を上げるからだ。

自分にあてがわれた仕事が自分で選んだ仕事より大きな喜びをもたらしたという経験が、あなたの記憶の中にあるだろうか。おそらくないだろう。あなたの会社の他の人たちも、やはりないはずだ。人間は自分のやりたいことをしているとき、最も情熱を注ぐことができるのだ。
オープンソース・ソフトウエア運動の成功は、自発的参加モデルが人間の努力をどれほど壮大な規模で結集できるかを示す最も劇的な例である。オープンソース現象はきわめて大きな広がりを持っている。二〇〇七年半ばの時点で、オープンソース開発者のためのウェブサイト、ソースフォージ・ネットは、一五万件近いオープンソース・プロジェクトを掲載しており、それらの開発に一六〇万人が貢献していた。この創造力の奔流を解き放つために必要だったのは、個人が他の熱意ある貢献者を見つけて協働することを可能にする技術だけだった。こうした技術が登場したことで、世界中の個人が、あらゆる境界を超えた情熱のコミュニティと同調できるようになったのである。

オープンソースの成功が多くの上級幹部を困惑させているのは無理もない。管理者に頼らない生産プロセスを当の管理者が理解するのは、きわめて難しいことだ。マイクロソフトの若手エンジニア、ビノード・バロピッリルは、後にマスコミにリークされた一九九八年の文書で、統制管理型の人間がオープンソースという変則例に初めて触れたとき概して感じる純粋な畏敬の念を、余すところなく伝えていた。「インターネット中から何千人もの人間の集合的ＩＱを集めて利用するＯＳＳ（オープンソース・ソフトウエア）プロセスの力は、まさに驚異的だ。……ＯＳＳに対抗するためには、（マイクロソフトは）ある企業を標的にするのではなくプロセスに照準を定めなければならない[5]」

多忙なソフトウエア・エンジニアがＯＳＳプロジェクトになぜ喜んで時間を割くのかを理解する

ことは、成功する自主参加型システムに求められる要素を理解する一助になるはずだ。オープンソース開発者に対する複数の調査によると、彼らが参加する動機は実にさまざまだ。多くのコード作成者が、複雑な問題をシンプルに解決するエレガントなコードを書くという美学に突き動かされている。一部の開発者は、営利を目的とするソフトウエア会社に挑戦するという考えに情熱を掻き立てられている。すばらしいソフトウエアを誰でも無料で入手できるようにするプロジェクトに貢献したくてたまらないのである。コード作成者のかなりの割合の者が企業で働いているIT技術者で、彼らは自分の昼間の仕事にとって重要な問題に取り組んでいる。ウエバーが述べているように、痒いところを掻いているわけだ。最後の点として、OSSプログラマーの事実上全員が、評判資本を築くチャンスに魅せられて参加している。パッチなりフィックスなりを開発して、それがオープンソース・アプリケーションに組み込まれたら、その開発者は、通常、そのプログラムのクレジット・ファイルに名前を載せてもらえるのである。たとえば、リナックスの最初のバージョンのクレジットには、一二カ国、七八人の開発者の名前が記載されていた。権威ある雑誌に競って論文を掲載してもらおうとする学者と同様、コード作成者は目に見える貢献をすることで得られる仲間からの賞賛を渇望しているのである。つまり、プログラマーたちがOSSに参加する理由は実にさまざまだということだ。ここから得られる教訓をまとめると、「成功する自主参加型システムは、貢献者がさまざまな通貨で『心理的収入』を得ることができるシステムである」ということになる。

中央の権威が存在しないことが、オープンソース・モデルのもう一つの重要な特徴である。作業を振り分けるプロジェクトの中心人物がいないため、興味深い問題にはおそらく複数の開発者が取り組むだろう。従来型の訓練を受けた管理職にとっては、この並行作業は無駄に思えるかもしれない。だが、努力が重複することと、生み出される選択肢が少なすぎるために最適とはほど遠い解決策が打ち出されることの、どちらがよりお粗末だろうか。

ＯＳＳモデルは参加を容易にするものでもある。第一に、創造の原料――コードベース――は、誰にでも公開されている。第二に、参加する資格が誰にあって誰にないかという先入観が一切ない。作成したコードが基準に達してさえいれば、誰でも参加することができる。第三に、承認プロセスが透明で、政治的思惑とはほぼ無縁である。誰かの労作が恣意的な決定の犠牲になる恐れはほとんどないのである。

ここであなたは、「退屈な問題」にも誰かが取り組む必要があるだろうに、その点はどうするのか、と思っておられるかもしれない。多くのソフトウエア開発でバグを取り除く作業が必要だ。これはとうてい魅力的とはいえない作業だが、頼りにできる人材のプールが十分に大きければ、ある人にとっては退屈な仕事でも別の人にとっては夢中にさせてくれる難問だということがすぐにわかるはずだ。そのうえハッカーは概して、他の人が避けたがる決まりきった苦役作業を引き受ける仲間に最高の賞賛を贈るのである。

自主参加は、ウェブを使ったボランティア活動のためのモデルにとどまるものではない。それはグーグルの二〇パーセント規定やゴアの自主的なコミットメントという理念の核にあるものだ。セカンドライフを開発したリンドン・ラボ社では、エンジニアは重要作業のデータベースから自分が取り組みたいものを自分で選んでいる。これによって、共通の関心を基盤にして有機的にチームを築くことができる。リンドン・ラボの創業者でCEOのフィリップ・ローズデールは、自分の目標はすべての社員を起業家のように行動させることだという。そのためのカギは、社員に自分で自分の方向を決めさせることだ。「それが起業家のしていることだからね」と、ローズデールは語る。「起業家はリスクを取らなくてはいけないし、説明責任を問われることを覚悟しなくてはいけない」。自社のエンジニアに対して、彼は次のような単純明快な訓令を与えている。「自分のやっていることを、毎週、電子メールで皆に知らせよう。それから、なんらかの前進をして、それをどのようにして成し遂げたかを電子メールで皆に知らせよう」。それがリンドンの「組織図」だと、彼は言う(6)。

自分の痒いところを掻く自由、貢献が認められること、仲間による評価。これが自主参加の公式であり、それはロケットの設計のように複雑なものではない。だから、あなたの会社が自主的なコミットメントの力を活用していない場合には、あなたは今すぐ行動する必要がある。だが、いくらかの抵抗は覚悟しておこう。出てくる可能性が最も高い異議は、「社員に自分のしたいことをやらせるのは非効率的だ」というものだ。それに対して、私なら次のように反論するだろう。

あなたの言う「効率」が、人から割り当てられた仕事を遂行する速度と経済性を意味しているのなら、確かに自己管理は効率を低下させるかもしれない。社員が自分の関心のあることに取り組んでいる場合には、彼らは当然、上司にとって関心のあることにはさほど関心を払わないだろう。しかし、これは効率の近視眼的な定義である。この定義は、社員がやりたくないことをするよう命じられたときの悪意ある服従のコストを考慮に入れていない。やりがいの感じられない仕事に彼らの関心を集中させるために必要な管理の費用――報告や監査や監督の費用――を無視している。おもしろくない仕事だと感じている社員が出し惜しみする任意の努力の潜在的な価値を除外している。何をするべきかわかっている社員がいくつもの承認を取り付けるために何週間も、ときには何カ月も費やさなければならないとき、会社に発生する対応コストを勘定に入れていない。さらに、社員が自己管理する時間をほとんど与えられていないがために失われるチャンスも、考慮に入れていない。確かに、上から仕事を割り当てることには効率上の利点があるが、その利点は社員が幻滅し、意欲をなくすコストをカバーできるほど大きいのだろうか。長期的には決してそうではないと思う。あなたの会社がこの新しい世紀に繁栄するためには、ますます多くの社員が、自分の時間のますます多くの割合を自分の選んだプロジェクトに充てられるようにする経営管理システムを築かなければならない。その見返りは、コミットメントの意識と情熱がますます強くなることだ。

周縁の思考を持ち帰る

あなたと同僚たちが周縁への旅から最大の価値を引き出す助けになるはずの問いをいくつか挙げてみよう。

1　経営管理のこの逸脱例は、わが社の問題（創造力を刺激するとか、資源をより効果的に配分するといった問題）のどれを、従来とは異なる方法で解決しているか。

2　この風変わりな「解決策」を構成している手法やインセンティブやインフラは何か。この異端の組織は、わが社を悩ませている病理を具体的にどのようにして回避しているか。

3　この組織のアプローチの基盤となっている根本的な原理があるか。我々がこの事例から学び取るべき重要な教訓（自主的参加の力とか、集合知の利点といったもの）は何か。

4　これらの常識に反する慣行が非生産的になるのを防いでいる牽制《けんせい》メカニズムは何か。この風変わりな組織は、変則的な慣行のマイナス面をどのようにして緩和しているか。

5　これらの風変わりな慣行をわが社に持ち込むためには、どのように修正すればよいか。わが社の中核的な経営管理プロセスの何を変える必要があるか（「わが社の中核的な経営管理プロセスの一つをこの風変わりな組織にアウトソースしたとしたら、それはどのようにつくり変えられるだろうか。どのように変えられることを我々は期待するだろうか」と考えてみるのは有益かもしれない）。

6　これらの異端の慣行をわが社で採用しようとした場合、それを阻む主な障害は何か。出てくる可能性が最も高い反対意見は何か。それに対し、我々はどのように反論するか。

ちなみに、あなたが得る教訓は、それが共有された経験の産物であれば、さらに重みを持つことになる。だから、周縁を探る旅に出かけるときは、あなたの会社の中核的な経営管理プロセスに責任を負っている幹部を必ず誘うようにしよう。逸脱した経営管理慣行についてまた聞きで学んだのでは、それに直に出合ったとき感じるような説得力は決して感じられない。

最後のアドバイスとして、本章で紹介した正の逸脱例の数々に畏敬の念を抱きすぎてはならない。そうではなく、自分自身のやり方を探し始めよう。通常のベストプラクティス企業を超えるものをひとたび知り始めたら、あなたは経営管理の異端のほんとうに愉快な世界に気づくだろう。周縁を探す際には、管理職や従来型の組織を使わずに経営管理を行い、組織を築くという驚くべき偉業を見つけられるかどうかがポイントになる。それが見つかったとき、あなたは周縁を見つけたことになる。そしてそこで、未来を垣間見ることができるだろう。

第Ⅳ部　経営の未来を築く

第10章　経営管理イノベーターになる

過去一〇年にわたって、世界のあらゆる企業が、資材の調達・物流、在庫管理、顧客フルフィルメント（受注からクレーム処理に至るまでの顧客のすべてのニーズの充足）、テクニカル・サポートなどのビジネスプロセスの改革に熱心に取り組んできた。だが経営管理プロセスの改革という課題に、それと同等のエネルギーや想像力を注ぎ込んできた企業はほとんどない。それでも、いくつか注目に値する例外がある。

・ゼネラル・エレクトリック（GE）は過去数年にわたり、内部成長率を高めるという課題を軸に、自社の中核的な経営管理プロセス――財務評価、幹部養成、戦略計画作成、幹部評価――の改革を進めてきた[1]。ジェフ・イメルトCEOは、GEを世界最大の成長企業にすると心に決めている。

・プロクター・アンド・ギャンブル（P&G）は近年、開発パイプラインに社外から調達したアイデアや技術を投入するために、研究開発プロセスの改革を進めてきた[2]。P&GのA・G・ラフリー会長は、将来は同社の製品の五〇パーセントが第三者から得たコンセプトや技術に基づくものになると予想している。

・第2章で見たように、家電製品のグローバルリーダー、ワールプールは、五年以上の歳月をかけて製品イノベーションやビジネスモデル・イノベーションを促進する経営管理プロセスを築いてきた[3]。かつての古くさいメーカーは、今ではイノベーションをコア・コンピタンスにしようとする企業にとって最高の手本と、広くみなされている。

これら三つの広く報じられている事例は、一〇〇年もの歴史を持つ巨大企業でさえ、経営管理のDNAをつくり変えることができることを実証している。とはいえ、この時点で読者は、革命的な経営管理の考えを革命的な経営管理の行動に移すにはどうすればよいかというヒントを探しておられるかもしれない。本章では、最近の画期的な経営管理イノベーションの事例を二つ見ていくことにする。私はここで、経営管理の新しいアイデアを新しい経営管理慣行に変換するという、概して喜びに満ちた、だがときにはイライラする作業について詳しく説明する。さらに、読者が効果的な経営管理イノベーターになり、自分の会社を経営管理の次のS字曲線に乗せるのに役立つ重要な教訓をいくつか引き出すことにする。

成長エンジンを築く——IBMの事例

適応力を持つためには、企業は新しい事業を生み出すことができなくてはいけない。これは、大方の既存企業にとって、いくつもの理由からすこぶる難しい課題である。その結果、明日の機会をつかみとるのは通常は新規企業である。既存企業の真の問題はアイデアの不足ではなく、「従来とは異なる新しいもの」より「同じものをより多く」に自動的に味方する経営管理プロセスや経営管理慣行にあることが多い。新しい事業のアイデアが経営陣の無関心や否定的姿勢に打ち克つこともときにはあるものの、新規事業創出のペースに本当に満足している企業はほとんどない。一九九九年、IBMの当時の会長、ルー・ガースナーは、なかでもとくに不満に思っていた(4)。

三一万人以上の社員を擁し、九一〇億ドルの売上を誇るIBMは、世界最大のIT企業である。しかし、一九九〇年代末には、かつては同社が君臨していた業界の変化についていけず、売上の伸びが目に見えて鈍化していた。一九九三年にCEOに就任したガースナーは、IBMに目覚ましい復活を遂げさせていたが、新しい千年紀が近づくにつれ、投資家たちは不安を感じ始めていた。何年もの人員整理とコスト削減の結果、IBMは成長する能力を失っているのではないかという不安である。再建後のIBMはスリムで効率的になってはいたが、さまざまな魅力的な機会を――ライフサイエンス・コンピューティングのブームから、オープンソース・ソフトウエアの爆発的な成長や携帯型コンピューティング機器の急速な普及まで――相次いで逃しているようだった。多くの人にとって、IBMは目の前にある何十億ドルものカネを、ただ指をくわえて眺めているように見えた。

ガースナーが就任してからの六年間で、IBMはアメリカの他のどの企業よりも多くの特許を取得していた（一万二七七三件）。それなのに、この技術力を活かして新しい事業を生み出すことには一貫して失敗していた。IBMの名高い研究所はルーターやリレーショナル・データベースのような産業を決定づける技術を生み出していたのに、それらの画期的技術に飛びついて、それを大きな利益をもたらす事業に変換していたのは、シスコやオラクルのような、より動きの速い企業だった。少なくとも一つの測定基準では、ＩＢＭは成長にほとんど関心がないように見えた。一九九〇年代には利益を新規事業の育成に投じるのではなく、自社株を買い戻すために何十億ドルも使っていたのである。これは株価を押し上げはしたが、売上を伸ばす役には立たなかった。一九九九年から二〇〇〇年にかけてＩＴブームがピークを迎えていたころ、ＩＢＭのガタガタの成長エンジンはほとんど動きを止めてしまい、売上の伸びはわずか一パーセントに落ち込んでいた。

一九九九年九月のある日曜日の午後、問題はついに爆発した。ガースナーが自宅で月次レポートを読んでいたところ、ライフサイエンス・コンピューティング分野で新事業を築くための始まったばかりのプロジェクトが、四半期利益目標を達成するために中止されたという脚注に出くわしたのである。自分が自ら乗り出してこのプロジェクトをスタートさせていたので、ガースナーはそれがあっさり中止されたことに怒りを覚えた。そして、短期の利益のために未来を犠牲にするという、こうした一見取るに足りないトレードオフが、ＩＢＭの成長問題の核にあるのではないかと考えた。ガースナーは急遽、上級幹部たちにメモを送って、ＩＢＭが新しい成長の機会を組織的に逃しているのはなぜなのかと詰問した。かつてマッキンゼーのコンサルタントだった、この会長兼ＣＥＯは、ＩＢＭを必ず成長軌道に戻そうと固く決意して、この問題の根本原因を突き止めて、それを是正するための提言を添えて報告せよと、幹部たちに指示した。

それから三カ月にわたり、一二人の上級リーダーで構成された特別作業チームが、ＩＢＭのパッとしない成長の根本原因を突き止める作業を行った。失敗に終わった新規事業開発プロジェクトで働いていた何十人もの社員にインタビューすることで、ＩＢＭの経営管理プロセスが同社の成長努力をどのように妨げているのかを暴き出したいと、彼らは考えた。さすがはＩＢＭで、この調査は広範囲にわたる徹底的なものだった。

一九九九年一二月一日、特別作業チームはガースナーの前に出て調査結果を報告した。「これはつらい作業だった」と、企業戦略担当副社長のマイク・ギエルシュは語る。「自分たちが台無しにしていたんだということを認めなければいけなかったんだから[5]」

ガースナーの再建策は、ＩＢＭの記録的な赤字を止めるとともに、短期利益の達成に鋭く焦点を合わせる姿勢を植えつけていた。だが、危険を避けようと足元ばかり見ていたために、事業部門の幹部たちは新しい成長機会に何度も気づきそこなっていた。ガースナーはＩＢＭをより顧客中心の企業にするために努力していたものの、これらの努力のほとんどは、新規の顧客の獲得ではなく既存の顧客を満足させることに向けられていた。さらに、恐怖という要因もあった。経営陣が事実に基づく分析と細かい財務予測を厳しく要求していたために、きわめて向こう見ずな者を除くすべての管理職が、新規事業に投資する不確実さとリスクを引き受けるのを尻込みしていたのである。

作業チームの分析によると、事業部門の幹部がようやく勇気を奮い起こして新規事業を立ち上げようとしたときには、ＩＢＭは通常、その売上ゼロの新事業に、一〇億ドル規模の既存事業と同様の短期利益を期待していた。だから、資金を獲得するためには、新規事業計画は実現不可能なほど野心的な金銭的リターンを約束しなければならなかった。立ち上げられた新事業がその当初目標を達成できなかったら——達成できないのが当然とも言えたが——その予算はすぐに削減されるのだった。最後の、そしておそらく最も重要な点として、新規事業が失敗するのはたいてい一流の人材を引き寄せられないためだということを、作業チームの分析は明らかにしていた。新規事業の高い失敗率を考えると、長い実績のある比較的安全な事業の中でキャリアを築いていくほうがよいと、野心的な管理職の大多数が思っていたのである。

作業チームの批判は痛烈ではあったが、特定の幹部や特定の事業部門に向けられてはいなかった。コンピューター産業のこれほど多くの部門にわたってこれほど多くの機会を逃していたのだから、ＩＢＭの成長低迷はシステムの問題であって個人の失敗ではないと、作業チームは結論づけるしかなかったのだ。ギエルシュによると、チーム内の議論が「犯人探しに及んだことは一度もなかった」。そのうえ、この診断は外部のコンサルタントではなくＩＢＭのベテラン・リーダーたちが下したものだったので、信用できると思われた。だが、そこから導き出される必然的な結論——新規事業をもっと創出できるようになるためには、ＩＢＭはその経営管理プロセスと価値観を劇的に変革しなければならないという結論からは、誰も逃れることはできなかった。

診断は明快だったものの、解決策はさほど簡単には浮かび上がってこなかった。ガースナーとその副官たちは、ＩＢＭの慎重かつ保守的な文化を強く自覚したうえで議論を重ねた。「新規事業チームがまたたく間に消え去る機会をとらえる手助けをするためには、しかもＩＢＭの順調に作動している利益マシンを混乱させることなくそれを行うためには、どうすればよいか」「新規事業がＩＢＭの膨大な資源を利用でき、同時にただちに収益を生み出すよう求める圧力から解放されるようにするためには、どのような経営管理システムを築けばよいか」と。

これらの厄介な問題に対するＩＢＭの対応は、それから五年間で「新規事業機会（emerging business opportunities　ＥＢＯ）」の育成を目的とする新しい経営管理プロセスというかたちで実を結ぶことになる。ＥＢＯプロセスと名づけられたこのプロセスは二〇〇〇年の開始以来、急速に進化して、ＩＢＭ中から新規事業構想を見つけて人員と資金を与え、その進展を追跡する包括的なシステムへと成長したのである。このプログラムが開始されてから最初の五年間で、ＩＢＭは二五件の新規事業を立ち上げた。うち三件は不発に終わって清算されたものの、残りの二二件は二〇〇五年末には一五〇億ドルの年間売上を生み出していた。ＥＢＯプロセスによって、ＩＢＭは医薬品の発見・開発に携わるライフサイエンス分野の顧客に高度な情報技術ツールを提供する、数十億ドル規模の事業を築いた。また、自社のソフトウエアや技術を利用して、スマートフォンやＰＤＡ（携帯情報端末）から店舗のレジシステムや家電までと、さまざまな機器にワイヤレス・コンピューティング機能を組み込む「パーベイシブ・コンピューティング」の分野で、大きな広がりを持つ事業を生み出した。さらに、リナックスＯＳを軸にした事業を大きく発展させた。最も重要な点として、ＥＢＯプログラムはＩＢＭの経営管理システムの改革を促進した。今日では、ＩＢＭのすべての管理職が、新規事業の創出を業務の卓越に劣らず重要なこととみなしている。

こうした成果を生み出すためには、特別作業チームが突き止めていた成長阻害要因に的を絞った、持続的な経営管理イノベーションが必要だった。実際、ＥＢＯプロセスは、それによって経営管理のどのような根深い問題に対処できるかという観点から見ると、最もよく理解できる。

問題　確立された企業には、新しい市場スペースを担当する人間がいない　ほとんどの企業で、利益目標を達成できなかった幹部は、次の月次事業評価もしくは四半期事業評価でしこたま批判される。だが、新しい十億ドルの機会を新規企業にさらわれても、誰かのキャリアに傷がつくことはめったにない。

ガースナーがＩＢＭのソフトウエア・グループのトップで、広く尊敬を集めていたジョン・トンプソンを副社長に昇進させ、同社の新しい成長分野での活動の責任者に任命したとき、ＩＢＭはこの説明責任のギャップを埋める方向に大きく前進した。勤続三二年のベテランのトンプソンに与えられた使命は、ＩＢＭが破壊的技術や業界のトレンドや新しい市場を見つけて、それを十億ドル規模の事業に変換する手助けをするという、とてつもなく大きなものだった。この任命によって、ＩＢＭの歴史上初めて、空白のスペースを担当し、会長に対してそれを埋める責任を負うトップランクの幹部が誕生したのである。

トンプソンの最初の動きの一つは、新規事業候補のリストを作成するための幅広い議論を巻き起こすことだった。この最初の動きは、オープンソース・ソフトウエアや「パーベイシブ・コンピューティング」のような、手の届くところにあるＥＢＯ――ＩＢＭがなかなか資源を結集させられずにいたが、まだとらえるチャンスがあった大きな機会――をいくつか生み出した。次の課題は、新たに生み出されたＥＢＯを率いる信頼できるリーダーを見つけることだったが、その仕事に関心のありそうな幹部は当然ほとんどいなかった。しかし、トンプソンの穏やかながら力強い説得が奏功して、やがて少数のベテラン幹部がリーダーになることを引き受けた。これらのＥＢＯリーダーは、トンプソンと他の最高幹部たちに毎月、進捗状況を報告するよう求められた。やはりＩＢＭの歴史上初めて、同社の主要な成長プロジェクトに、同社が主要事業部門に惜しみなく与えているのと同様の関心が幹部から注がれることになったのである。

二〇〇二年九月にトンプソンが退職すると、ＩＢＭの本社戦略室のトップ、ブルース・ハレルドが、新規事業開発の責任者の地位を引き継いだ。前任者のトンプソンと同じくハレルドも、新会長のサム・パルミサーノをはじめとするＩＢＭの経営陣に直結していた。ハレルドの指揮の下、戦略室チームは、新しい機会を見つけるためのより綿密で、より広範囲にわたる方法を開発するために地道な努力を重ねた。今日、このチームはＩＢＭの研究開発部門のリーダーとも、同社の主要事業部門のトップたちとも定期的に対話を行っている。また、新しい市場機会を開く可能性がある産業の不連続を見つけるために、ＩＢＭの販売部門が最先端の顧客と対話を持つ手助けも行っている。こうした対話からは、毎年、何百件もの新規事業のアイデアが生まれており、戦略室によって審査されている。ＥＢＯと認定されるためには、一〇億ドル以上の年間売上を生み出す潜在力のある機会でなければならない。ただし、ＥＢＯが立ち上げから一、二年で利益を出すことは期待されていない。

問題　新規事業育成のための社内インキュベーターは、新規事業が成長するための「セーフヘイブン（安全な避難所）」を提供するが、事業部門が持つ重要なスキルから新規事業を隔離することが多い　既存事業の中で新規事業を育てるのは容易なことではない。現在の顧客を満足させ、短期の成果を生み出すために一日一二時間働いている事業部門の幹部たちは、未検証の市場機会を追求することを、「事業の運営」という中心的任務からエネルギーを奪う、リスクの高い活動とみなすだろう。また、新規事業が多少の支持を得ることに成功したとしても、新しい市場を開拓することより、大規模で予測可能な事業を運営することに適した現行の業務慣行や考え方に、その新規事業の前進が阻まれる危険性が常に存在している。そのため企業は、少なくとも理論上は生まれたての事業に比較的育ちやすい環境を与えるはずの社内インキュベーターを設立することが多い。だが、現実には、こうした新規事業の避難所が弱々しい成長を助ける万能薬になることはめったにないのである。

幸いなことに、トンプソンとハレルドは、会社の新規事業プロジェクトを企業の保育園に隔離することの危険性を認識していた。社内インキュベーターは往々にして、事業部門がほとんど、あるいはまったく責任を感じていないプロジェクトであふれかえった孤児院になり果てるということを理解していた。ＩＢＭのＥＢＯがわんさと生まれてくる新規企業との競争に勝つためには、ＩＢＭの主要事業部門の中にある顧客関係や開発の知識や最先端の技術を利用する必要があった。ＥＢＯが少数の上級幹部の領地とされていたのでは、そのような協働は期待できなかった。

この問題と数カ月格闘したのち、ハレルドのチームは解決策にたどり着いた。ＥＢＯを成功させる責任を本社戦略室と「ホスト」事業部門で分担するというハイブリッド構造である。これは実際には、それぞれのＥＢＯを、顧客へのアクセスと技術的専門知識の観点から最も貢献できる事業部門に割り当てるということだ。当該事業部門のトップがそのＥＢＯの代理親となり、その新事業に資源を配分し、その事業が予算作成手順の紆余曲折を順調に乗り切るようにする。ＥＢＯチームそのものは、物理的には本社ではなくホスト事業部門の中に置かれ、これによってその事業部門の専門知識を利用しやすくなる。

ＥＢＯは、社内のあちこちに点在してはいても、ハレルドとそのチームの監督をしっかり受けることになる。それぞれのＥＢＯが、ハレルドが議長を務め、ＥＢＯリーダーとホスト事業部門のトップが出席する会議で毎月、評価検討されるのである。新しいＥＢＯは最初に本社からまとまった資金――通常は数百万ドル――を与えられる。しかし、事業が成熟するにつれて、ホスト事業部門が負担する資金の割合を増やしていくことになる。このような方法をとることで、ＥＢＯは両方の世界の長所を享受することができる。ＩＢＭの他の事業にのしかかっている短期利益の圧力を避けることができると同時に、ＩＢＭの主要事業部の中にいるので、その事業部の重要な資源を利用できるのである。

問題　上級幹部に、まだ実証されていないが大きな潜在力を持つ機会に取り組ませるのは難しい　ほとんどの企業で、幹部の権力と威信は、その人物が運営している事業の規模と相関している。そのため、大規模な事業は一流の人材を引き寄せる傾向があり、その一方で新規事業には二流の人材が充てられることが多い。ＩＢＭでもやはりそうだった。トンプソンとハレルドはこの問題を認識して、ＩＢＭの最も勢いのあるスター幹部をＥＢＯのリーダーにリクルートしようとした。最初のうちは、それは容易なことではなかった。一〇億ドル規模の事業を運営している人間が、わずかの人員しかいない社内ベンチャーをどうして引き受ける気になるだろう。だが、徐々にではあるが、メッセージは浸透していった。会長が成長をＩＢＭの最優先課題と位置づけており、会社は新規事業を築くという挑戦を進んで引き受ける経験豊富なリーダーを必要としているのだというメッセージが、理解されていったのである。

最終的には、ＩＢＭはＥＢＯリーダーのほとんどを、同社の三〇〇人の上級リーダーのなかから任命することになる。たとえばロッド・アドキンスは、パーベイシブ・コンピューティングのＥＢＯを率いることを承諾したとき、ＩＢＭの四〇億ドル規模のユニックス・コンピューティング部門の責任者だった。アドキンスや他のＥＢＯリーダーにとって、プラス面は何か。会社のまさにトップから大きな注目を浴びること、ＩＢＭ帝国のどこからでも資源を引き出すことができること、従来の考え方に反旗を翻す自由があること、そしてＩＢＭのベスト・アンド・ブライテストを集めて自分のチームを築けることだった。ＥＢＯリーダーのほとんどがすぐに気づくことになるのだが、これは新しいものを築くというリスクを引き受ける見返りとして、決して悪いものではなかった。

トンプソンとハレルドは、小さな事業はトップ・マネジメントからの注目という肥料がなければ大きく育たないということを理解していた。だから、トップレベルの評価会議が毎月開かれているのである。典型的な評価会議では、ハレルドとそのスタッフがＥＢＯチームに、重要な仮説をテストするもっとよい方法を見つけてほしいとか、第三者とリスクを分かち合うクリエイティブな方法を見つけてほしいといった要求を突きつけ、さらに、市場のフィードバックを早く得られるよう、より速く前進することを必ず――必ずだ――要求する。ＥＢＯ評価はたいてい半日以上かかる。この時間に、本社のＥＢＯポートフォリオに常時含まれている一ダース以上のＥＢＯの数をかけてみると、ＥＯＢに対するトップの関心の大きさがわかるというものだ。評価会議はざっくばらんに意見が交わされる場ではあるが、ＥＢＯチームにとってはへとへとに疲れる場になることもある。「オン・デマンド小売業」ＥＢＯのゼネラル・マネジャー、ジャン・ジャックマンは、この点について次のように語る。「彼らは組織の一番上にいる連中で、誰一人やさしくしてはくれないさ。でも、この評価会議は計り知れないほど貴重なものだ。ＩＢＭの一番頭のいい人たちからアドバイスをもらえるんだからね」

問題　新規事業プロジェクトが予算危機を無傷で乗り切ることはめったにない　ＥＢＯをＩＢＭの事業部門に組み入れることにはリスクが伴うということを、トンプソンとハレルドは理解していた。状況が厳しくなったとき――それはしょっちゅうあることだ――事業部門の幹部が、自分たち自身の短期財務目標を達成するためにＥＢＯへの資本や人材の提供を停止する恐れがあったのである。事業部門のトップを月次評価会議に出席させることにしたのはそのためだ。これによって彼らに、誕生間もない事業を支援する責任を念押しする必要があったのである。上級幹部が短期目標に焦点を当てる傾向をさらに緩和するために、事業部門トップの年次業績評価にＥＢＯに対する支援という項目が盛り込まれた。トップの優先課題がこのように手直しされたことは、ＥＢＯプログラムにとって大きな推進力になった。

ハレルドの戦略チームは月次評価会議をＥＢＯへの資金提供を継続させるためのムチとして使う一方で、アメも差し出していた。ＥＢＯの売上はホスト事業部門のものとするという約束である。

短期利益に固執する幹部がそれでもＥＢＯを切り捨てる方法を見つけるかもしれないと考えて、ハレルドはＩＢＭの財務部に、各ＥＢＯに投入されている資金の額とその収支を毎月、報告してくれと要請した。「財務部が現場に不正を許さなかった」と、現在、ハレルドの下でＥＢＯプロセスを取り仕切っているゲリー・ムーニーは語る。「現場の連中がＥＢＯの資金をほかに回すのを防いでくれたんだ」

問題　新規事業を蓄積される学習によってではなく生み出される利益によって測定することほど、新規事業を邪魔する確実な方法はない　ＩＢＭのトップレベルの成長促進チームは、新規事業に関しては利益を上げる前に、まず学習しなければならないということを理解していた。そのため、新規事業に利益に対する責任を負わせなければ、何に対しても責任を負わせていないことになるという有害な考えを撃破したいと思っていた。ＩＢＭの過去の成長努力の多くが、早くから利益を求められるために、いずれはもっと強力で、もっと方向性が明確なビジネス・モデルを生み出していたはずの学習や実験が早々と打ち切られ、その結果、その事業の潜在的な力が制限されたことで行き詰まっていたのである。

ほとんどの企業でそうであるように、ＩＢＭの主流のプロジェクト評価プロセスでは、分析の確実性と財務の正確さ、それに当期の業績に大きなウエートが置かれている。新しい事業を一から築こうとするときには、こうした方式は有害であることを十分に認識して、ハレルドのグループは、新しい市場を創出するという混乱に満ちた仕事により適した、新しい評価方式を生み出した。

ＥＢＯの初期段階では学習と実験が重視され、進捗の度合いは、接触した顧客の数、製品開発のペース、進行中のパイロットテストの数など、短期的な学習に重きを置いた基準によって測定される。ＥＢＯが成長すると、「デザインイン（顧客の製品開発に参加すること）」（新しい製品やサービスが顧客に正式に採用された時点で発生）や初回受注の件数を軸に、新しい評価基準が設定される。ＥＢＯプロセスは大胆な行動や斬新な考え方を促すものではあるが、規律と制御を植えつけるものでもある。「マインドシェアを拡大する」というような曖昧な約束でお茶を濁すことは許されない。目標はたいてい、参加したビジネスパートナーの数とか開始された顧客パイロットテストの数などを軸に設定される。ＥＢＯプロセスは、イノベーションは説明責任を伴わないものではなく、成熟した事業に期待されることとは別種の事柄に対する説明責任を求められるものだということを、ＩＢＭのすべての人間に明確に示しているのである。

ＥＢＯリーダーは正確な利益予測を出すことは求められないものの、説明も検証もされていない単なる思い込みが新規事業を高くつく行き止まりに導くことがないよう、自分たちの仮説についてきわめて明快に説明することを求められる。ハレルドとそのチームによって繰り返し叩き込まれてきたＥＢＯプロセスの精神は、早く失敗して小さな失敗に抑えることだ。これを念頭に置くと、月次評価会議は、重要な想定を顧客のフィードバックと外的環境の変化に照らして評価し直す機会ということになる。ＥＢＯチームはより速く前進せよとしょっちゅうはっぱをかけられるが、危ういように思われ始めた基本的な想定を、一歩下がって検討し直すよう勧められることも、それに劣らずたびたびある。

近年、ＩＢＭは顧客の求めるものの大きな変化という挑戦にさらされており、その変化が既存事業の一部で成長率を圧迫してきた。その圧力をさらに強めたのが、利幅が縮小していたパソコン部門を売却するという二〇〇四年の決定だった。ＥＢＯプロセスや他のより新しい成長プログラムは、ＩＢＭが事業構成のこうした変化の売上縮小効果を相殺する助けになってきた。それに劣らず重要なのが、ＩＢＭの成長努力が同社の経営管理のＤＮＡを変え始めている明らかな証拠が見られることだ。証拠の一つ目は、主要担当者が交代したにもかかわらず、ＥＢＯプログラムは引き続き活発に展開されていることだ。それに加えて、ＩＢＭの事業部門の多くが、今ではＥＢＯのようなプロセスを独自に実行している。さらに、ＥＢＯプログラムの成長重視の原理に触れた経験のある管理職が、会社のあちこちにいる。これにはますます人数が増えているＥＢＯリーダーやその経験者だけでなく、ＥＢＯチームで働いたことのあるすべての人間が含まれる。成長重視のメッセージが社内に根づいてくるにつれ、人びとの行動が変わり始めている。成長は今では、廊下での立ち話や会社の計画策定会議での当たり前の話題になっている。

ＩＢＭのＥＢＯプロセスの事例は、野心的な経営管理イノベーターにいくつかの重要な教訓を与えてくれる。

教訓1　システムの問題に取り組むためには、その根本原因を理解する必要がある

ＩＢＭのＥＢＯシステムのような精巧で効果的な経営管理プロセスを築くことは、自分が解決しようとしている問題をまず詳しく理解しない限り不可能だ。ＩＢＭの内部成長を阻んでいたシステム的要因を突き止めるために、特別作業チームが注ぎ込んだ労力を考えてみていただきたい。彼らは三カ月にわたる調査を行って、ＩＢＭの失敗に終わった成長計画のなかから二ダース以上の早々と打ち切られたケースを選んで分析したのである。この徹底的な原因調査がなかったら、ハレルドのチームは、まったく新しい広い範囲にかかわる経営管理プロセスを生み出すという挑戦に立ち向かうのではなく、たとえばスカンクワーク（秘密裏に進められる研究開発）の改良というような手っ取り早い是正措置を選んでいたかもしれない。あなたが自分の会社について診断する際にも、これに負けないくらい労を惜しまないことが必要だろう。

教訓2　既存の経営管理プロセスを取り替えるより、それを補うほうが概して簡単だ

ハレルドはＩＢＭの既存の経営管理プロセスを一つも廃止しようとはしなかった。どれもみな重要な目的に役立っており、それぞれに強力な擁護者がいることを理解していたのである。その代わりに、彼はまったく新しい経営管理プロセスを――古いプロセスとうまくかみ合い、しかもＩＢＭの経営文化の短期重視のバイアスを打ち消す働きをする経営管理プロセスを築いた。その目的は、今日の事業への集中を維持しながら明日の事業を築くという難しいパラドックスを、ＩＢＭがうまく乗り越えられるようにすることだった。これはほとんどの企業がうまく対処できないでいる厄介なトレードオフの一つである。これに対処するためには、現在の経営行動を推進しているインセンティブの力を打ち消すものを生み出す必要がある。目指すべきは、古い経営管理プロセスを破壊することではなく、厄介なトレードオフに対処するにあたって、幹部たちにより思慮深いバランスのとれたやり方をさせる新しいプロセスによって古いものを補うことだ。

教訓3　革命的な目標に取り組み、進化的に前進しよう

ＩＢＭのＥＢＯプロセスのような大胆な新しい経営管理プロセスは、決して完成された形で生まれてはこない。試行錯誤を重ねながら一つずつ組み立てられていくのである。大企業の根深い、本能に近いような性質を変えようとしている場合には、途中で何度か障害にぶつかるだろう。だが、それは必ず新しい知識をもたらし、それとともにあなたの手法を改善するチャンスをもたらしてくれる。ＥＢＯプログラムも、やはりそうだった。アドキンスが述べたように、「ＥＢＯプロセスはＩＢＭにとって自然なものでも、普通のものでもなかった」からだ。だが、ハレルドとそのチームは、新しい障害にぶつかるたびに、新しい解決策を編み出したのである。

教訓4　評価基準はきわめて重要だ

他のイノベーションの場合と同様、経営管理イノベーションの目的も事業の業績を高めることにある。この点を考えると、経営管理イノベーションの効果を評価し、その正当性を裏づけるために使える明確な評価基準を編み出すことがきわめて重要だ。ＩＢＭの場合、重要な評価基準は、開始されたＥＢＯの件数、早い段階でのデザインウィン（製品やサービスが顧客によって採用されること）の件数、投資のレベル、製品開発のペースなどであり、最終的には売上の成長率だった。自分の大胆な新しい経営管理のアイデアがもたらす成果を会社の最高財務責任者や出資者の共感を得ら

れるように説明できなければ、そのアイデアは大きな支援は得られないだろうし、その価値もないだろう。

教訓5　辛抱強く取り組みを続けよう

会社の経営管理のDNAを変えるには時間がかかる。このプログラムの開始から数年経った今もなお、IBMはEBOプロセスを改良し続けている。世界の数少ない継続的な経営管理イノベーター――GE、P&G、IBMのような企業――はたいてい、自らを次の四半期までしか先が見えない短期の傭兵ではなく、長年仕え続ける未来の執事とみなすCEOに率いられてきた。経営管理の実験のなかにはわずか数日で、しかもごくわずかの予算でできるものもあるとはいえ、深く組み込まれている経営行動を変えるためには、何年もとはいわないまでも何カ月もかかることが多い。ワールプールの会長が一九九九年に、イノベーションが社内のすべての人間から毎日生まれる会社を築くよう幹部たちに求めたとき、彼はそれをこの先五年にわたって自分の最優先課題にするという約束もした。彼もまた、ジョン・トンプソンやブルース・ハレルドと同じく、新しい経営管理能力を構築しようと思うなら、辛抱強さは引き合うということを理解していたのである。

この時点で、あなたはこう考えておられるかもしれない。「話はすべてもっともだが、私は副社長ではないし、戦略室長でもない。重要で厄介な経営管理の問題を解決する権限をCEOから与えられているわけでもない。私には特別作業チームを召集する権限さえない。私が領主より奴隷に近い立場にいるとしたら、いったいどこから始めることができよう。行使できる権限も自由に使える資源も限られているなかで、どの程度、経営管理イノベーションを推進できよう」。それに対する答えは、「あなたが思っている以上にできる」である。

集合知を利用する――ベストバイの事例

ＩＢＭのＥＢＯプロセスの起源は、未来の経営管理イノベーターにとって重要な教訓を与えてくれるが、現状を変えるためには会長からの許可が必要だと考えるとしたら、それは間違いだ。アメリカの大手家電小売企業、ベストバイの部長、ジェフ・セバーツの例を考えてみよう。セバーツの最初の経営管理実験は、費用は五〇ドルしかかからなかったし、誰からも承認を得る必要はなかったが、それでもミネアポリスのベストバイ本社に今なお鳴り響いている教訓を生み出したのである。

セバーツは二〇〇一年一一月にベストバイに入社し、二〇〇四年に消費者・ブランドマーケティング部長に任命されて同社の宣伝活動全般を担当することになった。彼は自分の新しい職務は気に入っていたが、自分の評価が今ではベストバイの月間売上実績と密接に連動していることに気づいて苦々しく思っていた。会社の業績が予測を上回っているかぎり彼はヒーローだったが、需要が軟化したときは嵐のような批判を浴びた。セバーツとそのチームにとって、売上が落ち込んだ月の社内の反応は容易に予想できたうえに、きわめて気分の悪いものでもあった。「今の広告はひどいもんだ。これじゃあ目標を達成できないよ。これは宣伝のせいだ(6)」

このワンパターンの反応はベストバイの予測・報酬システムに根ざしていると、セバーツは思っていた。店長は、その上にいる地区スーパーバイザーや地域スーパーバイザーとともに、厳しい売上目標に照らした実績をベースに報酬を与えられており、売上が目標に達しなかったら、それは彼らの報酬に直接跳ね返り、ひいてはマーケティングチームを針のむしろに座らせることになるのだった。

セバーツは広告が需要の喚起に重要な役割を果たすことを認めるのにやぶさかではなかったが、実績が計画から大きくくずれるのは、効果のない宣伝のせいではなく、お粗末な予測のせいではないかという思いを禁じえなかった。この直感に基づいて、彼は社内で「バージョン」と呼ばれている売上予測を会社がどのように作成しているのかを調べ始めた。その結果、次のようなことが明らかになった。

ベストバイは売上予測を一二カ月ローリングベースで作成している。「バージョン1」が同社の会計年度の初めの三月に発表され、それを更新した「バージョン2」が四月に、さらに「バージョン3」が五月に発表されるという具合に、年間を通して更新されていく。毎月、ベストバイの八つのバイヤーチーム（同社の巨大な店舗を埋めるコンピューター、デジタルカメラ、ビデオゲーム、DVD、その他の品物を発注する人びと）が、それぞれが担当している製品グループの予測を作成し、これらの予測が集計されて会社全体の売上目標として打ち出される。セバーツは過去の予測と実際の売上を比較して、バイヤーチームの予測が――わずか三〇日先を予測しているときでさえ――一〇パーセントも外れることが珍しくないことに気づいた。この「誤差」は、一部は消費者需要の避けがたい変動によるものと言えたが、予測の精度を損なっている要因がほかにもあるのではないかと、セバーツは思った。バイヤーたちは活発な成長を予測するよう促されていた一方で、実際に達成できる目標を設定したいという思いも持っていた。もっといいのは、大きく上回ることができる目標にすることだった。そうすれば、多額のボーナスをもらえる可能性が高まるからだ。

評価測定システムと自己利益の相互作用に予測がそれとなく影響を受けていたとすれば、バイヤーたちの仕入れ決定もやはりそうだった。商品を発注しすぎたバイヤーは、過剰在庫のコストについてくどくど文句をいわれることになり、その一方で、発注が少なすぎたら大きな利益をつかみ損ねるおそれがあった。セバーツの見るところ、予測も仕入れ決定も人間の感情によって歪められていたのである。

さらに深く調べていくと、社内にはバイヤーの予測について同じような疑問を持っている人間がほかにもいることがわかった。投資家に判断の手引きを提供する責任を負っているベストバイの財務グループは独自の予測を作成していたが、その予測は財務部門以外ではあまり参考にされていなかった。商売のことはバイヤーが一番よく知っていると、全社で広く信じられており、バイヤーの予測が一番重みを持っていたのである。

ベストバイの予測に影響を及ぼしているさまざまな要因を探り出そうとするなかで、セバーツは同社の売上予測の立て方を変えるのは無理かもしれないと、次第に思うようになった。予測作成プロセスは、予算作成、業績測定、報酬、仕入れなど、いくつもの重要な経営管理システムと互いに絡み合っていた。それを考えると、大きな変更を提案したら、その内容いかんにかかわらず、激しい抵抗を受けるのは必定と思われた。現行プロセスによって利益を得ている人や現行プロセスに強い愛着を持っている人が大勢いるからだ。ベストバイの広く尊敬されている有力幹部も何人か含まれているバイヤーグループに挑戦するには、宣伝マンにすぎない自分は立場が弱すぎるということを、彼はよく承知していた。また、中核的な経営管理プロセスの大幅な変更はたいてい予期せぬ結果を生み、それは必ずしも望ましい結果とはかぎらないということを理解するだけの経験も積んでいた。

予測の問題に簡単な解決策を見つけるのを諦めていた二〇〇四年末、セバーツはたまたま『ニューヨーカー』誌のビジネス・コラムニスト、ジェームズ・スロウィッキーの講演を聴く機会があった。彼の著書『「みんなの意見」は案外正しい』は、当時ベストセラー・ランキングを急上昇中だった。ベストバイのさまざまな部署のリーダーを前に、スロウィッキーは、大勢の人間の集団は「その中のいちばん賢い人間よりたいてい賢い」と主張した。多くの変数に左右される事象の予測に関しては、わずかな情報しか持っていない多様な人間の集まりのほうが、少数の「専門家」より優れているのだと。

セバーツはこの主張に興味をそそられた。ベストバイにデータが不足しているということはありえなかった。なにしろ、同社は一時間ごとの各店舗の売上から全国的な消費意欲まで、あらゆるものを追跡調査していたのだから。問題は、個人や小規模なグループは、誰であれ、またどんなグループであれ、単独ではその情報のごく一部しか処理できないことにあった。だが、大勢の人間が寄り集まったら、無限に近いデータを取り込むことができるのだ。

どんな会社にも必ず、簡単には把握したり共有したりできない膨大な量の情報があるはずだと、セバーツは考えた。たとえば、ベストバイのある社員が、メンフィスの倉庫に売れ残りの携帯電話が山積みになっていることに気づいたとしても、あるいはある店長がデジタルカメラの需要が突然落ち込んだことに気づいたとしても、それらの情報はトップ・マネジメントの決定の土台になる統計には必ずしも表れてこない。大勢が寄り集まった集団は、通常のタイプのデータ――企業の報告システムの中でとらえられるようなデータ――を利用できるだけでなく、公式の報告には決して表れない情報も利用することができる。大勢の集まりは、ベストバイの予測を歪めているようなシステム的なバイアスに左右される危険性も低い。それは「賢い群集」の大多数が、結果がどうなるかで個人的利害が大きく左右されることはないからだ。

「群集の英知」に思いを巡らせているうちに、セバーツの頭の中で一つのアイデアが形をとり始めた。ベストバイが予測を立てるにあたって、大勢の社員の見方を寄せ集めるという方法があるのではないかと、考えたのである。それからほどなくして、彼は自分の生まれたばかりの案を、新しいアイデアを応援することで知られるベストバイの戦略担当執行副社長、カル・パテルに聞いてもらった。パテルはその案をさらに発展させるよう励ますとともに、必要な場合は援護してやると約束してくれた。この前向きな反応に意を強くしたセバーツは、「自分はまだ小さく考えすぎていたかもしれない」と思った。「正確な予測は重要ではあるが、ベストバイが直面している他の戦略的課題で、群集の英知がさらに役立つものがあるかもしれない」と。

当時ベストバイは、それぞれの店舗を特定の顧客階層のニーズに合わせたものにするという野心的な計画に乗り出していた。社内で「顧客中心戦略」と呼ばれていたこの新戦略を支えるために、同社は店舗の改装と社員の再訓練に何百万ドルも投資していた。市場の階層化に対するこの新しい対応は、利幅を拡大し、顧客ロイヤルティを高め、内部成長を促進するはずだと、経営陣はウォール街に対しても断言していた。だが、こうした大々的な売り込みにもかかわらず、社員のなかにはこの新戦略に納得していない者がいることにセバーツは気づいていた。投資の拡大を相殺できるほど利幅と売上を拡大できるかどうか、彼らは疑問に思っていたのである。だが、こうした社員のほとんどは、会社が顧客中心戦略に多額の資金を注ぎ込んでいることから、自分の疑問を公然と口にするのは気が進まないようだった。

決定された戦略に公然と疑問を投げかけるのは、キャリア上、賢明な動きとはとうていいえないが、社員が匿名で意見を表明できるような仕組みをつくることによって、そのリスクを克服できるかもしれないとセバーツは考えた。間違いを指摘した人を一人だけ殺すのは簡単だが、全員殺すのは難しいからだ。彼はこの案を何人かの同僚に持ちかけてみたが、たとえ匿名であっても社員が顧客中心戦略を批判できるようにするという考えは政治的にきわめてリスクが高いため、この構想に協力してくれるボランティアは一人も見つからなかった。ベストバイの最高マーケティング責任者、マイク・リントンが、セバーツに賢明なアドバイスをくれたのはそのときだった。「新しいアイデアを試したいのなら、まず自分で試してみることだ」と。

ほどなくセバーツは、自分の仮説を自分自身のグループで試す機会を探し始めた。マーケティング部長である彼は、ベストバイの一〇億ドル規模のギフトカード事業を運営する責任を負っており、ギフトカードの売上の月次予測を作成する小規模なチームを監督していた。チームの予測は実際の売上とのズレが平均五パーセントで、バイヤーの予測より正確だった。また、バイヤーの予測とは異なり、ギフトカード・チームの予測はベストバイの公式の売上予測には組み込まれず、セバーツに直接提出されていた。これらの要因から、ギフトカードの売上予測作成プロセスは経営管理の実験の理想的な候補のように思われた。だが、実行するためには、セバーツはまずギフトカード・チームを説得して、この実験を支持させなければならなかった。これは予想以上に難しい仕事だった。ギフトカード事業について何も知らない連中に専門家より正確な予測ができるなんて、チームにはとうてい信じられなかったのである。

それでもなんとかチームを説得したセバーツは、二〇〇五年一月二一日、数百人の社員に電子メールを送って、ベストバイのギフトカードの翌月の売上を予想して提出するよう呼びかけた。予想を助けるために、彼は社員たちにデータを一つだけ提供した。過去一二カ月のギフトカードの売上である。参加を促すために、ちょっとしたインセンティブも用意した。いちばん正確に予想した者には五〇ドル分のギフトカードを贈ることにしたのである。締切日の一月三一日までに一九二人の予想が集まった。二月のギフトカードの売上が確認され、その額が確定した三月四日、チームの予測は例によって五パーセント外れていたが、群集の予測の平均値は〇・五パーセント弱しか外れていなかったことが明らかになった。つまり、群集の予測のほうが専門家の予測より一〇倍も正確だったということだ。セバーツが結果報告の電子メールに記したように「群集が勝利したのである」。

ギフトカード・チームはその結果をあまり喜ばなかった。無理からぬことだが、彼らは群集の勝利を自分たちの職務上の洞察力に対する侮辱とみなし、大っぴらに面目を傷つけられたと感じたのである。はなはだしい士気の低下という問題に直面して、セバーツは自分が実験への熱意のために明白な副作用を予知できなくなっていたことに気づいた。彼はチームの面々に自分の信じている理論を説明することで、この問題に対処した。チームのメンバーは個人としては群集の中の誰よりも情報を持っているが、群集はその数の多さゆえに、彼らより幅広いデータや知見を利用できることになると、説明したわけだ。それから、「この結果が我々だけの責任にされないよう」、ベストバイの他の専門家を大勢の集団と競わせる追加実験を行うと約束した。

適切な実験を探しているうちに、セバーツの考えは再びベストバイの売上予測作成プロセスに戻っていった。顧客中心戦略について実験するという考えは政治的動機が少々強すぎたし、ギフトカードの実験は変則例として抹消できるかもしれないが、予測に的を絞ったもっと幅広い実験でプラスの結果が出たら、その結果は無視しがたいはずだと、彼は考えた。

かくして二〇〇五年八月、セバーツは二回目の一斉送信メールを送って、ベストバイのすべての社員に、ブラックフライデー(感謝祭の翌日)から一二月末日までのホリデーシーズンのベストバイの売上を予測するよう呼びかけた。今回も最小限の背景データを添付した。前年度のホリデーシーズンの純売上高と、今年度の最初の三カ月間の売上の対前年度比伸び率である。また、インセンティブを二倍にして、実際の数字に最も近い予測をした者には今度は一〇〇ドル分のギフトカードを贈ることにした。

さらに、実験の構造に注目すべき微調整を加えた。「群集の予測が静止したものでなくてはいけない理由はどこにもない。外的環境が変化したときは、予測を変えられるようにするべきだ」と、考えたのである。この目的のために、セバーツは会社のアクセスサーバーにエクセル・スプレッドシートをセットアップした。スプレッドシートには参加者（匿名、識別はユーザーIDによる）とそれぞれの予測が表示された。セバーツは参加者たちに、当初の予測を提出したのち、毎週一回、修正予測を提出するよう促した。これによって、群集の予測が一四週間の実験期間中に――ハリケーン・カトリーナ、石油価格の大幅な上昇、年末の消費意欲の拡大などがあった期間――どのように変化するかを把握できることになった。

今度の実験でも、セバーツは幻想を抱いてはいなかった。思いどおりの結果が出ない可能性は高かったのだ。群集はマーケティング部の中の小さなグループと競争しているわけではなかった。ベストバイの自信満々のバイヤーチームに立ち向かっていたのである。いわば、烏合の衆対賢人の対決だった。

八月末には、三五〇〇人以上の社員が最初の予測を提出していた。一月六日、売上の最終確認が行われたあとで、セバーツは結果を発表する電子メールを送信した。バイヤーの八月時点での予測の精度は九三パーセントだった。それに対し、やはりホリデーシーズンの四カ月前になされた群集の予測は、九九・九パーセント正しかったのである。

だが不思議なことに、群集の平均予測値の精度は実験の間に若干、低下していた。一一月二四日に提出が締め切られる直前の群集の最終予測は、九八パーセントの精度だったのである。それでも群集の予測は、バイヤーの同じ時期の予測より正確だった。バイヤーの予測は九四パーセントの精度しかなかったのだ。群集の予測が時間とともに若干、精度が低くなったのは、予測を行う人の数が三カ月の実験期間中に減っていったためだろうと、セバーツは推測した。予測を更新するよう求めるメールを毎週送っていたにもかかわらず、六週目には六〇人しか予測を提出しなくなっていたのである（この熱意ある六〇人は最後まで参加し続けた）。群集が小さな集団に変わるにつれて、正確な予測を生み出すために必要な多様性がいくらか失われたのは明らかだった。そのうえ、最終まで残った参加者のおよそ四〇パーセントが、バイヤー部門と財務部門の人間だった。そのため、群集の予測は、ベストバイの公式の予測作成者たちの見方にある程度左右されたことになる。とはいえ、結果はそれでもなお並外れていた。

「専門家」の意見に過度に重きを置くというのは、ベストバイを含むほとんどの企業にしみついている正統的な考えである。セバーツによると、二つの実験の結果を発表したあとでさえ、ベストバイの多くの人が群集の成績を「ごまかし」とみなしていたという。しかし、それよりもはるかに多くの人が、注目を浴びた実験の結果が持つ明白な意味合いを理解した。決定を下す新しい方法がここにあるのであり、これは一人の人間や一つのチームによる単独の判断を損なう個人的な先入観や知識の不完全さを、おおむね回避できる方法だということを。

ベストバイの経営陣は二つの実験の結果に大いに関心を示し、そのおかげでセバーツは経営管理イノベーションの取り組みを大幅に強化することができた。二〇〇六年春には、セバーツはボランティアのチームを結成しており、未来の事象や重要な戦略決定の結果を予測するダイナミックな株式取引ゲームをサポートする社内システムを構築するために、五万ドルの予算を獲得していた。周到に構築された意見市場を通じてベストバイの一〇万人以上の社員の英知を活用するという考えに、多くの上級幹部が心底わくわくしているようだった。

ブルース・ハレルドとは異なり、セバーツは単独でスタートした。自分自身の権限以外は誰の権限にも権威にも頼ることはできなかった。彼は大規模な変革プログラムを打ち出すのではなく、二つの低コスト、低リスクの実験を考え出した。このミドルアウトの（トップダウンでもボトムアップでもなく中間管理職が推進した）経営管理イノベーションの事例は、未来の経営管理の異端者に、さらにいくつかの重要な教訓を与えてくれる。

教訓6　政治的リスクを最小限にしよう

顧客中心戦略には手を出すなというマイク・リントンのアドバイスのおかげで、セバーツは自分のアイデアとキャリアを破壊することになりかねなかった批判の嵐を巻き起こさずにすんだ。また、ベストバイの強力なバイヤーたちの洞察力に異を唱えることからスタートしなかったのも、とくにバイヤーの予測は彼らの給与を大きく左右するのだから、賢明な判断だった。報酬は経営管理イノベーションの第三のレール、つまり通常は触れてはならない部分である。あなたがトップレベルの幹部でも会長の息子でもないとしたら、報酬に影響を及ぼす経営管理プロセスの改革を提案するのは思いとどまったほうがよい。セバーツは賢明にも、自分の権限の範囲内で小規模な実験を行うことからスタートした。このような目立たないやり方の利点は、二つあった。一つは、政治的副作用のリスクが小さくてすんだこと。もう一つは、より政治的に難しい他の経営管理プロセスについて実験する前に、実験の設計を練り上げることができたことだった。

教訓7　ボランティアで始めよう

ベストバイの予測実験には、強制的に参加させられた者はいなかった。セバーツはメーリングリストを使って、自分のアイデアに共鳴し、実験に参加したいと思う人たちをリクルートしたのである。これは賢明なやり方だった。ＩＢＭのＥＢＯプログラムをスタートさせた特別作業チームのような公式のグループを結成するためには、一般に高位の人物からの承認が必要だ。このような承認を得るためには、たいていその実験の正当性を事前に論証しなければならない。新しいアイデアが大事にされている特権や特典に異議を唱えるものである場合には、これは容易なことではない。人びとが参加しやすいかたちで実験を行うことで、セバーツは誰かが実験を邪魔する余地を小さくしたのである。この理屈に従って、あなたも自分の経営管理イノベーションの最初の実験を、取得しなければならない承認の数を最小限にするとともに、新しい有益なことを学ぶ可能性を最大限にするように設計していただきたい。

教訓8　実験をゲームにして、非公式に行おう

これもまた、守旧派からの反対をそらす一方法だ。新しいアイデアが大成功と出るか大失敗と出るかを事前に知るのは難しい。だから、あなたのイノベーションの重要性を誇張するのではなく、控え目に言っておくのが身のためだ。セバーツは最初の実験を気軽なコンペとして構成し、優勝者

にささやかな賞品を与えた。そうすることで、彼自身のリスクだけでなく、彼の協力者にとってのリスクも小さく抑えることができたのである。さらに、あなたは人びとに結果を――個人的には苦々しいものであっても――客観的に見てもらいたいと思っているはずだ。実験を非公式、非公認にしておくことで――パイロットテストというよりゲームのような実験にすることで――結果が出る前に、つまりデータが自ら語るチャンスを得る前に、反対が強固になるリスクを最小限に抑えることができる。

教訓9　新しいプロセスを古いプロセスと並存させよう

セバーツには、既存の予測システムを全面的に改革するだけの権力はなかったが、それはよいことだった。まだつくられていない未検証のもののために、従来のプロセスをお払い箱にするのは危険である。ＩＢＭのブルース・ハレルドと同様、セバーツも、長年存続してきた経営管理プロセスを切り捨てようとすることから始めたりはしなかった。あなたもその手本に倣《なら》うほうがよい。古い線路を引き剥がす前に、いくつか新しい線路を敷いて、しばらくは並行して列車を走らせよう。変革の必要性が誰の目にも明白になり、それによって必然になるように、十分な学習と支持を蓄積する努力をしよう。

教訓10　実験と学習を繰り返そう

賢明な研究者なら誰でもそうするように、セバーツは賭け金の額を増やす前に、自分の仮説を安く手軽に実証する方法を探した。彼の最初の実験は、かかった費用はわずか五〇ドルで、彼の時間を二時間ほどとっただけだった。この最初の実験で有望であることが実証されると、セバーツは規模を拡大した。二度目の実験は一〇〇ドルかかり、管理に要した時間は四〇時間だった。活発なオンライン意見市場の開発を伴う三度目の実験は、五万ドルの資金を吸い込み、完了に一年もしくはそれ以上かかることになる。最初は多額の予算と明確な権限がほしいと思ったかもしれないが、セバーツは今では、大々的に始めていたら「絶対にうまく行っていなかった」と確信している。

この章で学んだ経営管理イノベーターにとっての教訓をおさらいしておこう。

- システムの問題を解決するためには、その根本原因を理解する必要がある。
- 少なくとも最初のうちは、既存の経営管理プロセスを取り換えるより、それを補うほうが簡単だし、安全だ（新しいプロセスを古いものと並行して走らせよう）。
- 革命的な目標に取り組み、進化的に前進しよう。
- 自分が改善しようとしているパフォーマンスの測定基準を明確にしよう。
- 政治的リスクが最も低い自分の管轄範囲で実験することから始めよう。
- 可能なかぎり、ボランティアに頼ろう。
- 実験をゲーム感覚の非公式なものにすることによって反対をそらそう。
- 実験と学習を繰り返そう。
- 諦めるな。イノベーターは粘り強くなければならない。

これらの教訓に留意すれば、あなたも自分の会社の時代遅れの経営管理プロセスにただ怒るのではなく、それをつくり変える作業に乗り出せるはずだ。

第11章　マネジメント2・0を築く

従来の常識に反する結果をもたらす経営管理の実験は、どんなものでも価値がある。それはバールのように、あなたが経営管理の正統理論の基盤をこじ開けるのを助けることができる。だが、どれほど重要なものであっても、集合知を利用した予測のような単独の前進では、行く手にある気の重くなるような挑戦を考えると、おそらく十分ではないだろう。必要なのは、近代経営管理のきしみ始めている原理やプロセスや慣行全体を、上から下まで全部つくり変えることだ。この目標に照らしてみると、IBMのEBOプロセスを生み出したような集中的な取り組みでさえ不十分だ。結局のところ、孤立したプログラムや一度かぎりのプロジェクトは、持続的かつ全社的な経営管理イノベーション活動の代わりにはならないのである。

今日、そのような取り組みを開始している企業は私の知るかぎりでは一つもない。多くの企業幹部が、二〇世紀初頭に築かれた経営管理モデルの必然的な副作用である最適とは言いがたいトレードオフと組織の硬直性を、仕方のないこととあきらめているようだ。彼らは一生治らない病気で苦しんでいる人のように、病気から解放された生活を想像できないのである。だが、これまで見てきたように、現状とはまったく異なる新しい経営管理のあり方を思い描くことは可能であり、そのアイデアを利益を生む実践に変えることもまた可能なのだ。

たくさんの新しい挑戦が行く手に待ち受けていることを考えると、企業は経営管理イノベーションに、他のイノベーションに対するのと同様、真剣に取り組み始めなければならないときだ。私が主張してきたように我々が従来の経営管理の限界に近づいているのだとすれば、明日の勝者になるのは経営管理の未来を築く企業だろう。そのためには、アイデアを持つあらゆる人の自主的な努力が必要であり、そしてやがては経営管理イノベーションが主流の座を占めることが必要だ。

アイデアから能力へ

残念ながら、あなたの会社が持続的な経営管理イノベーターになるのを助ける万人向けのマニュアルは存在していない。だが、少し考えれば、経営管理イノベーションを孤立した変則的事象ではなく組織全体の能力にするための大まかな青写真を描き出すことができる。その基本的な構成要素をいくつか挙げてみよう。

先頭を行く勇気

経営管理の優位性を築くためには、他の人びとが取り組む勇気がなかったり、近視眼的すぎて取り組む必要性に気づかなかったりする問題に立ち向かう勇気が必要だ。二〇〇六年にＧＥのジェフ・イメルト会長が、同社の内部成長率をそれまでの二倍にあたる年間約八パーセントに引き上げるという目標を打ち出したとき、彼は同社の幹部たちに、GEクラスの規模の企業がそのような偉業を達成した例は過去に一つもないと言い渡さなければならなかった。彼らが参考にできるハウツー・ガイドはどこにもなかったのだ。イメルトはそれにひるむことなく、幹部たちに自分で自分の教科書を書くよう求めたのである。

たゆみない経営管理イノベーションの能力を築くためには、「達成したらわが社に独自の業績優位を与えてくれる経営管理の新しい課題は何か」と、自問することを怠ってはならない。GEは数々の伝説に彩られたその歴史を通じて、これを何度も自問してきた。そうすることで、解決すべき新しい課題を自らに繰り返し課してきたのである。「経営管理を科学に高めるためにはどうすればよいか」「傑出したリーダーを育てるにはどうすればよいか」「それぞれ異なるさまざまな事業に本社が価値を加えるにはどうすればよいか」「境界のない組織を築くにはどうすればよいか」「巨大企業を育てるにはどうすればよいか」等々の課題である。そして、解決策を編み出すたびに、GEは競合他社を引き離してきたのである。だが、なんらかの聖なる権威がGEを世界における経営管理のリーダーに任命しているわけではないし、あなたの会社が追随者でなければならないとする法が存在するわけでもない。経営管理のパイオニアになるためには、大規模である必要も崇められている必要もないが、臆病であってはならない。勇気を持って地図のないところに踏み出さなければならないのだ。

経営管理イノベーションを避けて通れない話題にする

私はこれまでの章で、経営管理イノベーションの公式を説明してきた。大胆な目標に取り組む、自分の中にある正統理論を解体する、強力な新しい原理を見つける、正の逸脱例から学ぶ、の四点である。これらは想像力に点火する火花であり、あなたの仕事は、その想像力の火をやさしく掻き立てることだ。目的は、慎重に制御された火の手が、イノベーションの新芽が根づいて育っていけるスペースを生み出し、そうすることで最終的にはあなたの会社から枯れ木のような経営管理慣行を取り除くことにある。では、炎を赤々と燃え立たせるにはどうすればよいか。トップダウンの総花的な変革プランを作成することが、その方法ではない。水爆のようになにもかも破壊してしまう必要はない。必要なのは、経営管理イノベーションの炎が広がるのを助ける絶え間ないそよ風だ。会社中の人間が経営管理の技術をつくり変える機会について語り始め、経営管理そのものを競争優位にするにはどうすればよいかを考え始めるよう、あなたはそよ風を送り続ける必要がある。経営管理イノベーションが避けて通れない話題に——会社の未来に関する真剣な議論には必ず登場する話題にならなくてはいけないのである。

想像力の火を掻き立てる作業は、今年の計画策定プロセスや予算作成プロセスの参加者に「うまく対処できたら、わが社に業績優位を与えてくれる経営管理の重要な問題は何だろう」と質問することから始めてもよいだろう。

部署横断的なリーダー会議を招集して、まるまる一日使って自社の経営管理の正統理論を暴き出す作業を行うことも考えられる（第7章に記した議論のサンプルを使ってもよいだろう）。パフォーマンスの飛躍的向上を阻んでいる深く根づいた考えを表に引き出そう。五つか六つの有害な正統理論を突き止めたら、その結果を社内ウェブサイトに掲載して、それらの古めかしい考えを葬り去るために何ができるかについて、会社中からアイデアを募ろう。

新しい経営原理についての議論に同僚を巻き込もう。あなたが自社に築きたいと思っている能力を体現している制度やシステムを見つけて、同僚たちがこれらの手本から学べるよう専門家を招いて学習会を開こう。会議の司会を頼まれたときは必ず、一五分から二〇分時間を割いて「次世代の」経営原理について議論させよう。参加者に次のような問いを投げかけていただきたい。「我々が生命のように実験のうまい組織を築きたいと思うとしたら、我々は現状の何を変えるだろう」「我々がシリコンバレーのように絶え間なくイノベーションを続ける会社を築きたいと思うとしたら、わが社の経営管理プロセスはどのように変わる必要があるだろう」「我々がわが社の労働環境を、タイムズスクエアやコベントガーデンが旅行者を引き付けるのと同じくらい社員を引き付けるものにしたいと思うとしたら、我々はどこから手をつけるだろう」。あらゆる機会をとらえて、同僚たちにあなたの会社の経営管理のDNAについて、またそれを変える必要があるとしたら、どのように変えればよいかについて考えさせよう。

経営管理イノベーションに関する議論をスタートさせる方法はたくさんある。ある会社では、少数の冒険心旺盛な社員が会社の訓練センターに「病院」をつくった。一〇床ほどのベッドのそれぞれに、かつてのライバルで今では生き残りに四苦八苦している企業の像が置かれ、ベッドの端からは、「患者」を集中治療室に追いやった財務状態の悪化と戦略的誤りを示す「メディカル・チャート」がつり下げられた。近くの「遺体安置所」には、変化の力に屈して永久に活動を停止したかつての業界大手の遺骸が安置された。この手の込んだ舞台装置の目的は、第一に、最も頑強な企業さえ衰退させることがある――傲慢さや現実否認のような――成功の危険な病原菌について同僚たちに警戒を呼びかけることであり、第二に、自分たちの会社をそうした危険から守れるような経営管理イノベーションを促すことだった。数カ月の展示期間中に、三〇〇〇人以上の社員がこの「病院」を見学した。もちろん、この会社の役員たちも見学に訪れた。この独創性に富んだ舞台は、概して無視されているが、きわめて重要な真実を深く納得させる助けになった。大方の企業の経営管理システムには、先行的な戦略変更を促す仕組みはほとんど組み込まれていないという真実である。この大いに話題になった展示は、やがてこの会社の中核的な経営管理プロセスをつくり変えるための大規模な自主的活動を生み出した。

肝に銘じておいていただきたい。あなたの同僚の大多数は、常にS字曲線の先を行き、あらゆる形の創造力を歓迎し、人間の創造力と情熱を引き出す企業で働きたいと思っているのである。問題は、彼らが苔むした経営管理モデルに縛られているため、そのような企業を築く方法を見つけられないでいることだ。歴史は宿命ではなく変えられるものだということを彼らが理解する手助けをしてやれば、そして過去から受け継がれた考えを彼らが問い直す機会をつくってやれば、あなたには、二一世紀に適した企業を築く手助けをしてくれる大勢の味方ができるはずだ。

症状ではなく原因に注目しよう

病気を治すためには、その病気を引き起こす遺伝的欠陥や病気のメカニズムを解明しなければならない。組織の「病気」——過去から受け継いだ経営管理理論に起因する成長力や適応力の欠如——にも同じことが言える。この場合も、治療法を見つけるためには、労を惜しまずに根本原因を分析することが欠かせない。実例を挙げよう。

先だって、あるCEOが彼の会社の適応力を高めるにはどうすればよいかと、私にアドバイスを求めてきた。彼は過去数年の間に、多くの競争相手が急速に効力を失っているビジネス・モデルに縛られて壁にぶつかるのを目にしていた。私は親しい同僚の助けを得て、その会社のあらゆる部署、あらゆる階層から集めた人たちをいくつかのディスカッション・グループに分け、各グループに社内に見られる「戦略の惰性」の例をいくつか分析するよう求めた。その会社がいくつかの新しいビジネス機会を素早くとらえられなかったのはなぜなのか。市場のいくつかの重要な変化にタイムリーに対応できなかったのはなぜなのか。一部の分野で、プロジェクトに致命的な問題があることが明白になってからも、そのプロジェクトに長く投資し続けたのはなぜなのか。私はそれを知りたかったのである。

数日間の分析作業の間に、我々はそれぞれのチームと議論して考えられる原因のリストを作成し、それからオンラインのフォーラムを開いて、この当初のリストを拡大していった。参加者たちは最終的に一〇〇を超える「適応力の敵」を突き止め、それからそれを少数のシステム的障害に絞り込んだ。一つの障害は上級幹部集団の「遺伝子的多様性」の欠如だった。上級幹部のほとんどが、職業人生のすべてを一つの産業で過ごしていたのである。もう一つの障害は標準業務手順の制約で、これは現場の社員が環境の変化に先行的に対応することを不可能にしていた。それぞれの障害が、一ダース以上の副次的原因を含んでいた。

適応力の向上は解決するというよりも取り組むたぐいの問題ではあるが、このようなコンセンサス重視の丹念な原因分析は、会社の経営管理イノベーション活動を焦点の定まった持続的なものにするうえできわめて重要だ。今日、この会社には、適応力を持ち続ける企業になるためには、経営管理のどのような具体的問題を克服しなければならないかを深く理解している何百人もの個人がいる。彼らは診断結果のリストを手にしているのであり、このリストは彼らが経営管理イノベーション活動の焦点を絞る助けになるはずだ。

経営管理イノベーションを幅広いものにするためには、簡単なマトリックスを作成するという方法もある。一方の軸には、組織の成長力や適応力、あるいは他のなんらかの目標を達成する能力を損なう障害のリストが置かれ、もう一方の軸には会社の主な経営管理プロセスが並べられる。そして、一つひとつのマスについて「この経営管理プロセスはこの問題をどのように悪化させているか」と、検討していくのである。因果関係を見つけるたびに、あなたのイノベーション・ツールを取り出そう。「この経営管理プロセスの根底にある正統理論は何か」「それは新しい、より建設的な原理を軸にして、つくり変えることができるか」「新しい方法を指し示す何かを周縁から学ぶことができるか」と自問するのである。このような詳細なマッピングを行うことで、システムの問題に断片的にではなく体系的に取り組むことができる。

説明責任

多くの企業で、人事、財務、経営企画などの主要本社部門には、何千人とはいわないまでも何百人もの人間がいる。だが、彼らのいったい何人が、自社が真の「マネジメント優位」を築く手助けをすることに、直接的な責任を感じているだろう。私の経験では、ほとんどの者が法令遵守と効率の問題だけに注目している。だが、次から次へと経営管理イノベーションを行う能力を築きたいのであれば、社内プロセスを担当している者たちに、画期的なイノベーションを生み出す責任を負わせなければならない。この目的のためにCEOが各本社部門のトップに尋ねるべき最も重要な問いは、「君の部の予算と人員のどれくらいの割合を、わが社が決定的なマネジメント優位を築く助けになりうるプロジェクトに充てているか」である。この問いの奥には「費用と時間のかかる業務を競争優位の源泉に変える方法を編み出せないのなら、君の部の仕事は外部委託されることになる」という、かすかどころではない意味合いが含まれている。現場の幹部が製品パイプラインの健全さに責任を負わされるように、本社部門の幹部は経営管理イノベーションのパイプラインの健全さに責任を負わされる必要がある。

ここで一つ提案したい。本社部門の幹部が四半期ごとに集って、互いのイノベーション実績を評価することにしてはどうだろう。この会議では、次のような問いを検討することになる。

- 我々は経営管理の新しいアイデアや実験の活発な流れを生み出しているか（イノベーションは数の勝負であり、本当に変化を起こすアイデアを生み出すためには、通常いくつもの実験が必要だ）。

・我々は十分に広い範囲にわたって実験を行っているか。イノベーションの空白地帯はないか。実験がほとんど行われていない経営管理プロセスやサブプロセスはないか。あるとしたら、それはなぜか。
・我々の実験は十分に大胆か。それは競合他社の経営管理慣行からの大胆な決別を表すものか。それは競合他社をあっといわせることになるか。
・どの実験を上の段階に進ませ、どの実験を捨て去るべきか。また、どの実験がもう一、二回、実験・学習のプロセスを経る必要があるか。
・総合的に見て、この実験構成はわが社の財務パフォーマンスの向上につながるか。何らかの前進につながるか。つながらないとしたら、我々はイノベーションの努力をどのように強化すればよいか。

主要な経営管理プロセスを取り仕切っている幹部については、報酬の少なくとも一部は彼らのイノベーション実績によって決まるようにすべきである。そこには次のような明白なメッセージが込められていなければならない。「我々は、君たちが研究開発や新製品の開発に携わっている人びとに劣らず真剣にイノベーションに取り組むことを期待している。わが社の競争優位に対する君たちの貢献は、潜在的には彼らの貢献よりさらに重要なのだから」

切り刻む許可

経営管理プロセスの改革を促進するためにあなたにできる最も重要なことは、おそらく「普通の」

社員や下級管理職に経営管理プロセスを切り刻む機会を与えることだろう。これはもちろん、彼らに就業規則を引きちぎらせるということではない。経営管理の現状に対する代替案を社内のどんな人物でも自由に提案できる場を設けるということだ。たとえば、「本当に優秀な人材がわが社から去る最大の要因になっている経営管理慣行や経営管理行動はどれか」とか、「社員の自主性を最も損なっている経営管理慣行はどれか」というような挑発的な問いに関して、スレッド掲示板を開設するというような単純なことでもよい。もっと幅広い議論を引き出したいと思うなら、主要経営管理プロセスの詳細なマップ――タイムスケジュールはどうなっているか、誰が関与するか、どのようなデータが使われるか、どのような決定基準が適用されるか、このプロセスの成否を判定する基準は何か等々を示したもの――を社内ウェブサイトに掲載して、それらのプロセスを自社のマネジメント優位により役立つものにするための具体的な提案を、社員から募ってもよいだろう。これを廃止する、あれを導入する、このプロセスに他の人びとを参加させる、時期を変更する、目的を変更する等々、どんな提案でもかまわないから書き込んでくれと頼むのである。多くの支持を得た提案に対しては、そのプロセスを取り仕切っている責任者が公式に回答しなければならないことにする。もしくは、最も興味深いアイデアを出した者に、そのプロセスをつくり変える作業に直接参加するチャンスを与えることにする。同じような意見を持つ者たちの特別作業チームをつくって、彼らにそのプロセスの大胆な改革を設計させよう。これをたたき台にして、どのように変えるべきかという議論を進めよう。そもそも、社員の労働生活を律する経営管理プロセスを設計する権利を、なぜ当の社員が持ってはいけないのか。この場合も重要なのは、「経営管理イノベーションはあまりにも重要なので専門家に任せておくことはできない」という包括的な原理である。

未来から遡って現在を築く

経営管理の未来はどのようなものになるだろう。これは私が第1章の冒頭で投げかけた問いである。これは形だけの問いではなかった。この新しい世紀では、前世紀と同じく、最も持続的な成功をおさめる企業は経営管理のパイオニアだろう。新しい時代のための新しい経営管理のルールを設定する企業だろう。先頭に立とうと思うなら、企業は経営管理の未来についてビジョンを持たなければならないのだ。

あなたの会社のCEOは、自社の戦略の方向性についてはなんらかの見解を――少なくとも取締役会やアナリストを納得させられるだけの見解を――持っているにちがいない。だが、自社の経営管理の方向性について、なんらかの見解を持っているだろうか。あなたの会社には、経営管理の技術をこの先どのようにつくり変える必要があるかについて、なんらかの合意があるだろうか。おおまかなビジョンを持つことはきわめて重要だ。なぜならそれは、草の根のイノベーションに正当性を与え、そのイノベーションに焦点を与え、さらには、条件反射的に現状を擁護する人びとに予告を与えることになるからだ。

それを考えると、あなたの会社のすべてのビジネスリーダーが答えられなくてはいけない問いが二つある。一つは、「今から五年後に、わが社の経営管理システムはおおまかにいってどのような新しい特徴を備えているだろう」、そして二つ目は「その新しい経営管理システムは、わが社にどのように競争優位をもたらしているだろう」である。これらの問いに対する答えが、二日程度の幹部オフサイト・ミーティングや本社レベルの勉強会から生まれてくるとは期待しないでいただきたい。そのビジョンは、経営管理の未来についての議論が社内で広がっていくなかで、有機的に形をなしていくはずなのだ。とはいえ、そのプロセスをあなたが手助けすることはできる。前述した二つの問いを会社のイントラネットに掲載しよう。この問いを使って社員ミーティングをスタートさせよう。経営管理イノベーションに関する会議の終わりには、必ずこの二つの問いに立ち戻ろう。それから、それらすべての議論を掘り下げて、方向性が一致するアイデアや繰り返し出てくるテーマ、それに多くの人が共有している夢を見つけよう。それらを共通の考えとしてまとめ、それを使ってさらなる議論を促進しよう。この作業を続けていくことで、自ずとコンセンサスが生まれてくるはずだ。

マネジメント2・0

このプロセスであなたの助けになるかもしれないのは、当て馬の役目を果たす見方、つまり、あなたの同僚たちがそれについて議論したり、それに反応したりすることのできる、経営管理の未来についての一つの見方である。私はこれまでは、経営管理の未来についての私自身のビジョンをお話ししたいという衝動を抑えてきた。それは主として恥じらいの気持ちからだ。経営管理の未来はまだ生み出されていないものであり、それが訪れたときには、私は仰天することだろう。カーネギーやフォードやスローンが巨大な、しかも徹底的に秩序だった帝国を築くのを目にした一九世紀の農民や職人に優るとも劣らないほど、度肝を抜かれることだろう。

それでも私は、現在ウェブ上で加速している社会革命の中に経営管理の未来を垣間見ることができると思っている。第9章で紹介した「周縁」の実例のほとんどがインターネットによって可能になったものであるのは、決して偶然ではない。なんといってもインターネットは、人間がこれまでに生み出したもののなかで最も適応力があり、革新的で、人びとを引き寄せるものなのだから。ウェブは多くの点で経営管理の新しい技術である。その理由を説明しよう。

図11－1　組織の有効性の座標

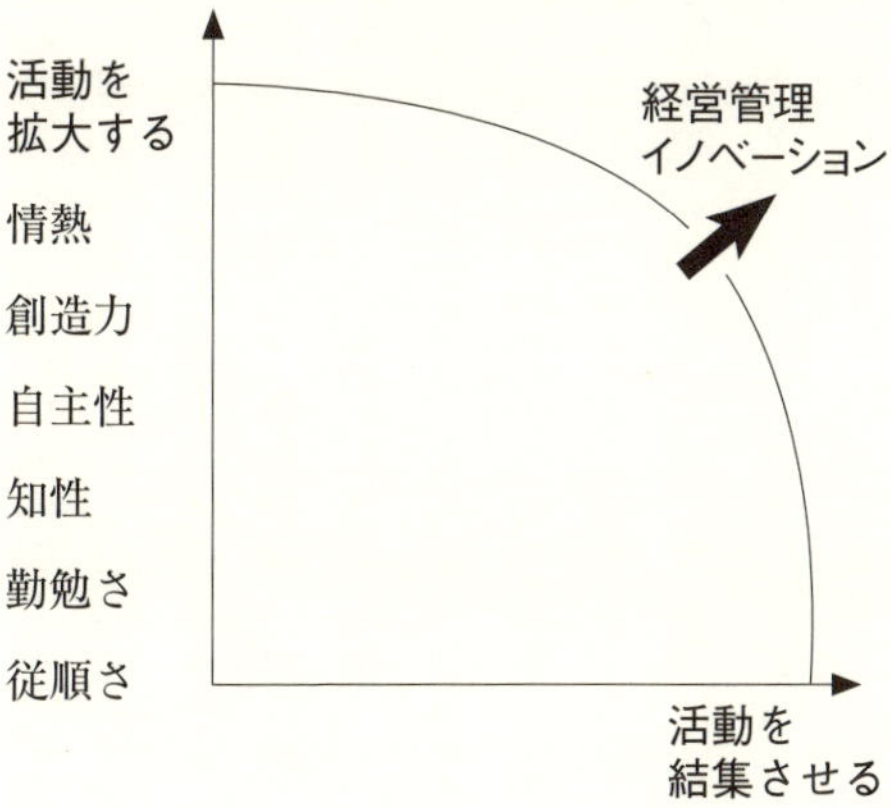

近代経営管理の馴染み深いツールや手法が大規模組織における管理と効率の問題を解決するために生み出されたのに対し、我々は経営管理をより大きな目的に役立つものとして思い描くことができる。人間にできることを拡大するという目的である。ある意味で、経営管理の目的は、人間の活動をまず拡大し、それから結集させることだ。個人に適切なツールとインセンティブと労働条件を与えることによって、個人から通常予想されるものより多くのものを引き出し、それから、人間が協力することで単独では達成できないこと

を達成できるように個人の努力を結集させることである。これらの目的は二つのベクトルとして描くことができる（図11－1参照）。企業は人間の活動を拡大し、結集させるよりよい方法を生み出したとき、つまり個人の達成と集団の達成の限界を押し広げたとき、業績優位を獲得するのであり、これが経営管理イノベーションの目的なのだ。

これがウェブとどのように関係しているのかというと、その関係は単純明快だ。インターネットは（言うまでもなく、人間がオンラインでチャットしたり、意見を表明したり、情報を分かち合ったり、協働したりすることを可能にする新しい社会的技術に助けられて）広汎なリアルタイムの接続性によって、創造力を拡大し、活動を結集させる。第9章でウェブが人間の想像力をどのように解き放つかを説明したが、ウェブは想像力を結集させるツールでもある。結集させることによって、リナックスやセカンドライフのようなものを、つまり全体が部分の総和より大きく、現実の経済的価値を持つものを生み出すのである。

一九九〇年代のウェブ1・0は静止したウェブページの巨大な集まりでしかなかった。二一世紀には、ソーシャル・ネットワーキング・サイト、ウィキ、フォークソノミーなどの新しい「参加型アーキテクチャー」を軸に、ウェブ2・0が構築されつつある。古い社会構造が樹木か車輪のように構成されていて、ほとんどのつながりが縦に走っているか、中央のハブに向かっているかだったのに対し、ネットの社会構造は、すべての参加者が（潜在的には）他のすべての参加者とつながっている、どこでも経由できる「エンド・トゥ・エンドの（端から端までの）」ネットワークである。ここでは横の制御・調整プロセスが、縦のプロセスにほとんど取って代わっている。

何千年もの間、人間の活動を結集させる手段は市場と階層構造しかなかったが、今では第三の選択肢がある。リアルタイムの分散型ネットワークである。インターネットが階層構造によって生み出されたものでもなければ、階層構想によって管理運営されているものでもないことは象徴的だ。また、オンライン上でどんどん生まれている何千もの新しい組織形態のなかには、階層構造はあまり見受けられない。たとえば、オープンソース・コミュニティの特徴を、エリック・レイモンドは次のように記している。「（それは）進化しているクリエイティブな無秩序であり、そこには何千人ものリーダーと何万人もの追随者がいて、網の目のようにつながる仲間の評価によって結びつけられ、現実のテストにどんどんさらされているのである[1]」

私は多くの大企業の内側に入った経験があるが、この記述はそのいずれにも当てはまらない。実際、多くの企業幹部は今でも、そのような「組織」がどうやって世界で最も複雑な製品の一つであるコンピューターのOSを生み出すことができたのか、なかなか理解できずにいる。初めてイタリアを訪れた旅行者のように、そのように混沌としたものが本当に機能するとは信じられないのである。だが、まさにそれが核心なのだ。インターネットの力は、階層構造や官僚主義の抑圧的な作用なしに調整を促進できることにあるのである。

ウェブは人間がこれまでに生み出したどんなものよりもハイペースで進化してきたが、その大きな理由はそれが階層構造ではないことにあった。ウェブはすべてが周縁であって、中心は存在していない。その意味で、それは人類の歴史が始まって以来ずっと主流を占めてきた組織モデルに、真っ向から対抗するものだ。企業幹部がサイバースペースの広大な空間に分け入ると、上下左右がさかさまの惑星に着いた宇宙旅行者のように少々不安な気持ちになるのも無理はない。デービッド・ウェインバーガーが述べたように「我々の種としての最大の合同事業［インターネット］はすばらしくうまく行っているが、それはピラミッドがつくられたときから一貫して我々を導いてきた理論を、我々が応用し忘れたからにほかならない(2)」。

ウェブは新種の社会組織を培養するための理想に近い培地である。クレイグズリストからマイスペースやフェースブック、セカンドライフやイーハーモニーまで、インスタント・メッセージングからポドキャスティングやブロギング、ビデオチャットやバーチャルワールドまで、インターネットは人びとが恋人を見つけたり、友情を育んだり、知見を共有したり、学習したり、コミュニティを築いたりする方法を根底から変化させつつある。だが、今のところは、この楽しい熱狂的な実験は、企業という保守的な世界の豪華な絨毯の敷かれた廊下の外で起きているのである。

これは皮肉なことだ。一九四〇年代の電話システムで我慢しようとか、現代の情報技術の効率向上効果を捨てようとか思う企業は一社もないだろうに、経営管理という仕事のやり方を変えるウェブの潜在的な力を活用しない企業は、まさにそれをやっていることになる。ほとんどの企業幹部はいまだにインターネットを、生産性向上ツールとしか、あるいは二四時間三六五日休みなしで顧客サービスを提供する手段としかみなしていない。ウエブに古いビジネス・モデルを打ち負かす力があることは、なかには理解している者もいるが、ウェブが我々の古びた経営管理モデルを早晩、覆すことになるという事実を直視している者はほとんどいないのだ。

インターネットはなぜこれほど適応力があり、革新的で、人びとを引き寄せるのだろう。それは次のような理由による。

・すべての人に発言権がある。
・創造のツールが広く配布される。
・実験が手軽に安く行える。
・資格や肩書きより能力がものを言う。
・参加は自主的である。
・権力は下から与えられる。
・権威は流動的で、加えられる価値に付随する。
・唯一のヒエラルキーは「自然な」ヒエラルキーである。
・コミュニティは自己定義する。個人は情報によって大きな力を与えられる。
・すべてが分散的である。
・アイデアは公平な土俵で競争する。
・売り手と買い手が互いに相手を簡単に見つけることができる。
・資源が機会に従って自由に移動する。
・決定は仲間の間でなされる。

これは二一世紀の経営管理システムの詳細な設計仕様ではないとしても、大きくかけ離れたものではないと私は思う。反論していただいてもけっこうだが、私はマネジメント2・0がウェブ2・0にきわめてよく似たものになるという見方に喜んで賭ける。

我々のほとんどは「ポスト工業化」社会で育った。我々は今「ポスト・マネジメント」社会にさしかかっており、もしかしたら「ポスト組織」社会にさえさしかかっているのかもしれない。反論されないうちに申し上げておくが、これは未来の社会では管理職はいなくなるという意味ではない。ナレッジ・エコノミーの到来が重工業を一掃したりはしなかったように、ポスト・マネジメント・エコノミーの夜明けも幹部や管理者が存在しない世界を生み出しはしないだろう。だが、運営管理という仕事が「管理職」によって行われることは次第に少なくなっていくと思われる。確かに、活動を調整したり、個人の努力を同じ方向に向かわせたり、目的を定めたり、知識を広めたり、資源を配分したりする仕事は依然として必要だろうが、その仕事は次第に周縁に分散されていくだろう。

マネジメント2・0はマネジメント1・0に完全に取って代わるわけではないものの、二つのバージョンは完全に互換性があるというわけでもない。だから、両者の衝突が起きるだろう。実際、新しい千年紀の最も激しい競争は、企業間やビジネス・エコシステム間で繰り広げられるのではなく、官僚的管理者層の特権や権力を守りたいと思う人びとと、より階層が少なく、より管理の少ない組織を築きたいと思う人びととの間で展開されることになるだろう。リチャード・フロリダは、そうした戦いが形をとりつつあることに気づいており、『The Rise of the Creative Class（クリエイティブ・クラスの台頭）』で、これを次のようにズバリと指摘している。「この新しい時代に問題となる最大の要素は、クリエイティビティと組織の間のすでに生まれている緊張である」[3]。これは経営管理のあらゆるトレードオフのなかで、おそらく最も重要で対処しにくいものであり、それゆえ創意に富んだイノベーションを行う価値が最も高いものだろう。

ポスト・マネジメント時代に抜きん出るためには、技術の進歩以上のものが必要だろう。既述したように、経営管理のイノベーションや組織のイノベーションは、技術のイノベーションよりはるかに遅れていることが多い。今現在、あなたの会社はインターネットが可能にした二一世紀のビジネス・プロセスと、一九世紀の経営原理の上に築かれた二〇世紀半ばの経営管理プロセスを備えているのである。我々の経営管理のDNAを――第8章で述べた原理に沿って――つくり変えない限り、経営管理という仕事を変貌させるウェブの力は活用されないままになるだろう。

未来の適者になる

予言はこれで終わりにする。本書を執筆した私の目的は、経営管理の未来を予測することではなく、読者がそれを生み出す手助けをすることにあったのだから。私は至るところで、経営管理の技術はつくり変える必要があるし、つくり変えられるだろうと主張してきた。唯一の問題は「誰がそれを行うのか」だ。その見返りは競合他社を打ち負かすとか、経営管理の歴史を記した年代記の脚注に名前が載るとかいったことにとどまるものではなく、それよりはるかに大きいということを、読者はもう理解しておられるはずだ。経営管理イノベーションという挑戦に立ち向かうべき、もっと深い、もっと高邁な理由があるのであり、しかもその歴史的なチャンスも訪れている。工業化時代の幕開け以来初めて、未来に適した企業を築く唯一の方法が、人間にも適した企業を築くことになっているのである。今こそ、人間の自発性や創造力や情熱を――この新しい千年紀におけるビジネスの成功に欠かせない、これらの壊れやすい要素を――本当に引き出し、尊重し、大切にする二一世紀の経営管理モデルを築くチャンスなのだ。ぜひそれを行っていただきたい。そうすれば、そこにはきわめて人間的で、行く手にある途方もない機会をつかむ用意が十分にできた組織が生まれているはずだ。

【著者紹介】

ゲイリー・ハメル

一九八三年からロンドン・ビジネス・スクールで教鞭をとっており、現在は同校経営戦略・国際経営学部客員教授。第一級の経営学者と革新的企業が協力して経営の未来を生み出すことを目指している同校マネジメント・イノベーション・ラボの共同設立者。

世界で最も高名な経営のエキスパートの一人であり、『エコノミスト』誌から「当代随一の戦略の大家」、『フォーチュン』誌から「世界屈指のビジネス戦略の権威」と称されてきた。『フィナンシャル・タイムズ』紙からは「並ぶ者のないマネジメント・イノベーター」と称されている。

「戦略的意図」「コア・コンピタンス」「業界革命」などの広く知られたコンセプトの生みの親であり、世界各地で経営管理の用語や慣行をつくり変えてきた。

彼の前著『リーディング・ザ・レボリューション』と『コア・コンピタンス経営』は、経営関係のあらゆるベストセラー・リストに顔を出し、二〇種類以上の言語に翻訳されてきた。過去二〇年間に『ハーバード・ビジネス・レビュー』誌に一五本の論文を発表しており、うち五本が優れた論文に与えられる権威あるマッキンゼー賞を受賞している。『ウォールストリート・ジャーナル』『フォーチュン』『フィナンシャル・タイムズ』など、世界各地の他の多くのビジネス誌紙にも寄稿している。

企業アドバイザー・講演者としても引く手あまたで、世界各地の一流企業から協力を依頼されてきた。

世界経済フォーラムのフェローでもある。
連絡先はgh@managementlab.org

ビル・ブリーン

『ファーストカンパニー』誌の創業上級編集者で、上級プロジェクトエディター。『ファーストカンパニー』は一九九五年一一月の創刊以来、数々の賞を受賞しており（二度の全米雑誌賞受賞を含む）、ビジネスリーダーやビジネス・イノベーターの間で熱烈な支持を獲得している。ブリーンは同誌の中核的テーマであるリーダーシップ、戦略、イノベーション、およびデザインを掘り下げる記事を発表している。ビジネス関係の聴衆を相手に全米各地で講演を行っており、CNN、フォックス、CBS、ナショナル・パブリック・ラジオにも登場している。コロラド大学を卒業し、ユニバーシティ・カレッジ・ダブリンにてMA（修士号）を取得。妻、娘、息子とともにマサチューセッツ州グロスターに居住している。

4．IBMに関する項の一部は、次の記事に初出した資料に基づいている。Alan Deutschman, "Building a Better Skunk Works," *Fast Company*, March 2005 ; David A. Garvin and Lynne C. Levesque, "Emerging Business Opportunities as IBM（A），（B），and（C），" Harvard Business School, Case nos. 9－304－075, 9－304－076, and 9－304－077, February 28, 2005; and David A. Garvin, "Emerging Business Opportunities at IBM（A），（B），and（C），" Harvard Business School Teaching Note no. 5－305－023.

5．特段の注記がない限り、このコメントを含むIBM社員のコメントは、すべて著者が行ったインタビューによる。

6．特段の注記がない限り、このコメントを含むベストバイ社員のコメントは、すべて著者が行ったインタビューによる。

〈第11章〉

1．http ://www.catb.org/~esr/halloween/halloween1.html.

2．David Weinberger, *Small Pieces Loosely Joined*（New York : Basic Books, 2002），82.

3．Richard Florida, *The Rise of the Creative Class*（New York : Basic Books, 2004），22.

度上回っているか、そのCEOに近年メディアの賞賛がどの程度与えられてきたか、そのCEOの給与と最も高い報酬を得ている同僚の給与の間にどの程度の開きがあるか、である。総じていうと、自信過剰指数が上がるにつれて、CEOが交渉をまとめるために払うことをいとわない割増額も上昇する。また、支払われる割増額が高ければ高いほど、業績不振の年のその企業の株価の下落幅は大きい。

4. Steven Weber, *The Success of Open Source* (Cambridge, MA : Harvard University Press, 2004), 91（邦訳『オープンソースの成功——政治学者が分析するコミュニティの可能性』山形浩生、守岡桜訳、毎日コミュニケーションズ、2007年)。
5. 同上、121. この文書は http://www.catb.org/~esr/halloween/halloween4.html に全文掲載されている。
6. Michale Fitzgerald, "How I Did It : Philip Rosedale, CEO, Linden Lab," *Inc. Magazine*, February 2007, http ://www.inc.com/magazine/20070201/hidi－rosedale.html.

〈第10章〉

1. GEが成長という課題を軸にその経営管理プロセスをどのようにつくり変えているかをより詳しく知るには、Christopher A. Bartlett, "GE's Growth Strategy : The Immelt Initiative," Harvard Business School Case No. 9－206－087, November 3, 2006, およびThomas A. Stewart, "Growth as Process : An Interview with Jeffrey R. Immelt," *Harvard Business Review*, June 2006を参照。
2. P＆Gのオープン・イノベーション・プロセスに関する詳しい記述は、Larry Huston, "Connect and Develop : Inside Procter and Gamble's New Model Innovation," *Harvard Business Review*, March 2006を参照。
3. ワールプールの経営管理イノベーションに関する詳しい記述は、Jan W. Rivkin, Dorothy Leonard, and Gary Hamel, "Change at Whirlpool (A), (B), and (C)," Harvard Business School Case nos. 9－705－462, 9－705－463, and 9－705－464, April 9, 2005を参照。

Jeffrey S. Levin (Newbury Park, CA : Saga, 1993), 78－121を参照。

17. Bill George, *Authentic Leadership : Rediscovering the Secrets to Creating Lasting Value* (San Francisco : Jossey－Bass, 2003), 66 (邦訳『ミッション・リーダーシップ――企業の持続的成長を図る』梅津祐良訳、生産性出版、2004年)。
18. 同上、68.
19. Richard Florida, *The Rise of the Creative Class* (New York : Basic Books, 2004), 235－248.
20. Jane Jacobs, *The Death and Life of Great American Cities* (1961 ; rpt. New York : Vintage Books, 1992), 143－238 (邦訳『アメリカ大都市の死と生』黒川紀章による抄訳、鹿島出版会、1977年)。
21. Florida, 262.
22. David Rocks and Moon Ihlwan, "Samsung Rocks," *BusinessWeek*, December 6, 2004, 88.
23. Jacobs, *The Death and Life of Great American Cities*, 448.
24. 同上、150－151.
25. 同上、188.
26. Robert Park, E. Burgess, and R. McKenzie, *The City* (Chicago : University of Chicago Press, 1925), 41.

〈第9章〉

1. Mary Parker Follett, *Creative Experience* (London : Longmans, Green, 1924).
2. Jon Ashworth, "Executives Admit 24% of Decisions Are Wrong," *The Times* (London), August 16, 2004.
3. Machael L. A. Hayward and Donald C. Hambrick, "Explaining the Premiums Paid for Large Acquisitions : Evidence of CEO Hubris," *Administrative Science Quarterly* 42, no. 1 (March 1997), 103－127. HaywardとHambrickは、CEOの自信過剰を示す指数として3つの因子を使っている。その会社の業績が近年ライバル企業の業績をどの程

もたらしていたのである。新しいアイデアとリスクを伴うアイデアをいつまでたっても区別できないことが、過去に過剰投資する傾向をさらに悪化させているのである。

9. Monty G. Marshall and Keith Jaggers, *Polity IV Country Reports 2003* (College Park, MD : The Center for International Development and Conflict Management, and the Integrated Network for Societal Conflict Research, University of Maryland, 2005), http://www.cidcm.umd.edu/inscr/polity/report.html.
10. Morton H. Halperin, Joseph T. Siegle, and Michael H. Weinstein, *The Democracy Advantage : How Democracies Promote Prosperity and Peace*, New York : Routledge, 2005.
11. Joseph T. Siegle, Michael T. Weinstein, and Morton H. Halperin, "Why Democracies Excel," *Foreign Affairs* 83, no. 5 (September－October 2004) : 60, 62.
12. Michael Weinstein, カーネギー国際問題倫理評議会の "Authors in the Afternoon" seriesでの講演（ニューヨーク、2005年3月17日）より。http://www.cceia.org/resources/transcripts/5129.html.
13. Francis Fukuyama, 著者との私的な会話にて、2006年4月4日。
14. Maria Bartiromo, "Bob Nardelli Explains Himself," *BusinessWeek Online*, July 24, 2006. http://www.businessweek.com/@@CIPx-GmcQhG115wEA/premium/content/06_30/b3994094.htm?chan=search.
15. Rodney Stark and Roger Finke, *Acts of Faith : Explain-ing the Human Side of Religion* (Berkeley, CA : University of California Press, 2000), 91－92.
16. たとえば，Christopher G. Ellison, "Religious Involvement and Subjective Well－Being," *Journal for the Scientific Study of Religion* 34 : 1 (March 1991), 80－99 ; Christopher G. Ellison, "Religion, the Life Stress Paradigm, and the Study of Depression," in *Religion in Aging and Health : Theoretical Foundations and Methodological Frontiers*, ed.

ラとみなすよりも、2000種の魚類、4000種の軟体動物、および350種類の珊瑚が生息しているグレート・バリア・リーフとみなすほうが適切なのだ。この論法でいくと、ノキアは１本のハイビスカスではなく、マウイ島ということになる。キヤノンは１羽のグンカンドリではなく、ガラパゴス諸島ということになる。大企業が往々にして適応能力のない単一の有機体のように行動する感があるとすれば、それは経営者が、どの大企業の中にも存在する多様性の潜在的な力を育成・利用することに失敗したからにほかならない。

4．スティーブ・ジャーベットソンに対する著者のインタビューより。

5．James Surowiecki, *The Wisdom of Crowds* (New York : Doubleday, 2004)（邦訳『「みんなの意見」は案外正しい』小高尚子訳、角川書店、2006年）。

6．PricewaterhouseCoopers/National Venture Capital Association, *Money Tree Report*. http://www.pwcmoneytree.com/displays/notice－B.html.

7．Jennifer Egan, "Love in the Time of No Time," *New York Times*, November 23, 2003, Section 6.

8．新しい未検証のものに投資するより実証済みの確実なものに投資するほうが概して安全なのだから、この割引は正当であると主張されることがあるかもしれない。だが、この主張は、「新しさ」を「リスク」と同一視しているという点で誤りである。リスクは不確実性にエクスポージャーの大きさを掛けた関数であり，新しさはアイデアが先例や慣行に反している程度を表す関数である。スターバックスのデビットカードは、ポケットを探って現金を取り出さなくても常連客がコーヒーを買えるようにしたもので、クイックサーブ・レストラン業界にとっては明らかにイノベーションだった。だが、それがリスクのあるものだったとはまず言えない。このカードは顧客に確かなメリットを提供しており、しかも確実性が十分実証されている技術に支えられている。現に、このカードはたちまち大ヒットとなった。導入から30日足らずで、利便性を好む顧客がスターバックスに3200万ドルの売上を

6．著者のインタビューより。

7．Jacques, 166.

8．Ricardo Semler, *The Seven－Day Weekend*（New York : Portfolio, 2003), 8（邦訳『奇跡の経営――一週間毎日が週末発想のススメ』岩元貴久訳、総合法令出版、2006年)。

9．同上、40.

10. Brad Wieners, “Ricardo Semler : Set Them Free,” *CIO Insight*, April, 2004. http://www.cioinsight.com/article2/0,1540,1569009,00.asp.

11. Semler, *The Seven－Day Weekend*, 40.

12. 同上、9.

〈第8章〉

1．Austin Bunn, “Welcome to Planet Pixar,” *Wired*, June 2004; http://www.wired.com/archive/12.06/pixar.html.

2．Wang Zhuoqiong, “Tuskless Elephants Evolving Thanks to Poaching,” *China Daily*, July 16, 2005. http://www2.chinadaily.com/english/doc/2005－07/16/content_400623.html.

3．近年は多くの著述家が生物と企業の間に類似性を認めているが、彼らの類比は概して間違っている。従来の見方では、企業は、より大きなエコシステム――たとえばアメリカ経済――の中で競争している生きた有機体とみなされる。だが問題は、有機体は適応しないということだ。適応するのは有機体群であり，有機体は遺伝子が時間を経るなかで増殖していく手段にすぎないのである。この論法でいくと、企業は進化できないことになる。したがって、今日の恐竜企業はやがて明日のホモサピエンス企業に取って代わられる。だが、IBMやノキアやキヤノンのような大企業を単一の有機体ととらえるのは誤りだ。これらの企業はエコシステムであり、いわば多様な生息環境なのだ。そこには何万人もの社員、何千種類もの製品やサービス、何百社ものサプライヤーやビジネスパートナー、何十件もの投資プロジェクト、さらにはいくつかの独立した事業部門が包含されている。IBMはザトウクジ

zine/97/open_google.html; Ben Elgin, "Managing Google's Idea Factory," *BusinessWeek*, October 3, 2005, http://www.businessweek.com/magazine/content/05_40/b3953093.htm : Ben Elgin, "So Much Fanfare, So Few Hits," *BusinessWeek*, July 10, 2006, http:// www.businessweek.com/magazine/content/06_28/b3992051.htm : Keith H. Hammonds, "How Google Grows and Grows and Grows," *Fast Company*, April 2003, http://www.fastcompay.com/magazine/69/google.html; Steve Levy, "Living By Google Rules," *Newsweek*, April 11, 2005, http://www.msnbc.msn.com/id/ 7369181/site/newsweek; Eric Schmidt and Hal Varian, "Google : Ten Gold Rules," *Newsweek*, November 28, 2005, http://www.msnbc. msn.com/id/10296177/site/newsweek.

2. http://www.hitwise.com/datacenter/searchengineanalysis.php.
3. Ben Elgin, "So Much Fanfare, So Few Hits," http://www.businessweek.com/magazine/content/06_28/b3992051.htm?chan=search.
4. 特段の注記がない限り、このコメントを含むグーグル社員のコメントは，すべて著者が行ったインタビューによる。
5. Alan Deutschman, "Can Google Stay Google?"

〈第７章〉

1. Barry Marshall, ed., *Helicobacter Pioneers* (Carlton South Victoria, Australia : Blackwell Science Asia, 2002), 151－202.
2. Madeline Drexler, "A Nobel Prize for Ingenuity," *International Herald Tribune*, October 8－9, 2005.
3. John Lynne, "Forging the Western Army in Seventeenth Century France," in *The Dynamics of Military Revolution, 1300－2050*, ed. MacGregor Knox and Williamson Murray (Cambridge : Cambridge University Press, 2001), 36－40.
4. Roy Jacques, *Manufacturing the Employee* (London : Sage, 1996), 40.
5. 同上、25.

el Kaplan, "You Have No Boss," *Fast Company*, October/ November 1997, http://www.fastcompany.com/magazine/11/ noboss.html ; Dawn Anfuso, "Core Values Shape WL Gore's Innovation Culture," *Workforce*, March 1999; Alan Deutschman, "The Fabric of Creativity," *Fast Company*, Decemer 2004, http://www. fastcompany. com/magazine/89/open_gore.html; Ann Harrington, "Who's Afraid of a New Product?," *Fortune*, November 10, 2003, http://money. cnn.com/magazines/fortune/fortune_archives/2003/11/10/352851/index.htm.

2．Douglas McGregor, *The Human Side of Enterprise*（New York : McGraw－Hill, 1960）（邦訳『企業の人間的側面——統合と自己統制による経営』高橋達男訳、産能大学出版部、1970年）。

3．これ以後のビル・ゴアの言葉は、すべて彼の未発表論文 "The Lattice Organization－A Philosophy of Enterprise" より引用。

4．特段の注記がない限り、このコメントを含むゴア社員のコメントは、すべて著者が行ったインタビューによる。

5．Kaplan, "You Have No Boss."

6．Herrington, "Who's Afraid of a New Product?"

7．Dawn Anfuso, "1999 Innovation Optima Award Profile : W.L. Gore and Associates," http ://www.workforce.com/archive/feature/22/17/46/index.php?ht=dawn%20anfuso%20gore%20dawn%20anfuso%20gore.

〈第６章〉

1．この章の一部は、次の出版物に初出した資料に基づいている。John Battelle, *The Search : How Google and Its Rivals Rewrote the Rules of Business and Transformed Our Culture*（New York : Portfolio, 2005）（邦訳『ザ・サーチ——グーグルが世界を変えた』中谷和男訳、日経BP社、2005年）; Alan Deutshman, "Can Google Stay Google?," *Fast Company*, August 2005, http://www.fastcompany. com/maga-

〈第4章〉

1．この章の一部は、次の出版物に初出した資料に基づいている。Julia Boorstin, "No Preservatives, No Unions, Lots of Dough," *Fortune*, September 15, 2003, http://money.cnn.com/magazines/fortune/fortune_archive/2003/09/15/toc.html; Charles Fishman, "Whole Foods Is All Teams," *Fast Company*, April/May 1996, http://www.fastcompany.com/magazine/02/team1.html; Charles Fishman, "The Anarchist's Cookbook," *Fast Company*, July 2004, http://www.fastcompany.com/magazine/84/wholefoods.html; Daniel McGinn, "The Green Machine," *Newsweeek*, March 21, 2005, http://www.msnbc.msn.com/id/7130106/site/newsweek/; and Marianne Wilson, "Retail as Theater, Naturally," *Chain Store Age*, May 2005, http://www.chainstoreage.com/archives/preview.
2．Boorstin, "No Preservatives, No Unions, Lots of Dough."
3．Fishman, "Whole Foods Is All Teams."
4．同上。
5．ジョン・マッケイが自身のブログ http://www.wholefoods.com/blogs/jm/archives/2006/11/conscious_capit.htmlで引用しているデータ。
6．Boorstin, "No Preservatives, No Unions, Lots of Dough."
7．John Mackey, "Rethinking the Social Responsibility of Business," http://www.wholefoods.com/blogs/jm/archives/2005/09/.
8．Fishman, "The Anarchist's Cookbook."
9．S. C. Gwynne, "Thriving on Health Food," *Time*, February 23, 1998, p. 53, http://www.time.com/time/magazine/article/0,9171,987856,00.html.
10. Fishman, "The Anarchist's Cookbook."

〈第5章〉

1．この章の一部は、次の出版物に初出した資料に基づいている。Micha-

〈第3章〉

1. Peter Medawar, *Advice to a Young Scientist* (New York : Harper & Row, 1979), 13 (邦訳『若き科学者へ』鎮目恭夫訳、みすず書房、1981年)。

2. Frederick Winslow Taylor, *The Principles of Scientific Management* (New York : Harper and Row, 1911).

3. たとえば、Danny Miller, *The Icarus Paradox : How Exceptional Companies Bring About Their Own Downfall* (New York : Haper-Collins, 1990) (邦訳『イカロス・パラドックス――企業の成功、衰退、及び復活の力学』イカロス・パラドックス刊行会訳、亀田ブックサービス、2006年) ; Clayton M. Christensen, *The Innovator's Dilemma : When New Technologies Cause Great Firms to Fail* (Boston : Harvard Business School Press, 1997) (邦訳『イノベーションのジレンマ――技術革新が巨大企業を滅ぼすとき』玉田俊平太、伊豆原弓訳、翔泳社、2000年) ; Donald N. Sull, *Revival of the Fittest : Why Good Companies Go Bad and How Great Managers Remake Them* (Boston : Harvard Business School Press, 2003) (邦訳『変革へのコミットメント経営――ハーバードで教える経営者の役割』大館健児訳、生産性出版、2005年)。

4. この項については、一部資料をGary Hamel and Liisa Välikangas, "The Quest for Resilience," *Harvard Business Review*, September 2003より引用。

5. Larry Rother, "An Unlikely Trendsetter Made Earphones a Way of Life," *New York Times*, December 17, 2005.

6. Pekka Himanen, *The Hacker Ethic and the Spirit of the Information Age* (New York : Random House, 2001) (邦訳『リナックスの革命――ハッカー倫理とネット社会の精神』安原和見、山形浩生訳、河出書房新社、2001年)。

7. Towers Perrin, *Winning Strategies for a Global Workplace : Executive Report*, 2006.

8. 同上、11.

〈第２章〉

1．Henri Fayol, *Industrial and General Administration*, trans. J. A. Coubrough（Geneva : International Management Institute, 1930)（原著の邦訳『産業ならびに一般の管理』山本安次郎訳、ダイヤモンド社、1985年)。

2．この数字には、Ｐ＆Ｇが2005年のジレット買収で取得したブランドは含まれていない。

3．Dominic O'Connell, "Do Not Disturb : Mr. Watanabe Is Taking Over the World," *Car*, June 2006.

4．MacGregor Knox and Williamson Murray（eds.), *The Dynamics of Military Revolution, 1300－2050*（Cambridge : Cambridge University Press, 2001)（邦訳『軍事革命とＲＭＡの戦略史―― 軍事革命の史的変遷1300～2050年』今村伸哉訳、芙蓉書房出版、2004年)。

5．同上、175－194.

6．同上、54.

7．同上、55.

8．Carl Von Clausewitz, *On War*, eds, and trans. Michael Howard and Peter Paret（Princeton, NJ : Princeton University Press, 1976), 529.（原著の邦訳『戦争論』清水多吉訳、中央公論新社、2001年、他)。

9．Knox and Murray, *The Dynamics of Military Revolution*, 71－72.

10．著者の手書きメモからの再構成。

11．ワールプールのイノベーション・エンジンの構築に関する詳しい記述は、Jan W. Rivkin, Dorothy Leonard, and Gary Hamel, "Change at Whirlpool Corporation（A),（B), and（C)," Harvard Business School, Case nos. 9－705－462, 9－705－463, and 9－705－464, April, 9, 2005を参照。

12．Michael Arndt, "Creativity Overflowing," *BusinessWeek*, May 8, 2006.

13．この点については，Nicholas Carr, *Does IT Matter?*（Boston : Harvard Business School Press, 2004)（邦訳『ITにお金を使うのは，もうおやめなさい』清川幸美訳、ランダムハウス講談社、2005年）を参照。

[原　　注]

〈第1章〉

1．Stuart Kauffman, *At Home In the Universe : The Search for Laws of Self-Organization and Complexity* (New York : Oxford University Press, 1995)、149－190（邦訳『自己組織化と進化の論理――宇宙を貫く複雑系の法則』米沢富美子訳、日本経済新聞社、1999年）。

2．L. G. Thomas and Richard D'Aveni, "The Rise of Hypercompetition from 1950 to 2002 : Evidence of Increasing Structural Destabilization and Temporary Competitive Advantage," 2004. 未発表論文。

3．Thomas S. Kuhn, *The Structure of Scientific Revolutions*, 3rd ed. (Chicago : University of Chicago Press, 1996), 7（初版の邦訳『科学革命の構造』中山茂訳、みすず書房、1971年）。

4．Frederick W. Taylor, *Shop Management* (New York : Harper and Row, 1903), 3.

5．Frederick W. Taylor, *The Principles of Scientific Management* (New York : Harper and Row, 1911), 7（邦訳『科学的管理法』上野陽一訳、産能大学出版部、1969年）。

6．同上。

7．Max Weber, *The Theory of Social and Economic Organization*, ed. and trans. A. M. Henderson and Talcott Parsons (New York : Free Press, 1947), 337.

8．Daniel A. Wren, *The History of Management Thought*, 5th ed. (Hoboken, NJ : Wiley, 2005), 228 に要約されたものを引用。

9．Hearings before Special Committee of the House of Representatives to Investigate the Taylor and Other Systems of Shop Management under Authority of House Resolution 90 (Washington, DC : U.S. Government Printing Office, 1912), 1387.

〔著者紹介〕

＜ゲイリー・ハメル＞

ロンドン・ビジネススクールで戦略論や国際マネジメントを教える。国際コンサルティング会社ストラテゴスを設立。経営論、戦略論の専門家として活躍しながら世界的企業のコンサルタントも務める。一流経済・経営誌への寄稿多数。既刊の『コア・コンピタンス経営』『リーディング・ザ・リボリューション』は世界的ベストセラーになった。

＜ビル・ブリーン＞

「ファースト・カンパニー」誌主任編集者。リーダーシップ論、戦略論、イノベーション論などに関する論文多数。CNN、CBSなどテレビ・ラジオのコメンテーターも務める。

〔訳者紹介〕

＜藤井清美＞

京都大学文学部卒業。1988年より翻訳に従事。訳書に『ソロスの資本主義改革論』（ジョージ・ソロス著、日本経済新聞出版社）、『世界が日本を認める日』（カレル・ヴァン・ウォルフレン著、PHP研究所）、『スティグリッツ教授の経済教室』（ジョセフ・E・スティグリッツ著、ダイヤモンド社）などがある。

経営の未来

―― マネジメントをイノベーションせよ ――

2008年2月15日　　1版1刷

著者　ゲイリー・ハメル
　　　ビル・ブリーン

訳者　藤井清美

発行者　羽土　力

発行所　日本経済新聞出版社

http://www.nikkeibook.com/

東京都千代田区大手町1－9－5　〒100－8066

電話（03）3270－0251

印刷／東光整版印刷・製本／大口製本

ISBN978－4－532－31380－7

読後のご感想をホームページにお寄せください
http://www.nikkeibook.com/bookdirect/kansou.html